Aufbauschemata Strafrecht / StPO

- Inhaltsverzeichnis / §§-Register

- **Strafrecht**
  – Delikte des StGB, Besonderer Teil
  – StGB, Allgemeiner Teil

- **Strafprozessrecht**
  – Ermittlungsverfahren
  – Zwischen- und Hauptverfahren
  – Hauptverhandlung
  – Rechtsmittelverfahren

2021

Dr. Rolf Krüger,
Rechtsanwalt, Fachanwalt für Strafrecht

Dr. Manuel Ladiges,
LL.M. (Edinburgh),
Rechtsanwalt

ALPMANN UND SCHMIDT Juristische Lehrgänge Verlagsges. mbH & Co. KG
48143 Münster, Alter Fischmarkt 8, 48001 Postfach 11 69, Telefon (0251) 98109-0
AS-Online: www.alpmann-schmidt.de

Dr. Krüger, Rolf
Dr. Ladiges LL.M., Manuel
Aufbauschemata Strafrecht / StPO

16. Auflage 2021
ISBN: 978-3-86752-756-9
Verlag: Alpmann und Schmidt Juristische Lehrgänge
Verlagsgesellschaft mbH & Co. KG, Münster

Die Vervielfältigung, insbesondere das Fotokopieren,
ist nicht gestattet (§§ 53, 54 UrhG) und strafbar (§ 106 UrhG).
Im Fall der Zuwiderhandlung wird Strafantrag gestellt.

Unterstützen Sie uns bei der Weiterentwicklung unserer Produkte.
Wir freuen uns über Anregungen, Wünsche, Lob oder Kritik an:
feedback@alpmann-schmidt.de.

INHALTSVERZEICHNIS

Strafrecht

A. Delikte gegen höchstpersönliche Rechtsgüter 1

I. Straftaten gegen das Leben 1
1. System des strafrechtlichen Lebensschutzes 1
2. Schwangerschaftsabbruch 2
3. Totschlag; fahrlässige Tötung 3
4. Mord 4
5. Tötung auf Verlangen 5
6. Aussetzung 6
7. Suizidbeteiligung 7/8
8. Sterbehilfe 9
9. Konkurrenzen 10

II. Straftaten gegen die körperliche Unversehrtheit 11
1. System der §§ 223 ff.; weitere Delikte mit Angriffsrichtung auf die körperliche Unversehrtheit 11
2. Einfache Körperverletzung 12
3. Gefährliche Körperverletzung 13
4. Schwere Körperverletzung 14
5. Körperverletzung mit Todesfolge 14
6. Misshandlung Schutzbefohlener 15
7. Körperverletzung im Amt 16
8. Beteiligung an einer Schlägerei 16
9. Konkurrenzen 17

III. Straftaten gegen die Freiheit zur Willensentschließung und Fortbewegung 18
1. System der §§ 232 ff. 18
2. Nötigung 19
3. Zwangsheirat 20
4. Freiheitsberaubung 21
5. Menschenraub 22
6. Entziehung Minderjähriger 23/24
7. Kinderhandel 25/26
8. Geiselnahme 27
9. Erpresserischer Menschenraub 28
10. Nachstellung 29
11. Bedrohung 30
12. Konkurrenzen 31

IV. Straftaten gegen die sexuelle Selbstbestimmung 32
1. System der §§ 174 ff. 32

2. Sexueller Übergriff; sexuelle Nötigung; Vergewaltigung; besonders schwere(r) sexuelle(r) Übergriff, Nötigung bzw. Vergewaltigung; sexuelle(r) Übergriff, Nötigung und Vergewaltigung mit Todesfolge 33–36

3. Sexuelle Belästigung 37

4. Sexueller Missbrauch von Kindern; schwerer, besonders schwerer sexueller Missbrauch von Kindern; sexueller Missbrauch von Kindern mit Todesfolge 38–41

5. Sexueller Missbrauch von Jugendlichen 42/43

V. Straftaten gegen die Ehre und das Pietätsgefühl 44

1. Verleumdung; Vernetzung der Ehrdelikte untereinander und mit anderen Straftatbeständen 44

2. Üble Nachrede mit Wahrnehmung berechtigter Interessen....45

3. Beleidigung; Formalbeleidigung....................................46

4. Verunglimpfung des Andenkens Verstorbener; Störung der Totenruhe 47

5. Konkurrenzen 48

VI. Straftaten gegen die Privat- und Intimsphäre 49

1. System und Grenzen der §§ 123 f., 201 ff. 49

2. Hausfriedensbruch; schwerer Hausfriedensbruch 50

3. Verletzung der Vertraulichkeit des Wortes 51

4. Verletzung des Post- und Fernmeldegeheimnisses............52/53

5. Verletzung des Briefgeheimnisses 54

6. Straftaten gegen die Selbstbestimmung über persönliche elektronische Daten...55/56

7. Geheimnisverrat; Verwertung fremder Geheimnisse 57/58

8. Verletzung des höchstpersönlichen Lebensbereichs und von Persönlichkeitsrechten durch Bildaufnahmen..............59–61

B. Delikte gegen Eigentum und Vermögen 62

I. System und Grenzen des strafrechtlichen Eigentumsschutzes 62

II. Zueignungsdelikte mit Gewahrsamsbruch 63

1. Diebstahl 63

2. Diebstahl; Vernetzung mit anderen Straftatbeständen 64/65

3. Diebstahl; spezielle Prüfungsfolge der Zueignungsabsicht 66

4. Diebstahl mit Waffen; Bandendiebstahl; (schwerer) Wohnungs-einbruchdiebstahl; schwerer Bandendiebstahl................67/68

5. Konkurrenzen 69

III. Zueignungsdelikte mit Gewahrsamsbruch und Zwang 70

1. Raub 70

2. Raub; Vernetzung mit anderen Straftatbeständen 71/72

3. Schwerer Raub; besonders schwerer Raub;
Raub mit Todesfolge 73–75
4. Räuberischer Diebstahl; schwerer und besonders schwerer
räuberischer Diebstahl; räuberischer Diebstahl mit Todesfolge 76
5. Räuberischer Angriff auf Kraftfahrer; räuberischer Angriff
auf Kraftfahrer mit Todesfolge 77

IV. Zueignungsdelikte ohne Gewahrsamsbruch und Zwang –
Unterschlagung 78

V. Sachbeschädigungsdelikte 79
1. Sachbeschädigung 79
2. Bauwerkzerstörung; Zerstörung wichtiger Arbeitsmittel 80

C. Delikte gegen eigentumsähnliche Vermögenspositionen 81

I. Diebstahlsverwandte Delikte 81
1. Entziehung elektrischer Energie 81
2. Jagd-, Fischwilderei 82/83
3. Pfandkehr 84
4. Unbefugter Fahrzeuggebrauch 85

II. Sachbeschädigungsverwandte Delikte 86
1. Datenveränderung 86
2. Computersabotage 87

D. Delikte gegen das Vermögen als Ganzes 88

I. System und Grenzen des strafrechtlichen Vermögensschutzes 88

II. Wettbewerbsbeschränkungen 89
1. Wettbewerbsbeschränkende Absprachen bei Ausschreibungen 89
2. Bestechlichkeit und Bestechung im geschäftlichen Verkehr
und im Gesundheitsbereich 90–92

III. Vorfeldtatbestände zu Bereicherungsdelikten 93
1. Versicherungsmissbrauch 93
2. Kreditbetrug 94
3. Subventionsbetrug 95
4. Kapitalanlagebetrug 96
5. Sportwettbetrug 97
6. Manipulation von berufssportlichen Wettbewerben 98

IV. Bereicherungsdelikte mit Täuschungselementen 99
1. Betrug 99/100
2. Betrug; Vernetzung mit anderen Straftatbeständen 101/102
3. Computerbetrug 103–105
4. Leistungserschleichung 106

V. Bereicherungsdelikte mit Zwangskomponente 107
   1. Erpressung 107
   2. Erpressungsqualifikationen 108
VI. Vermögensschädigungsdelikte 109
   1. Untreue 109/110
   2. Scheck- und Kreditkartenmissbrauch 111
   3. Vorenthalten/Veruntreuen von Arbeitsentgelt 112/113
VII. Vermögensgefährdungsdelikte 114
   1. Unerlaubtes Entfernen vom Unfallort 114/115
   2. Vollstreckungsvereitelung 116
   3. Verletzung der Unterhaltspflicht 117
   4. Wucher 118
   5. Unerlaubtes Glücksspiel 119
   6. Unerlaubte Lotterie und Ausspielung 120
   7. Kreditgefährdung 120

E. Delikte gegen kollektive Rechtsgüter 121
  I. Straftaten gegen beweiserhebliche Informationsträger 121
   1. Schutzrichtungen der Urkundsdelikte i.w.S. 121
   2. Urkundenfälschung; Vernetzung mit anderen
      Straftatbeständen 122/123
   3. Fälschung technischer Aufzeichnungen 124/125
   4. Fälschung beweiserheblicher Daten 126/127
   5. Fälschung von Gesundheitszeugnissen;
      Ausstellen unrichtiger Gesundheitszeugnisse;
      Gebrauch unrichtiger Gesundheitszeugnisse 128/129
   6. Falschbeurkundung im Amt; mittelbare Falschbeurkundung;
      Gebrauch falscher Beurkundungen 130/131
   7. Urkundenunterdrückung 132
   8. Ausweismissbrauch; Verändern von amtlichen Ausweisen 133/134
   9. Konkurrenzen 135
  II. Straftaten gegen den Geld- und Wertzeichenverkehr 136
   1. System der Geld- und Wertzeichendelikte 136
   2. Geldfälschung 137
   3. Inverkehrbringen von Falschgeld 138
   4. Fälschung von Zahlungskarten, Schecks und Wechseln 139
   5. Fälschung von Zahlungskarten mit Garantiefunktion
      und Vordrucken für Euroschecks 140
  III. Brandstiftungsdelikte 141
   1. System der Brandstiftungsdelikte 141
   2. Vorsätzliche und fahrlässige (einfache) Brandstiftung 142
   3. Vorsätzliche und fahrlässige schwere Brandstiftung 143–145

IV

4.	Besonders schwere Brandstiftung; Brandstiftung mit Todesfolge	146/147
5.	Herbeiführen einer Brandgefahr	148
6.	Konkurrenzen	149
IV.	**Straftaten gegen die Verkehrssicherheit**	**150**
1.	System der Verkehrsdelikte	150
2.	Gefährlicher Eingriff in den Straßenverkehr	151/152
3.	Gefährdung des Straßenverkehrs	153/154
4.	Verbotene Kraftfahrzeugrennen	155
5.	Trunkenheit im Verkehr	156
6.	Konkurrenzen	157
V.	**Straftatbestand zum Schutz vor Rauschtaten – Vollrausch**	**158**
VI.	**Straftaten bei akuten Gefahrenlagen**	**159**
1.	Unterlassene Hilfeleistung; Behinderung von hilfeleistenden Personen	159
2.	Missbrauch von Notrufen	160
3.	Nichtanzeige geplanter Straftaten	161/162
VII.	**Straftaten gegen die Umwelt**	**163**
1.	System der §§ 324 ff.	163
2.	Gewässerverunreinigung	164
3.	Bodenverunreinigung	165
4.	Luftverunreinigung	166
5.	Lärmverursachung	167
6.	Unerlaubte Abfallbeseitigung	168–170
7.	Unerlaubtes Betreiben von Anlagen	171
8.	Unerlaubter Umgang mit gefährlichen Stoffen	172/173
9.	Gefährdung schutzbedürftiger Gebiete	174/175
10.	Schwere Gefährdung durch Freisetzen von Giften; Umweltstraftaten mit schwerer Folge	176/177
VIII.	**Straftaten gegen Verwaltung und Amtsführung**	**178**
1.	Schutzrichtungen der Delikte gegen Verwaltung und Amtsführung	178
2.	Delikte gegen die Vollstreckung	179
	a) Widerstand gegen Vollstreckungsbeamte	179
	b) Gefangenenbefreiung; Gefangenenmeuterei	180/181
3.	Delikte gegen die Vollstreckung und allg. Diensttätigkeit	182
4.	Delikte gegen hoheitliche Gewahrsams- und Verfügungsrechte	183–185
	a) Verstrickungsbruch; Siegelbruch	183
	b) Verwahrungsbruch	185
5.	Delikte gegen die Autorität öffentlicher Ämter	186

a) Amtsanmaßung 186
b) Titelmissbrauch 187
6. Korruptionsdelikte 188
a) Vorteilsannahme; Bestechlichkeit 188–190
b) Vorteilsgewährung; Bestechung 191–193
7. Verletzung des Dienstgeheimnisses; Verletzung
einer besonderen Geheimhaltungspflicht 194/195
8. Verleitung eines Untergebenen zu einer Straftat 196
IX. Straftaten gegen die Rechtspflege 197
1. Schutzrichtungen der Rechtspflegedelikte 197
2. Falsche Verdächtigung; Vortäuschen einer Straftat ...198/199
3. Uneidliche Falschaussage; Meineid 200/201
4. Falsche eidesstattliche Versicherung; Verleiten
zur Falschaussage; fahrlässige Aussagedelikte 202/203
5. Rechtsbeugung; Parteiverrat; Aussageerpressung 204/205

F. Anschlussdelikte 206

I. Hehlerei 206
1. Einzelschema 206
2. Vernetzung mit anderen Straftatbeständen 207/208
II. Begünstigung 209
III. Geldwäsche 210/211
IV. Strafvereitelung 212/213

G. Allgemeiner Teil 214

I. Grundtypen: Vorsatz- und Fahrlässigkeitsdelikte; Deliktsvarianten;
Mehrheit von Beteiligten 214/215
1. Grundtypen: Vorsatz- und Fahrlässigkeitsdelikte 216
a) Das vollendete vorsätzliche Begehungs-Erfolgsdelikt ...216
b) Das fahrlässige Begehungs-Erfolgsdelikt 217
2. Deliktsvarianten 218
a) Das erfolgsqualifizierte Begehungsdelikt 218
b) Der Versuch des Begehungsdelikts 219
c) Das unechte Unterlassungsdelikt 220
3. Täterschaft und Teilnahme 221
a) Mittäterschaft 221
b) Mittelbare Täterschaft 222
c) Teilnahme durch Anstiftung oder Beihilfe 223
d) Strafbare Vorstufen der Tatbeteiligung 224
aa) Versuchte (Ketten-)Anstiftung, § 30 I 224
bb) Verabredung zum Verbrechen etc., § 30 II 225

e) Strafbarkeitsausdehnung bei Sonderdelikten, § 14 226

f) Zurechnung deliktsspezifischer Merkmale, §§ 16, 28 227

II. Wichtige Einzelstrukturen 228

   1. Elemente des Tatbestandsvorsatzes 228

   2. Problematische Kausalverläufe 229

   3. Zielverfehlungen (error in persona; aberratio ictus) 230

   4. Fehlen objektiver bzw. subjektiver Rechtfertigungselemente 231

   5. Unrechts-/Schuldausschlussgründe und ihre Vernetzung 232

     a) Einverständnis (Tatbestandsausschluss);
Einwilligung (Rechtfertigungsgrund) 233

     b) Behördliche Erlaubnis (Tatbestandsausschluss
oder Rechtfertigungsgrund); öffentlich-rechtliche
Eingriffsbefugnisse (Rechtfertigungsgründe) 234

     c) Notwehr und Nothilfe, § 32 (Rechtfertigungsgründe);
Notwehrexzess, § 33 (Entschuldigungsgrund) 235

     d) Rechtfertigender Notstand, § 34;
rechtfertigende Pflichtenkollision 236

     e) Entschuldigender Notstand, § 35;
übergesetzlicher entschuldigender Notstand 237

     f) Schuldunfähigkeit; actio libera in causa; § 323 a 238/239

   6. Strafverfolgungsvoraussetzungen und -hindernisse 240

III. Konkurrenzen, allgemeines Prüfungsschema 241

Strafprozessrecht
A. Ermittlungsverfahren 242

I. Beginn des Vorverfahrens 242

II. Die wichtigsten Ermittlungsmaßnahmen 243

   1. Befragung von Auskunftspersonen 243

     a) Zeugen- und Beschuldigtenrolle in verschiedenen
Verdachtssituationen 243

     b) Beschuldigtenvernehmung 244/245

     c) Zeugenvernehmung 246/247

   2. Freiheitsentziehende Maßnahmen 248

     a) Verhaftung/vorläufige Festnahme 248/249

     b) Hauptverhandlungshaft/vorläufige Festnahme 250/251

     c) Identitätsfeststellung 252

   3. Rechtsschutz im Haftrecht 253

   4. Eingriffe in die körperliche Unversehrtheit 254

     a) Untersuchung, körperliche Eingriffe bei Beschuldigten 254/255

     b) Untersuchung von Nichtbeschuldigten 256

   5. Eingriffe in das Telekommunikationsgeheimnis 257/258

VII

6. Eingriffe in den persönlichen Lebensbereich 259
   a) Online-Durchsuchung...259/260
   b) Akustische Wohnraumüberwachung 261/262
   c) Durchsuchung..263
7. Sachentziehung 264
8. Rechtsschutz gegen Durchsuchung, Beschlagnahme und andere
   Zwangsmittel mit richterlicher Anordnungszuständigkeit 265
III. Abschluss des Ermittlungsverfahrens 266
   1. Verfahrenseinstellung..266/267
   2. Vereinfachte Verfahren, Anklage 268

B. Zwischenverfahren und Hauptverfahren 269
   I. Gerichtliche Zuständigkeit/Spruchkörperbesetzung/Instanzenzug 269
   II. Eröffnungsentscheidung 270

C. Die Hauptverhandlung 271
   I. Beweiserhebung 271
      1. Grundsätze, Ziel der Beweisaufnahme 271
      2. Amtsaufklärung und Beweisantrag 271–273
      3. Spannungslage zwischen Amtsermittlung und
         Strengbeweis bei Personal- und Urkundsbeweis 274/275
      4. Grenzen der Amtsermittlung bei nachträglicher
         Zeugnisverweigerung 276
      5. Verbote der Beweiserhebung und -verwertung 277
         a) Systematik 277
         b) Verfassungsrechtliche und gesetzliche Beweiserhebungs-
            und -verwertungsverbote 278/279
         c) Ungeschriebene Beweiserhebungs- und
            -verwertungsverbote 280/281
   II. Verständigung über den Fortgang und das Ergebnis des Verfahrens 282
   III. Abschluss der Hauptverhandlung –
       Prüfungsschema zur Vorbereitung des Strafurteils 1. Instanz 283

D. Das Rechtsmittelverfahren 284
   I. Rechtsmittel der StPO 284
   II. Aufbauschema zur Vorbereitung des Revisionsurteils 285–288

§§-Register: StGB

1 216
3 1
5 24
8 228
11 ....4, 16, 25, 39 f., 42,
.............44 f., 51, 53, 57 f.,
.............61, 63, 130 f., 162,
....179 f., 182, 185, 188 ff.,
......196, 198 f., 202, 204 f.,
.........209, 212 f., 219, 223
12...................30, 210, 219,
............................266, 268
13 ....7, 50, 70 ff.,
...........................102, 219 f.
14 ....112, 116 f., 226
15 215
16 ....50, 227 f., 230
17.............216 ff., 228, 231
18 ....6, 14, 21, 24,
...........27 ff., 36, 41, 146 f.,
.....................152, 155, 164,
...........................177, 218 f.
19 ....216 ff.
20 ....216 ff., 239
21 ....216 ff.
22............................219, 228
23 219
24 ....142, 146, 219, 224 f.
25 ....7, 72, 101,
...........................219, 221 f.
26............................203, 223
27............................207, 223
28 ....13, 221 ff., 227
30 ....39, 192, 203, 224 f.
31 ....224 f.
32 ....232, 235 ff.
33 ....216, 232, 235
34 ....232, 236
35 ....216, 232, 236 f.
39 283
40 283
44 283

45 283
46 288
46 a 215
46 b ....198 f., 215
49 4
51 283
52 241
53...........................241, 283
55 283
56 283
59 283
60 283
61 283
69 ....264, 268, 283
73 283
77............................216, 240
77 a 240
77 b 240
77 c 240
77 d 240
77 e ....194 f.
78 ....34, 216, 240
78 a 240
78 b ....33, 38 ff., 43, 240
78 c 240
81 161
82 161
83 161
89 a 161, 210, 263
89 c 210, 263
94 161
95 161
96 161
97 a 161
100 161
108 e 210
109 h 22
113 ....31, 178 f.,
...........................181 ff., 216
114 ....178, 182
115 ....179, 182
120....................178, 180 f.

121 ....178, 181
123 ....49 f., 69, 216
124................................49 f.
126 199
129 210
129 a ....161 ff., 210
129 b ....161 ff., 210
130 44
132 ....178, 186
132 a 178, 187
133 ....65, 123, 178, 185
134 178
136 ....65, 123, 178, 183 f.
138 ....161 f.
139 ....161 f.
142 ....88, 114, 115
145 160
145 a 197
145 c 197
145 d 197, 199, 244
146 ....135 ff., 161
147 ....136, 138
148 136
149 ....56, 105, 136, 139 f.
151 ....136 f., 161
152 ....137, 161
152 a ....135 f., 139 f.,
...........................207, 210
152 b ....111, 135 f.,
...........................140, 161
153 ....197, 200 f.,
...........................203, 246
154................201, 203, 246
155 201
156.............................201 ff.
157 200
158 ....198 ff.
159 ....203, 224
160 203
161 203
162 200
164 ....197 ff., 244

IX

165 283	202 ....49, 54 f.	238 ....18, 29, 248
166 44	202 a...............49, 55 f., 86,	239 ....18, 21, 31
168...........1, 44, 47, 64, 71	........................103, 132	239 a..............18, 27 f., 31,
170...........................88, 117	202 b ....49, 55 f.	..................88, 161 f., 218
171 25	202 c ....49, 56, 86 f.	239 b ......18, 27, 31, 161 f.
174...................6, 32, 44	202 d 49, 56	240 ....18 ff., 31, 34
174 a....................32	203 ....49, 57 f., 281	.....................65, 71 f., 107,
174 b 32	204 ....49, 58	...........................181, 216
174 c....................32	205...............51, 54 ff., 240	241 ....18, 30 f.
176 ....2, 23 f., 32, 38 ff.	206...............49, 52 ff., 178	241 a....................18
176 a ....40 f.	211 ....1, 3 f., 7, 10,	242...................62 ff., 67 ff.,
176 b 41	...........................17, 147, 149	....................78, f., 85, 101,
177...................2, 31 ff.	.....................152, 157, 161 f.	..................106, 206 f., 210
178...................2, 36	212 ....1, 3 ff., 7, 9 f.,	243 ....54, 63, 67 f.,
179...........................2	............10, 17, 149, 161 f.	.....................72, 100, 104,
180 32	216 ....1, 3, 5, 7, 10	...........................110, 206
180 a....................32	218........................1, 2, 10	244 ....62 f., 67 ff.,
181 a 210	218 a 2	....................73 f., 179, 182
182 ....32, 42 f.	219........................2	244 a................62, 68 f.
183 32	219 a 1	246 ....62, 64, 69,
183 a...................32	219 b 1	....................78, 82 f., 101,
184 32	221........................1, 6, 7, 11	...........................207, 210
184 a...................32	222.............1, 3, 8, 17, 149	247 ....63, 67 f., 78,
184 b ....32, 39 f.	223.................10 ff., 14 ff.,	.....................81, 100, 104,
184 c...................32	...........................149, 157	..................106, 110, 206
184 d 32	224 ....10 f., 13, 16 f.	248 a..............63, 78, 81 f.,
184 e...................32	225.............11, 15 ff., 216	..................100, 104, 106,
184 f 32	226 ....2, 6, 11, 14, 16 f.	..................110 f., 206, 209
184 g 32	226 a....................11, 16 f.	248 b 65, 85,
184 h..................33 f., 38 f.	227......1, 11, 14, 16 f., 218	248 c.................64, 71, 81
184 i...................32, 37	228 ....12, 16, 233	249 ....31, 62, 67,
184 j 32	229 ....11 f., 16	................69 ff., 74, 76, 77,
185 .....44, 46 ff., 123, 244	230 12	..........101, 108, 161, 207
186 ....44 ff., 48	231 ....11, 16 f.	250 ....1, 62, 73 f., 76 f.,
187 ......44, 46, 48, 88, 120	232 ....18, 32, 161, 210	.....................88, 108, 161
188 ....44 ff., 48	232 a.................32, 161	251 ....1, 62, 75 ff., 88,
189 ....1, 44, 46 f.	232 b 161	..................108, 161, 218
192.........................44, 46	233 210	252......31, 62, 69, 72, 76 f.
193 ....44 ff., 51	233 a 18, 161, 210	253 ....65, 69, 71, 77, 88
194.......................44 ff.	234 ....18, 22, 161, 233	...........................101, 107 f.,
199 46	234 a 18, 20, 161	..................207, 210, 216
200 283	235 ....18, 23 f., 233	255...........31, 65, 71 f., 77,
201 ....49, 51	236 ....18, 25 f.	..........88, 101, 108, 161
201 a..................49, 59 ff.	237 ....18, 20	257 ....197, 207 ff.

258 ....101, 197, 199,
.............208 f., 212 f., 216
258 a ....197, 199, 212 f.
259.............88, 206 ff., 210
260 206
260 a 206
261 ....88, 197, 207, 210 f.
263 ....64 f., 69, 88, 93
........95, 99 ff., 106 ff., 122,
............125, 127, 207, 210
263 a ....64 f., 88, 101,
.............103 ff., 124 f., 127
264..................88, 95, 100,
..........................104, 210
264 a 88, 96
265 ....88, 93, 149
265 a 64, 71, 88,
..............................101, 106
265 b 88, 94
265 c ....88, 97 f., 210
265 d 88, 98
265 e ....97 f.
266 ....64, 88, 101 f.,
...........................109 ff., 210
266 a 88, 101, 112
266 b 88, 101, 111
267 ....44, 95, 100, 104,
........121 ff. 127 ff., 131 ff.,
...........................139 f., 210
268 ....95, 100, 104,
..............121 ff., 127, 132,
...........................135, 139 f.
269 ....95, 100, 104,
............121 ff., 125 ff., 132,
..................135, 139 f., 210
270 ....123 f., 126, 131,
...................133, 134, 139 f.
271 ......121, 131, 135, 210
273 ....121, 134
274..................65, 69, 121,
........................132, 134 f.
275 121
276 121
277 ..121, 123, 128 f., 135

278.............121, 123, 129
279.............121, 123, 129
281 ....65, 121, 133
283 88
284 ....88, 119, 210
285 119
287 120
288............................88, 116
289.................64 f., 71, 84
290 65
291............................88, 118
292 ....29, 64, 71, 82
293 83
294 ....82 f.
297 62
298 ....88 f.
299.............88, 90, 92, 210
299 a ....91 f.
300 ....90 ff.
301 90
303 ....47, 62, 65, 69,
............79 f., 80, 82 f., 123,
...........132, 135 , 149, 151,
....................160, 183, 185
303 a ....86 f., 132
303 b 87
303 c......................79, 86 f.
304 ....149, 160
305 ....62, 80, 149
305 a 62, 80, 149
306 ....62, 141, 142,
.........144, 146 f., 149, 161
306 a ....141, 143 ff.,
..............................149, 161
306 b 1, 141, 143,
..................146 f., 149, 161
306 c ..141, 149, 161, 218
306 d ....62, 141 ff.,
..............................145, 149
306 e ....142 ff., 216
306 f............62, 141, 148
307 161
308 161
309 161

310 161
313 161
314 161
315 ......150, 152, 155, 161
315 a 150, 156, 254
315 b ....150 ff., 154 f.,
..............................157, 161
315 c.........1, 150 f., 153 f.,
..........................156 f., 254
315 d.............................. 155
315 e 153
316 ....150, 156 f., 254
316 a 62, 77, 88,
..............................150, 161
316 b 80
316 c ....150, 161 f.
320 ....151 f.
323 a ....158, 215, 238 f.
323 c ....6 f., 159 f.,
..............................160, 214
324....................163 f., 177
324 a 163, 165
325..............163, 166, 177
325 a 163, 167
326..163, 168 ff., 177, 210
327..............163, 171, 177
328 ..163, 172 f., 177, 210
329 ....163 f., 174 f., 177
330 ....163 ff., 175, 177
330 a 163, 176, 177
330 b ....167 ff., 172 f., 175
330 d...............164 ff., 169,
..........................171 ff., 234
331 ....178, 188 f.
332 ....189 f., 210
333 ....191 f.
334 ....164, 192 f., 210
335 ....190, 193
335 a ....188 ff.
336....................189, 191 f.
337 ....190 f., 193
339 ....197, 204
340 ....11, 16
343 197

XI

344 197	353 ....101, 178	355..................49, 178
345..............18, 197	353 a 178	356 ....197, 204
348 ....121, 123, 130 f.,	353 b 49, 178,	357 ....178, 196
..............135, 210	................194 f., 279	
352 ....101, 178	353 d 197	

§§-Register: StPO

7.....................286	68 b 247	100 a ....257 f., 260, 281
16 283	69...............247, 252, 271	100 b ....257, 259 ff.
22 286	70...............246, 256, 271	100 c ....261 f.
23 286	71 271	100 d ......258, 260 ff., 278
24 286	72 271	100 e.......257 ff., 265, 279
30 270	73 271	101 ......258, 260, 262, 265
31 286	74 271	102 263
35 a.................282	75 271	103 263
36 ....248, 258, 260, 262 f.	76 271	104 263
48 ....246 f., 271	77 271	105 ....263, 281
49 271	78 271	106 263
50 271	79 271	107 263
51 246	80 271	108 ....279 f.
52 ....246 f., 271,	81 271	110 263
................274 ff., 281	81 a ....254, 279 f.	110 b 265
53 ....246, 271, 276,	81 b 255	111 a ....264 f., 265
................278 f., 281	81 c 256, 279	111 n 264
53 a 246, 276, 281	81 d 254	111 o 264
54 ......246, 271, 276, 281	82 271	112.................248 ff.
55 ....246 f., 271,	83 271	112 a................248 f.
................274, 276, 280	84 271	113 248
56 271	85 271	114 ....248, 250
57....................247, 271	86 271	114 a 248
58 271	87 271	114 b 248
59....................247, 271	88 271	114 c 248
60...............244, 246, 271	89 271	115.................248 ff.
61....................246, 271	90 271	115 a 248
62....................246, 271	91 271	116 248
63 271	92 271	117 ....253, 265
64 271	93 271	119 248
65 271	94....................257, 264	120 ....248, 253
66 271	97....................264, 280	121 253
67 271	98....................264 f.	125 248
68....................247, 271	99...............53, 257	126 ....248, 253

XII

126 a 249	200 268	306 284
127...............234, 249, 251	203 270	310 253
127 b...........................250 f.	204 270	311 284
128 ....249, 251	205 267	312 ....269, 284
130 248	210 270	313 284
133.......................244 f., 245	212 268	314 284
134 244	222 a 286	317 284
135 244	226 287	322 a 284
136 ....244 f., 247, 275,	230 287	329 287
...........................277, 281	243 ....268, 282	333....................269, 284 f.
136 a 245, 247, 278	244 ....271 ff., 275, 287	335....................269, 284 f.
140 ....245, 287	245 ....271, 273	337 ....286 f.
141 245	246 ....271 f.	338 ....286 f.
145 287	247 287	341 ....284 f.
147 281	247 a 274	344 ....285 f.
148 281	249 271	345 ....284 f.
148 a 286	250 ....271, 274	352....................286 ff.
152 242	251...............271, 274, 281	353 288
153 266	252...............276, 271, 280	354 288
153 a 266	253 ....271, 275	357 288
154 267	254 ....271, 274	376 266
154 a 267	255 271	380 266
158 ....198 f., 240,	255 a 276	382 266
...........................242, 266	256 ....271, 275	390 284
159 242	257 280	401 284
160 242	257 c......................278, 282	406 f 247
160 a 242, 258,	260 283	406 g 247
...........................278 f., 281	261 283	407 268
161...............242, 248, 279	264 283	408 268
161 a ....200, 244, 246 f.,	265 283	409 268
...........................265, 274, 279	266 283	410 268
163 ....242, 246 f., 274	267 ....282, 288	411 268
163 a..................244 f., 252,	268 a 283	412 287
...........................265, 277	268 b 283	417....................250 f., 268
163 b 252	273 ....271, 282	418 ....250, 268
163 c 252	275 287	419 268
168 ....245, 247	276 267	420 268
168 a....................245, 247	296 284	449 213
168 b 245, 247	297 284	464 ....282 f.
168 c 244, 247, 281	298 284	465 245
170...............................266 ff.	300 285	473 288
171 266	302 ....282, 284	477 279
172 ....266 f.	304...............253, 265, 284	
199 ....268, 270	305 284	

XIV

A. Delikte gegen höchstpersönliche Rechtsgüter	I. Straftaten gegen das Leben 1. System des strafrechtlichen Lebensschutzes

Zeitpunkt	Strafrechtsschutz

Befruchtung der menschl. Eizelle (Arg.: § 218 I 2*)

Kein Schutz nach dem StGB, sondern nur nach dem Embryonenschutzgesetz (ESchG)

Ab Einnistung in die Gebärmutterschleimhaut: „Leibesfrucht"

Ab Beginn der Eröffnungswehen: „Mensch"

Maßgeblich ist immer die rechtliche Qualität des Tatobjekts in dem Zeitpunkt, in welchem die Auswirkungen der Täterhandlung beginnen.

Tötung
- vorsätzlich → **Schwangerschaftsabbruch, §§ 218 ff.** ⇨ S. 2
- fahrlässig → Nicht strafbar

Abstrakte Gefährdung → **§§ 219 a, b, Werbung, Inverkehrbringen von Abtreibungsmitteln**

Tötung
- vorsätzlich → **Totschlag, § 212** ⇨ S. 3
 Mord, § 211 ⇨ S. 4
 Tötung auf Verlangen, § 216 ⇨ S. 5
- fahrlässig/ leichtfertig → **Fahrlässige Tötung, § 222** ⇨ S. 3;
 Erfolgsqualifikation mit Todesfolge, z.B. §§ 227, 251

Konkrete Gefährdung
- vorsätzlich → **Aussetzung, § 221** ⇨ S. 6,
 Qualifikation, z.B. §§ 250 II Nr. 3 b, 306 b II Nr. 1 ⇨ S. 74/147
- fahrlässig → Nur in Spezialtatbeständen mit anderer Angriffsrichtung, z.B. § 315 c III

Ab Gesamthirntod „Verstorbener", Arg.: § 3 I Nr. 2, II Nr. 2 TransplantationsG

Kein strafrechtlicher Lebensschutz mehr, stattdessen Schutz des postmortalen Persönlichkeitsrechts und des Pietätsgefühls der Hinterbliebenen durch: Störung der Totenruhe, § 168 (⇨ S. 47), Verunglimpfung des Andenkens Verstorbener, § 189 (⇨ S. 47), sowie Transplantationsgesetz (TPG)

*Im Folgenden sind §§ ohne Gesetzesangabe solche des StGB.

1

A. Delikte gegen höchst- persönliche Rechtsgüter	**I. Straftaten gegen das Leben** **2. Schwangerschaftsabbruch**

Schwangerschaftsabbruch, § 218

	Objektiver Tatbestand, § 218 I
Tatbestand	**Täter:** Jedermann, bei Eigenabbruch durch die Schwangere privilegierter Strafrahmen, § 218 III **Tatobjekt:** Leibesfrucht = befruchtete, lebende, menschliche Eizelle nach Abschluss der Einnistung, § 218 I 2 **Tathandlung:** ⎫ Abbrechen der Schwangerschaft = Jede Einwirkung, die sich auf die ⎬ Leibesfrucht auswirkt und zurechenbar deren Tod herbeiführt, **Taterfolg:** ⎭ gleichviel, ob der Tod im Mutterleib oder außerhalb eintritt **Nichtvorliegen des Tatbestandsausschlusses: § 218 a I** 12. Schwangerschaftswoche noch nicht überschritten (Nr. 3) **und** Verlangen des Abbruchs durch die Schwangere (Nr. 1) **und** Nachweis einer Schwangerschaftskonfliktberatung (§ 219, §§ 5, 6 Schwangerschafts-konfliktgesetz – SchKG) durch Beratungsschein (§ 7 SchKG) **und** Abbruch durch einen Arzt (Nr. 2)
	Subjektiver Tatbestand
	Vorsatz in Bezug auf Vorliegen der Tatbestandsumstände und Nichteingreifen des Tatbe-standsausschlusses
Rechts-widrigkeit	Entfällt bei speziellen Rechtfertigungsgründen des § 218 a II, III: • **Medizinische Indikation, § 218 a II** Anwendbar bis zum Geburtsbeginn **und** unzumutbare und nicht anders abwendbare Gefahr für Leben/schwerwiegende Be-einträchtigung des körperlichen/seelischen Gesundheitszustands der Schwangeren gegenwärtig/zukünftig (miterfasst: Belastungen durch behindertes Kind) **und** Einwilligung der Schwangeren **und** Abbruch durch Arzt **und** subjektives Rechtfertigungselement • **Kriminologische Indikation, § 218 a III** 12. Schwangerschaftswoche noch nicht überschritten **und** Schwangere nach ärztlicher Erkenntnis Opfer einer Straftat gem. §§ 176–178 **und** Schwangerschaft beruht auf dieser Straftat **und** Einwilligung der Schwangeren **und** Abbruch durch Arzt **und** subjektives Rechtfertigungselement
Schuld	Allgemeine Grundsätze

Benannte Straferschwe-rungen, Strafeinschrän-kungen	**für Dritte**	**für die Schwangere**
	Besonders schwerer Fall, § 218 II 1, mit Regelbeispielen, § 218 II 2: • Handeln gegen den Willen der Schwan-geren (Nr. 1) • Leichtfertige Verursachung der Gefahr des Todes/schwerer Gesundheitsschädi-gung (nicht notwendig i.S.v. § 226) für die Schwangere (Nr. 2)	• **Persönlicher Strafausschließungs-grund,** § 218 a IV 1 22. Schwangerschaftswoche noch nicht überschritten **und** Beratung (§ 219) **und** Abbruch durch einen Arzt • **Absehen von Strafe,** § 218 a IV 2, bei besonderer Bedrängnis

2

A. Delikte gegen höchstpersönliche Rechtsgüter	I. Straftaten gegen das Leben 3. Totschlag; fahrlässige Tötung

Totschlag, § 212
(nach Rspr. selbstständiger Tatbestand; nach Lit. Grunddelikt zu den §§ 211/216)

Tatbestand	**Objektiver Tatbestand**
	Tatopfer: Jeder vom Täter verschiedene lebende Mensch **und**
	Tötungserfolg ⎫
	Handlung ⎬ Töten
	Kausalität und objektive Zurechnung ⎭
	Subjektiver Tatbestand
	Vorsatz
Rechtswidrigkeit	Allgemeine Grundsätze
Schuld	Allgemeine Grundsätze
Unbenannte Strafschärfung	Besonders schwerer Fall gem. § 212 II (z.B. Täter handelt mit Überlegung oder besonders brutal)
Benannte Strafmilderung (h.M.)	**Minder schwerer Fall** gem. § 213 Hs. 1: Misshandlung/schwere Beleidigung des Täters/eines Angehörigen durch den Getöteten **und** keine eigene Schuld des Täters an der Provokation **und** Provokation muss den Täter zum Zorn gereizt haben **und** Täter muss dadurch auf der Stelle zur Tat hingerissen worden sein
Unbenannte Strafmilderung	Sonstiger minder schwerer Fall, § 213 Hs. 2

Fahrlässige Tötung, § 222
Tötungserfolg, Handlung, Kausalität, Fahrlässigkeit und Pflichtwidrigkeitszusammenhang ausdrücklich im gesetzlichen Tatbestand („den Tod eines Menschen durch Fahrlässigkeit verursacht"). Kein subjektiver Tatbestand, dafür subjektive Fahrlässigkeit in der Schuld (⇨ S. 216).

3

A. Delikte gegen höchstpersönliche Rechtsgüter	I. Straftaten gegen das Leben
	4. Mord

Mord, § 211
(nach Rspr. selbstständiger Tatbestand; nach Lit. Qualifikation des § 212)

Tatbestand	**Objektiver Tatbestand**
	Tathandlung/-erfolg: Tötung eines anderen Menschen (ggf. Verweis auf § 212)
	▪ Objektive Mordmerkmale (2. Gruppe)
	– **Heimtückisch** = Bewusstes Ausnutzen der Arg- und Wehrlosigkeit in feindlicher Willensrichtung (Rspr.) durch einen besonders verwerflichen Vertrauensbruch (Teil der Lit.)
	– **Grausam** = Wenn dem Opfer in gefühlloser, unbarmherziger Gesinnung Schmerzen/ Qualen körperlicher/seelischer Art zugefügt werden, die nach Stärke/Dauer über das für die Tötung als solche erforderliche Maß hinausgehen
	– **Mit gemeingefährlichen Mitteln** = Solche Mittel, deren typische Gefährlichkeit für Leib oder Leben mehrerer/vieler Menschen der Täter nach den konkreten Umständen nicht in der Hand hat
	Subjektiver Tatbestand
	Vorsatz bzgl. Tötungshandlung und -erfolg
	▪ Vorsatz und sonstige subjektive Erfordernisse bzgl. verwirklichter objektiver Mordmerkmale
	▪ Absichtsmerkmale (3. Gruppe)
	– **Um eine andere Straftat zu ermöglichen/zu verdecken** = Die Tötungshandlung (nicht notwendig der Todeserfolg) muss subjektiv als Mittel zur Ermöglichung weiterer/zur Verdeckung (= Vermeidung der strafrechtlichen oder auch außerstrafrechtlichen Konsequenzen) eigener/fremder rechtswidriger Taten i.S.v. § 11 I Nr. 5 (nach der Vorstellung des Täters) dienen
	▪ Motivationsmerkmale (1. Gruppe)
	– **Mordlust** = Wenn der Tod des Opfers der alleinige Zweck der Tat ist, insbesondere wenn aus Freude an der Vernichtung eines Menschenlebens gehandelt wird
	– **Zur Befriedigung des Geschlechtstriebs** = Tötung in innerem Zusammenhang mit sexueller Befriedigung
	– **Habgier** = Durch ungehemmte Eigensucht weit übersteigertes Streben nach materiellen Gütern oder Vorteilen
	– **Sonstige niedrige Beweggründe** = Tötungsmotiv, das nach allgemeiner sittlicher Wertung auf tiefster Stufe steht, durch hemmungslose triebhafte Eigensucht bestimmt und deshalb besonders verwerflich und verachtenswert ist
Rechtswidrigkeit	Allgemeine Grundsätze
Schuld	Allgemeine Grundsätze
Strafmilderung	Bei heimtückischer Tötung ausnahmsweise gemilderter Strafrahmen gem. § 49 I Nr. 1 bei außergewöhnlichen Umständen, die lebenslange Freiheitsstrafe als unverhältnismäßig erscheinen lassen (Rechtsfolgenlösung der Rspr., aber str.)

A. Delikte gegen höchst- persönliche Rechtsgüter	I. Straftaten gegen das Leben 5. Tötung auf Verlangen

Tötung auf Verlangen, § 216
(nach Rspr. selbstständiger Tatbestand; nach Lit. Privilegierung zu § 212)

	Objektiver Tatbestand
Tatbestand	**Tathandlung:** Tötung eines anderen Menschen (Fremdtötung, nicht nur Suizidbeteiligung oder erlaubte Sterbehilfe, ➪ S. 7–9) **Tatauslöser** = Tötungsverlangen des Opfers (= Willensbetätigung mit dem Ziel, den späteren Täter zur Tötung zu bestimmen) **und** ausdrücklich (= in eindeutiger, unmissverständlicher Weise durch Worte oder Gesten) **und** ernstlich (= frei von Willensmängeln und auf tieferer Reflexion beruhend) **Bestimmtsein** = handlungsleitende Verursachung des Tatentschlusses durch Tötungsverlangen (wie bei der Anstiftung ➪ S. 223)
	Subjektiver Tatbestand
	Vorsatz

Rechts- widrigkeit	Allgemeine Grundsätze ⚠ *Einwilligung des Opfers rechtfertigt nicht („Einwilligungssperre"); Ausnahmen: Unterlassen/Abbruch einer lebenserhaltenden Behandlung/ Handlungen in Form der „indirekten Sterbehilfe"* ➪ S. 9

Schuld	Allgemeine Grundsätze

5

A. Delikte gegen höchstpersönliche Rechtsgüter	I. Straftaten gegen das Leben 6. Aussetzung

Aussetzung, § 221 I

	Objektiver Tatbestand
Tatbestand	▪ Nr. 1: **Täter:** Jedermann **Opfer:** Jeder vom Täter verschiedene lebende Mensch **Tathandlung:** Versetzen in hilflose Lage (auch ohne räumliche Veränderung) ▪ Nr. 2: **Täter:** Beistandspflichtiger aufgrund eines bereits bestehenden Obhutsverhältnisses/einer Beistandspflicht (= i.s.v. Garantenpflicht) ⚠ *Allgemeine Hilfspflicht nach § 323 c I genügt nicht!* **Opfer:** Jede Person im Schutzbereich der Beistandspflicht, die sich in hilfloser Lage befindet **Tathandlung:** im Stich lassen = Jede Vorenthaltung des Beistandes; auch ohne räumliches Verlassen! Eintritt einer konkreten Gefahr des Todes/einer schweren Gesundheitsschädigung **und** Kausalität **und** spezifischer Risikozusammenhang zwischen Tathandlung und konkreter Gefährdung
	Subjektiver Tatbestand
	Vorsatz

Rechtswidrigkeit	Allgemeine Grundsätze

Schuld	Allgemeine Grundsätze

Aussetzung des eigenen Kindes etc., § 221 II Nr. 1 (Vorsatzbedürftige Qualifikation)
Als Grunddelikt § 221 I prüfen. Zusätzlich **objektiver Tatbestand:** Tatopfer (leibliches oder angenommenes) Kind des Täters/dem Täter zur Erziehung oder zur Betreuung in der Lebensführung anvertraut (wie in § 174 I Nr. 1); **subjektiver Tatbestand:** Vorsatz bzgl. der qualifizierenden Umstände

Aussetzung mit schwerer Folge, § 221 II Nr. 2 (Erfolgsqualifikation, allgemein ⇨ S. 218)
Als Grunddelikt § 221 I prüfen. Zusätzlich: Folge muss schwere Gesundheitsschädigung (nicht notwendig i.s.v. § 226) des Opfers sein; einfache Fahrlässigkeit bzgl. der Folge genügt, § 18

Aussetzung mit Todesfolge, § 221 III (Erfolgsqualifikation, allgemein ⇨ S. 218)
Als Grunddelikt § 221 I prüfen. Zusätzlich: Folge muss Tod des Opfers sein; einfache Fahrlässigkeit bzgl. der Folge genügt, § 18.

A. Delikte gegen höchst-persönliche Rechtsgüter	**I. Straftaten gegen das Leben** **7. Suizidbeteiligung**

Bei vorsätzlicher **aktiver Mitwirkung** an der zum Tode führenden Handlung

§ 216, Tötung auf Verlangen?

Bei der Prüfung der Tathandlung (Fremd-)Tötung: Abgrenzung zur Teilnahme am Suizid nach Tatherrschafts-kriterium: **Beherrschte der Getötete nach Abschluss der Mitwirkungshandlung des fraglichen Täters noch tatsächlich das zum Tode führende Geschehen?**

↓

Bei Tatherrschaft des Getöteten: § 216 (–); weiterprüfen:

↓

§§ 212, 25 I Alt. 2, Totschlag in mittelbarer Täterschaft?

Zurechnung der Selbsttötungshandlung als Fremdtötung, wenn **kein eigenverantwortlicher Suizid** vorlag; Kriterien str. (h.M.: entsprechende Anwendung der Vorsatz- und Schuldregeln auf die Verantwortlichkeit des Suizidenten; nach a.A. Kriterien der rechtfertigenden Einwilligung)

↓

Bei Freiverantwortlichkeit des Suizids: § 212 (–)

↓

Straflosigkeit der Mitwirkung

Lag Tatherrschaft **nicht** beim Getöteten, die übrigen Deliktsmerkmale des § 216 prüfen, dabei ggf. Rechtfertigung nach den Regeln der Sterbehilfe erörtern (⇨ S. 9)

Bei Verneinung § 212, ggf. § 211 prüfen

Bei Bejahung mittelbarer Täterschaft §§ 212, 25 I Alt. 2 weiterprüfen

---

Bei vorsätzlichem **Unterlassen** der Rettung des bewusstlosen Sterbewilligen

§§ 216, 13: Nach bisheriger Rspr. Übergang der Tatherrschaft auf Garanten; nur ausnahmsweise Straflosigkeit wegen Unzumutbarkeit oder nach den Regeln der **Sterbehilfe** (⇨ S. 9). Neue Rspr. und h.Lit.: keine Rettungspflicht bei bloßer „Begleitung" eines freiverantwortlichen Suizids

↓

Bei Verneinung eines unechten Tötungsunterlassungs-delikts weiterprüfen:

↓

§ 221: Ebenso (–); Lit.: bei Sterbewilligen keine „hilflose Lage"

§ 323 c I: Schon tatbestandlich (–), zwar Unglücksfall auch bei freiverantwortlichem Suizid (str.), aber bei Respekt vor fremdem Selbsttötungswillen Rettung unzumutbar

Bei Bejahung einer Tötung auf Verlangen §§ 221, 323 c I (+), aber subsidiär

7

A. Delikte gegen höchstpersönliche Rechtsgüter	I. **Straftaten gegen das Leben** 7. **Suizidbeteiligung** (Fortsetzung)

Suizidbeteiligung (Fortsetzung)

Bei unvorsätzlicher Mitwirkung an der zum Tode führenden Handlung

§ 222, fahrlässige Tötung?

Trifft den unvorsätzlich Mitwirkenden ein Fahrlässigkeitsvorwurf bzgl. des eingetretenen Todes? $\longrightarrow$ Bei Verneinung der Fahrlässigkeit § 222 (–)

↓

Bei Bejahung der Fahrlässigkeit weiterprüfen, ob nach dem vorgenannten **Tatherrschaftskriterium** die **Gefährdungsherrschaft** beim Mitwirkenden oder bei dem Getöteten selbst lag $\longrightarrow$ Lag die Gefährdungsherrschaft beim Getöteten selbst:

↓

Bei Gefährdungsherrschaft des unvorsätzlich Mitwirkenden: **Strafbarkeit wegen fahrlässiger Tötung, § 222 (+)**

Nach Rspr. auch bei Veranlassung der Tat durch das sterbewillige Opfer, das den Täter über die tödliche Folge der abverlangten Handlung in einen Irrtum versetzt; nach Teil d. Lit. dagegen in diesem Fall § 222 (–), da die Täuschung des Sterbewilligen die Tatherrschaft des unvorsätzlich Mitwirkenden ausschließe („Selbsttötung in mittelbarer Täterschaft")

↓

Handelte der Getötete in Bezug auf die tödlichen Folgen **nicht eigenverantwortlich** (h.M.: in entsprechender Anwendung der Vorsatz- und Schuldregeln; nach a.A. Kriterien der rechtfertigenden Einwilligung), dann ist dennoch fahrlässige Tötung gegeben, § 222 (+)

↓

Handelte der Getötete auch **eigenverantwortlich**, so liegt ein freiverantwortlicher Suizid vor, dessen fahrlässige Förderung straflos ist, § 222 (–)

8

A. Delikte gegen höchstpersönliche Rechtsgüter

I. Straftaten gegen das Leben
8. Sterbehilfe

Totschlag, § 212

Bei der Prüfung der Tathandlung (Fremd-)Tötung: Abgrenzung zur Teilnahme am Suizid nach **Tatherrschaftskriterium**

↓

Lag Tatherrschaft beim Getöteten, weiterprüfen nach den Regeln zur Suizidbeteiligung ⇨ S. 7, 8

Lag Tatherrschaft nicht beim Getöteten: Lebensverkürzung zum Nachteil einer anderen Person ohne rechtfertigende einverständliche indirekte Sterbehilfe/Sterbehilfe durch Behandlungsabbruch: § 212 I (+)

⚠ *Gilt selbst dann, wenn das Opfer sich nicht selbst töten konnte (z.B. wegen Bewegungsunfähigkeit durch Lähmung)!*

Ausnahme: Rechtfertigungsgrund einverständliche indirekte Sterbehilfe/Sterbehilfe durch Behandlungsabbruch ▶ § 212 I (–)

Zustand des Opfers:
Lebensbedrohliche Erkrankung des Opfers

Handlung des Täters:
- Behandlungsabbruch: Beendigung lebenserhaltender Behandlung (z.B. künstliche Beatmung/Ernährung) durch Unterlassen der Fortsetzung/aktive Beendigung
- Indirekte Sterbehilfe: Schmerzlinderung lege artis mit unbeabsichtigter Nebenfolge der Lebensverkürzung

Täterkreis: Ärzte/Betreuer/Bevollmächtigte/Dritte, soweit sie für die Behandlung und Betreuung als hinzugezogene Hilfspersonen tätig werden

Tatauslöser: (Sterbe-)Wille des Opfers
- Ausdrücklich (z.B. Patientenverfügung, § 1901 a I BGB)
- Mutmaßlich (vom Betreuer zu ermitteln, §§ 1901 a II, 1901 b BGB)
- Bei Divergenz zwischen Arzt und Betreuer: Genehmigung des Betreuungsgerichts, § 1904 IV BGB

⚠ *Teil der Lit. verneint die Anwendbarkeit der §§ 1901 a ff. BGB!*

Subjektiv
Kenntnis des (Sterbe-)Willens **und**
Handeln zum Zweck der Sterbehilfe

⚠ *Eine Differenzierung zwischen der Tötung durch aktives Tun oder Unterlassen ist nach der Rspr. zum Behandlungsabbruch ebenso wenig erforderlich wie eine Differenzierung nach Handlungen vor und in der eigentlichen Sterbephase!*

A. Delikte gegen höchstpersönliche Rechtsgüter	I. Straftaten gegen das Leben 9. Konkurrenzen

Verhältnis	zu anderen Tötungsdelikten	zu Körperverletzungsdelikten
§ 218	• am Ungeborenen: tatbestandliche Exklusivität des § 218, sodass andere Delikte (–) • am Neugeborenen nach Frühgeburt durch Abbruch: – wenn lebensfähig, nur Versuch des § 218, in Tatmehrheit dazu §§ 212/211 – wenn nicht lebensfähig, § 218 nach m.M. vollendet, nach h.M. nur versucht, in Tatmehrheit (str.) dazu §§ 212/211 • an der Mutter: ggf. Tateinheit	• am Ungeborenen: tatbestandliche Exklusivität des § 218, sodass andere Delikte (–) • am Neugeborenen: postnatale Auswirkungen vorgeburtlicher Handlungen: wegen tatbestandlicher Exklusivität des § 218, andere Delikte (–) • an der Mutter: – § 223 von § 218 konsumiert – §§ 224 ff.: Tateinheit – Bei Versuch des § 218 Tateinheit
§ 212	wird von §§ 211/216 als speziellere Delikte verdrängt	• Ist das Tötungsdelikt vollendet, so verdrängt es alle Durchgangskörperverletzungen an demselben Opfer als subsidiär • Ist das Tötungsdelikt versucht, stehen alle vollendeten Körperverletzungsdelikte dazu in Tateinheit
§ 211	verdrängt § 212 wegen Spezialität	
§ 216	verdrängt §§ 212/211 wegen privilegierender Spezialität	

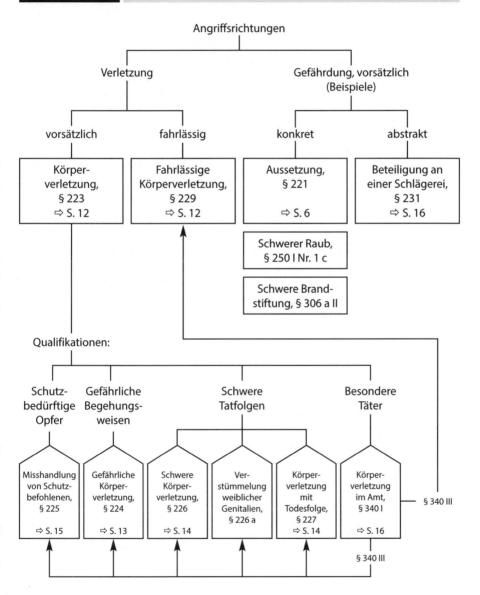

A. Delikte gegen höchst- persönliche Rechtsgüter	II. Straftaten gegen die körperliche Unversehrtheit 2. Einfache Körperverletzung

Vorsätzliche Körperverletzung, § 223

	Objektiver Tatbestand	
Tatbestand	**Tatopfer:**	Jede andere Person (lebender Mensch)
	Erfolg: **Handlung:** **Kausalität, Zurechnung:**	Alt. 1: körperliche Misshandlung = Üble und unangemessene Behandlung, die entweder das körperliche Wohlbefinden oder die körperliche Unversehrtheit nicht nur unerheblich beeinträchtigt
		Alt. 2: Gesundheitsschädigung = Jedes Hervorrufen/ Steigern eines krankhaften körperlichen Zustands (nach Rspr. auch bei Beeinträchtigungen durch ärztliche Heileingriffe)

Subjektiver Tatbestand
Vorsatz (Körperverletzungsvorsatz in etwaigem Tötungsvorsatz enthalten)

Rechts- widrigkeit	Entfällt häufig wegen Einwilligung ➪ S. 228; hier insbesondere prüfen, ob • Einwilligungsfähigkeit infolge Alkoholkonsums ausgeschlossen, • rechtsgutbezogener Willensmangel vorlag, insbesondere wegen mangelhafter Aufklärung bei ärztlichen Heileingriffen, • Tat gegen die guten Sitten verstieß, § 228 (vorrangiges Bewertungskriterium: Grad der Gefährdung von Leib und Leben durch den Eingriff)

Schuld	Allgemeine Grundsätze

Verfolgbarkeit	Strafantrag/besonderes öffentliches Verfolgungsinteresse, § 230

Tatbestandliche Bewertungs- einheit	Nur eine Körperverletzung, wenn beide Tatbestandsalternativen durch dieselbe Handlung an demselben Opfer verwirklicht werden

Fahrlässige Körperverletzung, § 229

Körperverletzungserfolg, Handlung, Kausalität, Fahrlässigkeit und Pflichtwidrigkeitszusammenhang ausdrücklich im gesetzlichen Tatbestand („die Körperverletzung einer anderen Person durch Fahrlässigkeit verursacht"). Kein subjektiver Tatbestand, dafür subjektive Fahrlässigkeit in der Schuld (➪ S. 216)

A. Delikte gegen höchst- persönliche Rechtsgüter	**II. Straftaten gegen die körperliche Unversehrtheit** **3. Gefährliche Körperverletzung**

Gefährliche Körperverletzung, § 224 (Vorsatzbedürftige Qualifikation zu § 223)

	Objektiver Tatbestand
	Körperverletzung i.S.d. § 223 I **und**
	▪ Nr. 1: Beibringung (= Körper-Stoff-Beziehung mit innerer oder äußerer Wirkung, h.M.) von Gift/anderen (nach h.Lit. erheblich) gesundheitsschädlichen Stoffen
	– Gift = jede anorganische/organische Substanz, die unter bestimmten Bedingungen durch chemische/chemisch-physikalische Wirkung nach ihrer Art und der vom Täter eingesetzten Menge im konkreten Fall (h.M.) geeignet ist, ernsthafte gesundheitliche Schäden zu verursachen
	– Andere gesundheitsschädliche Stoffe = solche, die mechanisch/thermisch/biologisch wirken
	▪ Nr. 2: Tatbegehung mittels (= unmittelbare Einwirkung auf Körper des Opfers, Rspr.)
	– einer Waffe = Gegenstand, der nach seiner Art dazu bestimmt ist, erhebliche Verletzungen an Menschen zu verursachen
Tatbestand	– eines anderen gefährlichen Werkzeugs = Gegenstand, der nach objektiver Beschaffenheit und der konkreten Art der Benutzung geeignet ist, erhebliche Körperverletzungen hervorzurufen; muss nach h.M. beweglich sein
	▪ Nr. 3: Tatbegehung mittels eines hinterlistigen Überfalls = unerwarteter Angriff unter planmäßiger Verdeckung wahrer Absichten, nach Teil der Lit. zusätzlich Gefahr erheblicher Verletzungen erforderlich
	▪ Nr. 4: Tatbegehung mit einem anderen Beteiligten gemeinschaftlich = Zusammenwirken mindestens zweier Personen am Tatort, nach § 28 II nicht notwendig Mittäter, die auch nicht vom Opfer wahrgenommen worden sein müssen, und dadurch Reduzierung der Verteidigungschancen
	▪ Nr. 5: Tatbegehung mittels einer das Leben gefährdenden Behandlung = generelle Gefährlichkeit der konkreten Behandlung; keine konkrete Todesgefahr erforderlich, h.M.
	Subjektiver Tatbestand
	Vorsatz bzgl. Grunddelikt und qualifizierender Umstände

Rechts-widrigkeit	Allgemeine Grundsätze

Schuld	Allgemeine Grundsätze

Tatbestandliche Bewertungs-einheit	Bei Verwirklichung mehrerer Qualifizierungsmerkmale durch dieselbe Handlung an demselben Opfer nur eine Gesetzesverletzung

13

A. Delikte gegen höchst- persönliche Rechtsgüter	II. Straftaten gegen die körperliche Unversehrtheit 4. Schwere Körperverletzung 5. Körperverletzung mit Todesfolge

Schwere Körperverletzung, § 226 I (Erfolgsqualifikation zu § 223 ⇨ allg. S. 218)

Tatbestand	Vorsätzliche Körperverletzung i.S.d. § 223 I **und** Eintritt einer schweren Folge i.S.v. § 226 • Nr. 1: Verlust des Sehvermögens auf einem Auge oder auf beiden Augen/des Gehörs/des Sprechvermögens/der Fortpflanzungsfähigkeit • Nr. 2: Verlust oder Gebrauchsunfähigkeit eines (für den Gesamtorganismus generell, aber auch unter Berücksichtigung besonderer Verhältnisse des Opfers) wichtigen Gliedes des Körpers • Nr. 3: Dauernde erhebliche Entstellung/Verfallen in Siechtum/Lähmung/Geisteskrankheit/geistige Behinderung mindestens Fahrlässigkeit bzgl. der schweren Folge (§ 18) **und** Verursachung **und** tatbestandsspezifischer Gefahrzusammenhang = Verwirklichung spezifischer Gefährlichkeit des vorsätzlichen Grundtatbestands in der schweren Folge
Rechtswidrigkeit	Allgemeine Grundsätze
Schuld	Allgemeine Grundsätze, insbesondere Fahrlässigkeitsschuld (Letztere bei Vorsatz hinsichtlich der schweren Folge nicht zu prüfen)
Tatbestandliche Bewertungs- einheit	Bei mehreren schweren Folgen an demselben Opfer durch eine Körperverletzungshandlung nur eine Gesetzesverletzung

Wissentliche/absichtliche schwere Körperverletzung, § 226 II

	Objektiver Tatbestand
Tatbestand	Körperverletzung i.S.v. § 223 I **und** Qualifikationsmerkmal: Eintritt, Verursachung und objektive Zurechnung einer der in § 226 I genannten schweren Folgen
	Subjektiver Tatbestand
	Körperverletzungsvorsatz **und** dolus directus I/II bzgl. der schweren Folge

Rechtswidrigkeit	Allgemeine Grundsätze
Schuld	Allgemeine Grundsätze
Konkurrenzen	Bei mehreren schweren Folgen an demselben Opfer durch eine Körperverletzungshandlung nur eine Gesetzesverletzung

Körperverletzung mit Todesfolge, § 227 (Erfolgsqualifikation zu § 223 ⇨ allg. S. 218)
Aufbau wie § 226 I, als schwere Folge Tod des Opfers prüfen; einfache Fahrlässigkeit bzgl. Todesverursachung genügt, § 18

A. Delikte gegen höchstpersönliche Rechtsgüter	II. Straftaten gegen die körperliche Unversehrtheit 6. Misshandlung Schutzbefohlener

Misshandlung Schutzbefohlener, § 225 I (Vorsatzbedürftige Qualifikation bzw. eigenständiger Tatbestand, soweit seelisches Quälen erfasst wird)

Tatbestand	**Objektiver Tatbestand** **Tatopfer:** - Person unter 18 Jahren - wegen Gebrechlichkeit/Krankheit wehrlose Person **Täter-Opfer-Beziehung:** - Nr. 1: Der Fürsorge oder Obhut des Täters unterstehendes Opfer - Nr. 2: Zum Hausstand des Täters gehörendes Opfer - Nr. 3: Opfer ist der Gewalt des Täters vom Fürsorgepflichtigen überlassen worden - Nr. 4: Opfer ist im Rahmen eines Dienst- oder Arbeitsverhältnisses dem Täter untergeordnet **Tathandlungen:** - Quälen = Verursachen länger andauernder/sich wiederholender (tatbestandliche Bewertungseinheit) erheblicher Schmerzen oder Leiden - rohe (= gefühllose, fremde Leiden missachtende Gesinnung) Misshandlung (wie bei § 223 ⇨ S. 12) - Gesundheitsschädigung (wie bei § 223 ⇨ S. 12) durch böswillige Vernachlässigung der Sorgepflicht **Subjektiver Tatbestand** Vorsatz
Rechtswidrigkeit	Allgemeine Grundsätze
Schuld	Allgemeine Grundsätze

Schwere Misshandlung Schutzbefohlener, § 225 III (Vorsatzbedürftige Qualifikation)

Als Grunddelikt § 225 I prüfen

Zusätzlich: **Objektiver Tatbestand:**

- Nr. 1: Gefahr des Todes oder schwerer Gesundheitsschädigung
- Nr. 2: Gefahr erheblicher Schädigung der körperlichen/seelischen Entwicklung

Subjektiver Tatbestand: Vorsatz bzgl. der konkreten Gefahr

A. Delikte gegen höchstpersönliche Rechtsgüter	II. Straftaten gegen die körperliche Unversehrtheit 7. Körperverletzung im Amt 8. Beteiligung an einer Schlägerei

Körperverletzung im Amt, § 340 I (unechtes Amtsdelikt u. Qualifikation zu § 223)

Tatbestand	**Objektiver Tatbestand**
	Täter: Amtsträger, § 11 I Nr. 2; § 48 I WStG **Taterfolg:** Körperverletzung i.S.v. § 223 I ⇨ S. 12 **Tathandlungen:** Begehen/Begehen lassen = Anstiftung, Beihilfe oder Nichthinderung Innere Beziehung zwischen Tathandlung und Dienst
	Subjektiver Tatbestand
	Vorsatz
Rechtswidrigkeit	Allgemeine Grundsätze ⚠ *entfällt durch Einwilligung des Opfers (§§ 340 III, 228)* ⚠ *entfällt bei hoheitlichen Eingriffsbefugnissen* ⇨ S. 234
Schuld	Allgemeine Grundsätze

Gefährliche Körperverletzung/Misshandlung Schutzbefohlener/schwere Körperverletzung/Verstümmelung weiblicher Genitalien/Körperverletzung mit Todesfolge/fahrlässige Körperverletzung im Amt, § 340 III (Qualifikationen zu den jeweiligen Körperverletzungsdelikten)

Prüfungsschema des § 224/§ 225/§ 226/§ 226 a/§ 227/§ 229 im objektiven und (außer bei § 229) subjektiven Tatbestand um die Merkmale des § 340 I ergänzen.

Beteiligung an einer Schlägerei, § 231

Tatbestand	**Objektiver Tatbestand**
	Tatsituation: Schlägerei (mind. 3 Pers.) oder Angriff mehrerer (mind. 2 Pers.) **Tathandlung:** Beteiligung = physische oder psychische (str.) Mitwirkung an den Tätlichkeiten durch Ortsanwesende in feindseliger Weise
	Subjektiver Tatbestand
	Vorsatz
Objektive Strafbarkeitsbedingung	Eintritt einer schweren Folge (§ 226 oder § 227) bei irgendeiner Person (nicht zwingend bei einem Teilnehmer der Schlägerei; Verletzung eines Unbeteiligten genügt!) **und** durch die Schlägerei = Ursachen- und Zurechnungszusammenhang zwischen der Schlägerei/dem Angriff mehrerer und der schweren Folge, zeitlich unabhängig von der Beteiligung des Täters (str.)
Rechtswidrigkeit	Allgemeine Grundsätze ⎫
Schuld	Allgemeine Grundsätze ⎭ Bezogen auf die Beteiligung; deklaratorische Funktion des Abs. 2: „ohne dass ihm dies vorzuwerfen ist"

A. Delikte gegen höchstpersönliche Rechtsgüter	II. Straftaten gegen die körperliche Unversehrtheit 9. Konkurrenzen

Verhältnis	zu anderen Körperverletzungsdelikten	zu Tötungsdelikten
§ 223	tritt hinter allen Qualifikationen und damit spezielleren Tatbeständen als gesetzeskonkurrierend zurück	• Ist das Tötungsdelikt vollendet, werden alle Durchgangskörperverletzungen an demselben Opfer als subsidiär verdrängt
§ 224	• verdrängt wegen Spezialität § 223; tritt aber hinter §§ 226, 227 als minder schwere Qualifikation zurück, wenn der Grund für die Strafschärfung zugleich die schwere Folge/den Tod ausgelöst hat (str.); sonst besteht Tateinheit • mit §§ 225, 231 besteht Tateinheit	• Vollendete Körperverletzungen stehen zu versuchten Tötungsdelikten in Tateinheit • Beachte: § 226 setzt voraus, dass das Opfer geraume Zeit überlebt
§ 225	aus Klarstellungsgründen Tateinheit zu §§ 224, 226, 227	
§ 226	verdrängt als schwerere Qualifikation § 224 (s.o.); aus Klarstellungsgründen Tateinheit zu §§ 225, 231	
§ 226 a	• verdrängt wegen Spezialität § 223 • Tateinheit mit §§ 224, 225, 226	
§ 227	verdrängt als Erfolgsqualifikation § 222; aus Klarstellungsgründen Tateinheit zu §§ 225, 231	§ 222 wird als gesetzeskonkurrierend verdrängt (Spezialität)
§ 231	Tateinheit mit allen Körperverletzungsdelikten	Tateinheit mit §§ 212, 211

A. Delikte gegen höchstpersönliche Rechtsgüter

III. Straftaten gegen die Freiheit zur Willensentschließung und Fortbewegung
1. System der §§ 232 ff.

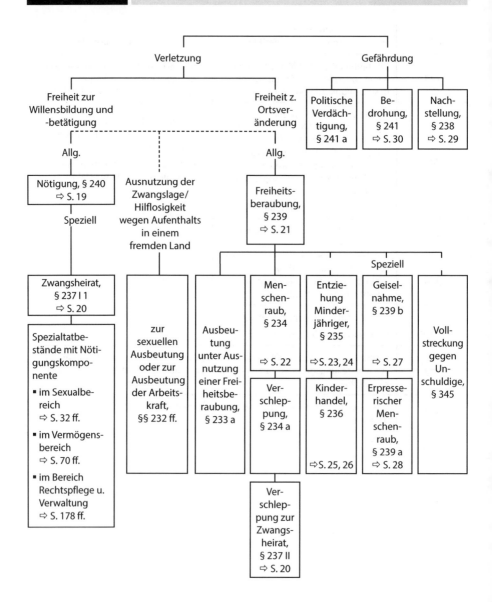

A. Delikte gegen höchstpersönliche Rechtsgüter	**III. Straftaten gegen die Freiheit zur Willensentschließung und Fortbewegung** **2. Nötigung**

Nötigung, § 240

Objektiver Tatbestand

Tathandlung: Anwendung eines bestimmten Nötigungsmittels

Tatbestand

- Gewalt = körperlich wirkender Zwang (str.)
  - vis compulsiva = beeinflussende willensbeugende Gewalt
  - vis absoluta = überwältigende, willensausschließende Gewalt

  ⚠ *Zweite-Reihe-Rspr.: Bei Sitzblockaden etc. Gewalt „durch" das erste Fahrzeug, das vor dem menschlichen Hindernis zum Stehen kommt (Nötigung in mittelbarer Täterschaft).*

- Drohung mit empfindlichem Übel = bedingtes Inaussichtstellen eines Nachteils, auf dessen Eintritt der Drohende Einfluss hat oder zu haben vorgibt, mit mindestens dem Anschein der Ernstlichkeit, dass er dessen Verwirklichung für den Fall der Verweigerung des verlangten Verhaltens will. Das Übel ist empfindlich, wenn die Ankündigung geeignet erscheint, das Opfer i.S.d. Täterverlangens zu motivieren, und vom Opfer in seiner Lage nicht erwartet werden kann, dem Ansinnen in besonnener Selbstbehauptung standzuhalten.

Taterfolg:
- Handlung = jedes aktive Tun
- Duldung = jedes Geschehenlassen
- Unterlassen = jede Nichtvornahme einer Handlung

} durch das Opfer

Kausalzusammenhang

Nötigungsspezifischer Zusammenhang = in dem Taterfolg muss sich gerade die Willensbeugung durch das Nötigungsmittel realisiert haben

Subjektiver Tatbestand

Vorsatz (nach Rspr. dolus eventualis generell ausreichend, bzgl. Nötigungserfolg dolus directus 1. Grades, str.)

Rechtswidrigkeit

Wenn keine Rechtfertigungsgründe, zusätzlich positive Feststellung der Rechtswidrigkeit: **Verwerflichkeit** von Mittel und Zweck, § 240 II

- Verwerflichkeit ausgeschlossen, wenn Rechtfertigungsgrund eingreift
- Gesamttatbewertung der Sozialwidrigkeit des eingesetzten Mittels, des verfolgten (Nah-)Ziels oder der Relation beider zueinander (Sozialwidrigkeit gegeben bei Inkonnexität oder Missverhältnis von Mittel und Zweck)
- Verwerflichkeit gegeben, wenn Zweck oder Mittel strafbare Handlung

Schuld

Allgemeine Grundsätze

Benannte Straferschwerungen

Besonders schwere Fälle mit Regelbeispielen, § 240 IV 2:
- Nr. 1: Nötigung einer Schwangeren zum Schwangerschaftsabbruch
- Nr. 2: Missbrauch von Befugnissen oder der Amtsträgerstellung des Täters

19

A. Delikte gegen höchstpersönliche Rechtsgüter	**III. Straftaten gegen die Freiheit zur Willensentschließung und Fortbewegung** **3. Zwangsheirat**

Zwangsheirat, § 237 (Vorsatzbedürftige Qualifikation zu § 240 in § 237 I 1, eigenständiger Gefährdungstatbestand in § 237 II)

	Objektiver Tatbestand	
	Nötigung zur Eingehung einer Ehe, § 237 I 1	**Verschleppung zur Zwangsheirat, § 237 II**
Tatbestand	**Tathandlung:** Nötigung i.S.d. § 240 (⇨ S. 19) = Anwendung eines bestimmten Nötigungsmittels ▪ Gewalt ▪ Drohung mit einem empfindlichen Übel **Taterfolg:** Eingehung der Ehe ⚠ *Wirksame Eheschließung nötig, kultische/religiöse Eheschließung genügt nicht (str.). Aufhebbarkeit steht nicht entgegen (vgl. § 1314 II Nr. 4 BGB)!* **Kausalzusammenhang** **Nötigungsspezifischer Zusammenhang** = in dem Taterfolg muss sich gerade die Willensbeugung durch das Nötigungsmittel realisiert haben	**Tathandlung:** durch Gewalt/Drohung mit einem empfindlichen Übel/List ▪ Verbringen (= tatsächliches Herrschaftsverhältnis über das Opfer) ▪ Veranlassen (= psychische Beeinflussung des Opfers, insbes. durch List) zur Ausreise ▪ Abhalten von der Rückkehr (= Hinderung des Verlassens der Gefahrenzone) ⚠ *Tathandlungen entsprechen denen des § 234 a!* **Taterfolg:** Aufenthalt in einem Gebiet außerhalb des Geltungsbereichs des StGB
	Subjektiver Tatbestand	
	Vorsatz (wie bei § 240: grds. dolus eventualis ausreichend)	Vorsatz (dolus eventualis genügt) **und** Absicht bzgl. der Begehung einer Tat nach § 237 I
Rechtswidrigkeit	Positive Feststellung der Rechtswidrigkeit: Verwerflichkeit von Mittel und Zweck, § 237 I 2 (wie bei § 240 II ⇨ S. 19)	Allgemeine Grundsätze ⚠ *Trotz des Verweises auf eine „Tat nach Abs. 1" keine Verwerflichkeitsprüfung erforderlich!*
Schuld	Allgemeine Grundsätze	Allgemeine Grundsätze
Unbenannte Strafmilderung	Minder schwerer Fall nach § 237 IV	Minder schwerer Fall nach § 237 IV

A. Delikte gegen höchst- persönliche Rechtsgüter	III. Straftaten gegen die Freiheit zur Willensentschließung und Fortbewegung 4. Freiheitsberaubung

Freiheitsberaubung, § 239 I

	Objektiver Tatbestand
Tatbestand	**Tatopfer:** Anderer Mensch, der die Fähigkeit besitzt, Willen zur Ortsveränderung zu bilden und zu realisieren (nach Rspr. genügt potenzieller Fortbewegungswille des Opfers) **Taterfolg:** Beraubung des Gebrauchs der Freiheit = Aufhebung der physischen Möglichkeit, für einen nicht unerheblichen Zeitraum einen bestimmten Ort zu verlassen; ebenso, wenn Alternativen zum Verlassen gefährlich wären **Tathandlung:** • speziell: Einsperren (Alt. 1) • allgemein: auf andere Weise (Alt. 2) Handeln **gegen/ohne Willen** des Opfers in beiden Alternativen ⚠ *Einverständnis setzt ein Mindestmaß an Freiwilligkeit voraus; entfällt auch bei List*
	Subjektiver Tatbestand
	Vorsatz
Rechts- widrigkeit	Allgemeine Grundsätze
Schuld	Allgemeine Grundsätze

Schwere Freiheitsberaubung, § 239 III

Als Grunddelikt § 239 I prüfen. Zusätzlich:

• Nr. 1: **Objektiver Tatbestand:** Freiheitsberaubung von über einer Woche Dauer; **subjektiver Tatbestand:** Vorsatz diesbzgl. (nach h.M. vorsatzbedürftige Qualifikation; a.A. Erfolgsqualifikation, sodass gem. § 18 Fahrlässigkeit genügt)

• Nr. 2: Schwere Gesundheitsschädigung des Opfers durch die Tat oder eine während der Tat begangene Handlung; einfache Fahrlässigkeit bzgl. Verursachung der schweren Folge genügt, § 18 (Erfolgsqualifikation ⇨ allg. S. 218)

Freiheitsberaubung mit Todesfolge, § 239 IV (Erfolgsqualifikation ⇨ allg. S. 218)

Als Grunddelikt § 239 I prüfen. Zusätzlich: Tod des Opfers; spezifischer Gefahrzusammenhang zwischen Tod und Freiheitsentziehung/einer an dem Opfer währenddessen verübten Handlung. Einfache Fahrlässigkeit bzgl. Todesverursachung genügt, § 18.

A. Delikte gegen höchst- persönliche Rechtsgüter	III. Straftaten gegen die Freiheit zur Willensentschließung und Fortbewegung 5. Menschenraub

Menschenraub, § 234

	Objektiver Tatbestand
	Tathandlung und -erfolg: Sichbemächtigen eines anderen Menschen (= Erlangung andauernder physischer Herrschaft) **durch**
	▪ Gewalt (⇨ S. 19)
	▪ Drohung mit empfindlichem Übel (⇨ S. 19)
	▪ List (= Verhalten, das darauf abzielt, durch Verbergen der wahren Absichten oder Umstände die Ziele des Täters durchzusetzen)
Tatbestand	gegenüber dem Opfer oder schutzbereiten Dritten

	Subjektiver Tatbestand
	Vorsatz (dolus eventualis genügt) **und**
	Absicht (dolus directus 1. Grades):
	▪ Aussetzen des Opfers in hilfloser Lage
	▪ Zuführen zum Dienst in einer militärischen oder militärähnlichen Einrichtung im Ausland (ähnlich wie in § 109 h)

Rechts- widrigkeit	Allgemeine Grundsätze

Schuld	Allgemeine Grundsätze

A. Delikte gegen höchst- persönliche Rechtsgüter	III. Straftaten gegen die Freiheit zur Willensentschließung und Fortbewegung 6. Entziehung Minderjähriger

Entziehung Minderjähriger im Inland, § 235 I

	Objektiver Tatbestand	
	§ 235 I Nr. 1	§ 235 I Nr. 2
Tatbestand	**Täter:** Jedermann; insbes. Angehörige des Opfers	**Täter:** Nichtangehörige des Opfers
	Tatopfer: Person unter 18 Jahren	**Tatopfer:** Kind, d.h. Person unter 14 Jahren (vgl. Legaldefinition in § 176 I)
	Tatmittel:	**Tatmittel:** keine Beschränkung
	▪ Gewalt (⇨ S. 19)	⚠ Auch „Baby-Diebstahl" durch Nichtangehörige strafbar!
	▪ Drohung mit einem empfindlichen Übel (⇨ S. 19)	
	▪ List (⇨ S. 22)	
	Taterfolg:	**Taterfolg:**
	Entziehung/Vorenthaltung gegenüber den Eltern/einem Elternteil, auch wenn dieser nur ein Umgangsrecht i.S.d. §§ 1684 ff. BGB besitzt/dem Vormund/dem Pfleger	
	Subjektiver Tatbestand	
	Vorsatz	

Rechts- widrigkeit	Allgemeine Grundsätze

Schuld	Allgemeine Grundsätze

Verfolgbarkeit	Strafantrag/besonderes öffentliches Verfolgungsinteresse, § 235 VII

23

A. Delikte gegen höchstpersönliche Rechtsgüter	III. **Straftaten gegen die Freiheit zur Willensentschließung und Fortbewegung** 6. **Entziehung Minderjähriger** (Fortsetzung)

Entziehung Minderjähriger mit Auslandsbezug, § 235 II

	Aktive Entziehung, § 235 II Nr. 1	Passive Entziehung, § 235 II Nr. 2 i.V.m. § 5 Nr. 6 b
Tatbestand	Objektiver Tatbestand	Objektiver Tatbestand
	Täter: Jedermann, insbesondere auch Angehörige des Opfers	
	Tatopfer: Kind = Person unter 14 Jahren; vgl. Legaldefinition in § 176 I	**Tatopfer:** Kind = Person unter 14 Jahren, das sich im Ausland befindet, nachdem es dorthin verbracht worden ist/es sich dorthin begeben hat
	Taterfolg: Entziehung gegenüber den Eltern/einem Elternteil/dem Vormund/dem Pfleger	**Taterfolg:** Vorenthalten gegenüber den Eltern/einem Elternteil/dem Vormund/dem Pfleger
	Subjektiver Tatbestand	Subjektiver Tatbestand
	Vorsatz **und** Absicht, das Opfer ins Ausland zu verbringen	Vorsatz
Rechtswidrigkeit	Allgemeine Grundsätze	
Schuld	Allgemeine Grundsätze	
Verfolgbarkeit	Strafantrag/Bejahung besonderen öffentlichen Verfolgungsinteresses, § 235 VII	

Schwere Kindesentziehung, § 235 IV (Vorsatzbedürftige Qualifikation)

Als Grunddelikt § 235 I/II prüfen. Zusätzlich:

- Nr. 1: **Objektiv:** Gefahr des Todes/einer schweren Gesundheitsschädigung/einer erheblichen Schädigung der körperlichen oder seelischen Entwicklung; **subjektiv:** Vorsatz bzgl. der Gefährdung

- Nr. 2: **Mod. 1: Objektiv und subjektiv:** Handeln gegen Entgelt
  Mod. 2: Nur subjektiv: Bereicherungsabsicht zu eigenen Gunsten/zugunsten Dritter

Kindesentziehung mit Todesfolge, § 235 V (Erfolgsqualifikation ⇨ allg. S. 218)

Als Grunddelikt § 235 I/II prüfen. Zusätzlich: Tod des Kindes; spezifischer Gefahrzusammenhang zwischen Tod und Kindesentziehung; einfache Fahrlässigkeit bzgl. Todesverursachung genügt, § 18.

A. Delikte gegen höchstpersönliche Rechtsgüter	III. Straftaten gegen die Freiheit zur Willensentschließung und Fortbewegung 7. Kinderhandel

Kinderhandel, § 236 I, II, V

	§ 236 I 1: „Verkäufer"	§ 236 I 2: „Käufer"	§ 236 II: „Vermittler"
	Objektiver Tatbestand		
Tatbestand	**Täter:** Eltern oder Elternteile, auch Adoptiveltern, Scheinvater (i.S.d. §§ 1592 ff. BGB), Pflegeeltern, Vormund des Opfers **Opfer:** Unter 18 Jahre altes leibliches Kind, Mündel oder Pflegekind des Täters/ der Täter **Tathandlung/Taterfolg:** Überlassen an einen anderen auf Dauer **und** unter grober Vernachlässigung der Fürsorge-/ Erziehungspflicht (wie in § 171) **Tatziel (Alt. 1):** ▪ Handeln gegen Entgelt (§ 11 I Nr. 9)	Tatsituation des § 236 I 1, zusätzlich: Aufnehmen des Tatopfers bei sich auf Dauer **und** Gewährung von Entgelt	**Tatopfer:** Person unter 18 Jahren **Tathandlungen:** ▪ § 236 II 1 Nr. 1: Unbefugte (unter Verstoß gegen § 5 I AdVermiG) Vermittlung der Adoption ▪ § 236 II 1 Nr. 2: Unbefugte (unter Verstoß gegen § 5 IV AdVermiG) Vermittlungstätigkeit mit dem Ziel, dass Dritte Tatopfer bei sich aufnehmen ▪ § 236 II 2: Gewähren eines Entgelts für die Erteilung der erforderlichen Zustimmung zur Adoption **Tatziel (nur S. 1 Alt. 1):** ▪ Handeln gegen Entgelt (§ 11 I Nr. 9)
	Subjektiver Tatbestand		
	Vorsatz **Tatziel (Alt. 2):** ▪ Bereicherungsabsicht zu eigenen Gunsten/ zugunsten eines Dritten	Vorsatz	Vorsatz **Tatziel (nur S. 1 Alt. 2):** ▪ Bereicherungsabsicht zu eigenen Gunsten/ zugunsten Dritter
Rechtswidrigkeit	Allgemeine Grundsätze	Allgemeine Grundsätze	Allgemeine Grundsätze
Schuld	Allgemeine Grundsätze	Allgemeine Grundsätze	Allgemeine Grundsätze
Benannte Strafmilderung / Absehen von Strafe	Für Beteiligte:	Für Beteiligte:	Nur für Teilnehmer:
	§ 236 V: bei geringer Schuld unter Berücksichtigung des körperlichen und seelischen Wohls des Kindes/der vermittelten Person		

25

A. Delikte gegen höchstpersönliche Rechtsgüter	III. Straftaten gegen die Freiheit zur Willensentschließung und Fortbewegung
	7. Kinderhandel (Fortsetzung)

Kindervermittlung mit Auslandsbezug, § 236 II 3

(Vorsatzbedürftige Qualifikation für Vermittler)

Als Grunddelikt § 236 II 1 prüfen. Zusätzlich:

Objektiver Tatbestand: Täter muss bewirken, dass die vermittelte Person

- vom Ausland ins Inland
- vom Inland ins Ausland

verbracht wird

Subjektiver Tatbestand: Vorsatz

Schwerer Kinderhandel, § 236 IV (Qualifikation)

Als Grunddelikt § 236 I 1/§ 236 I 2/§ 236 II 1/§ 236 II 2 prüfen. Zusätzlich:

Objektiver Tatbestand:

- Handeln als Mitglied einer Bande, die sich zur fortgesetzten Begehung von Kinderhandel verbunden hat (Nr. 1 Mod. 3)
- Gefahr einer erheblichen Schädigung der körperlichen oder seelischen Entwicklung des Opfers durch die Tat (Nr. 2)

Subjektiver Tatbestand:

- Vorsatz bzgl. eventuell verwirklichter objektiver Qualifikationsmerkmale
- Handeln aus Gewinnsucht (Nr. 1 Mod. 1)
- Gewerbsmäßiges Handeln (Nr. 1 Mod. 2)

A. Delikte gegen höchst- persönliche Rechtsgüter	**III. Straftaten gegen die Freiheit zur Willensentschließung und Fortbewegung** **8. Geiselnahme**

Geiselnahme, § 239 b I

Tatbestand

Objektiver Tatbestand	
Entführungtatbestand, § 239 b I Alt. 1	Ausnutzungstatbestand, § 239 b I Alt. 2
▪ 1. Mod.: Entführen eines Menschen = Verbringen an einen anderen Ort gegen den Willen des Opfers, sodass es dem ungehemmten Einfluss des Täters ausgeliefert ist ▪ 2. Mod.: Sichbemächtigen eines Menschen (⇨ S. 22) ⇨ Speziell beim Sichbemächtigen im Zwei-Personen-Verhältnis: Schaffung einer stabilisierten Zwangslage	Vom Täter selbst (ohne Nötigungs- absicht) geschaffene Lage i.S.d. Alt. 1 **und** Begehung einer zumindest versuchten Nötigung mit qualif. Drohung i.S.d. Alt. 1 —— unter Ausnutzung der Zwangslage
Subjektiver Tatbestand	
Vorsatz **und** qualifizierte Nötigungsabsicht: Absicht einer über das Entführen/Sichbemächti- gen hinausgehenden Nötigung des Op- fers/eines Dritten durch Drohung mit: ▪ Tod ▪ schwerer Körperverletzung ▪ Freiheitsberaubung von über 1 Woche Dauer **und** zeitlich-funktionaler Zusammenhang zwischen Tathandlung und beabsichtig- ter Nötigung	Vorsatz

Rechtswidrigkeit   Allgemeine Grundsätze

Schuld   Allgemeine Grundsätze

Benannte Strafmilderung	Tätige Reue unter den Voraussetzungen des § 239 b II i.V.m. § 239 a IV (keine Freiwilligkeit nötig!)

Geiselnahme mit Todesfolge, § 239 b II i.V.m. § 239 a III (Erfolgsqualifikation ⇨ allg. S. 218)

Als Grunddelikt § 239 b I prüfen. Zusätzlich: Tod des Opfers, spezifischer Gefahrzusammenhang zwischen Tod und Entführung/Sichbemächtigen, wenigstens Leichtfertigkeit bzgl. Todesverursachung (einfache Fahrlässigkeit, § 18, genügt nicht!)

27

A. Delikte gegen höchstpersönliche Rechtsgüter	III. Straftaten gegen die Freiheit zur Willensentschließung und Fortbewegung
	9. Erpresserischer Menschenraub

Erpresserischer Menschenraub, § 239 a I

	Objektiver Tatbestand	
Tatbestand	Entführungstatbestand, § 239 a I Alt. 1	Ausnutzungstatbestand, § 239 a I Alt. 2
	• Mod. 1: Entführen eines Menschen (⇨ S. 27) • Mod. 2: Sichbemächtigen eines Menschen (⇨ S. 22) ⇨ Speziell beim Sichbemächtigen im Zwei-Personen-Verhältnis: Schaffung einer stabilisierten Zwangslage	Vom Täter selbst (ohne Erpressungsabsicht) geschaffene Lage i.S.d. Alt. 1 **und** Begehung einer zumindest versuchten Erpressung (⇨ S. 107) unter Ausnutzung der Zwangslage
	Subjektiver Tatbestand	Subjektiver Tatbestand
	Vorsatz **und** Erpressungsabsicht: Absicht, durch eine über das Entführen/Sichbemächtigen hinausgehende Nötigung zu erpressen (⇨ S. 107) ▪ zum Nachteil des Opfers: durch Sorge um sein Wohl ▪ zum Nachteil eines Dritten: durch Sorge um das Wohl des Opfers **und** zeitlich-funktionaler Zusammenhang zwischen Tathandlung und beabsichtigter Erpressung	Vorsatz

Rechtswidrigkeit	Allgemeine Grundsätze

Schuld	Allgemeine Grundsätze

Strafmilderung	Tätige Reue unter d. Voraussetzungen d. § 239 a IV (keine Freiwilligkeit nötig!)

Erpresserischer Menschenraub mit Todesfolge, § 239 a III (Erfolgsqualifikation ⇨ allg. S. 218)

Als Grunddelikt § 239 a I prüfen. Zusätzlich: Tod des Opfers, spezifischer Gefahrzusammenhang zwischen Tod und Entführung/Sichbemächtigen, wenigstens Leichtfertigkeit bzgl. Todesverursachung (einfache Fahrlässigkeit, § 18, genügt nicht!)

A. Delikte gegen höchstpersönliche Rechtsgüter	**III. Straftaten gegen die Freiheit zur Willensentschließung und Fortbewegung** **10. Nachstellung**

Nachstellung, § 238 I

Tatbestand	**Objektiver Tatbestand** **Tathandlung:** Einem anderen Menschen nachstellen (ähnlich wie in § 292: Anschleichen, Aufsuchen, Verfolgen, Auflauern) in einer Weise, die geeignet ist, die Lebensgestaltung schwerwiegend zu beeinträchtigen. **Tatmittel:** ▪ Nr. 1: Aufsuchen der räumlichen Nähe des Opfers ▪ Nr. 2: Versuch der Kontaktherstellung – unter Verwendung von Telekommunikationsmitteln – sonstigen Mitteln der Kommunikation – über Dritte ▪ Nr. 3: – Unter missbräuchlicher Verwendung von dessen personenbezogenen Daten – Bestellung von Waren/Dienstleistungen für das Opfer – Veranlassung Dritter, mit dem Opfer Kontakt aufzunehmen ▪ Nr. 4: Bedrohung des Opfers mit der Tötung/Verletzung der körperlichen Unversehrtheit/Gesundheit/Freiheit – des Opfers – einer dem Opfer nahestehenden Person ▪ Nr. 5: Vornahme einer anderen (mit Nr. 1–4) vergleichbaren Handlung **Beharrlichkeit** der Tathandlung = so häufige Wiederholung, dass dies eine besondere Hartnäckigkeit des Täters und seine Gleichgültigkeit gegenüber den Wünschen des Opfers zum Ausdruck bringt **Subjektiver Tatbestand** Vorsatz

Nr. 1, 2, 5: **Unbefugt** = Gegen den Willen des Opfers; Befugnis kann sich auch aus Grundrechten (z.B. Pressefreiheit) ergeben

Rechtswidrigkeit	Allgemeine Grundsätze

Schuld	Allgemeine Grundsätze

Verfolgbarkeit	Strafantrag oder Bejahung besonderen öffentlichen Verfolgungsinteresses, § 238 IV ⚠ *Gilt nur für das Grunddelikt, nicht für die Qualifikationen nach II/III!*

Schwere Nachstellung, § 238 II (Vorsatzbedürftige Qualifikation)

Als Grunddelikt § 238 I prüfen. Zusätzlich: **Objektiver Tatbestand:** weiterer Taterfolg in Form einer (konkreten) Gefahr des Todes/schwerer Gesundheitsschädigung des Opfers oder eines Angehörigen des Opfers oder einer anderen dem Opfer nahestehenden Person durch die Tat; **subjektiver Tatbestand:** Vorsatz bzgl. der Gefahr

Nachstellung mit Todesfolge, § 238 III (Erfolgsqualifikation ⇨ allg. S. 218)

Als Grunddelikt § 238 I prüfen. Zusätzlich: Tod des Opfers/eines Angehörigen des Opfers/einer anderen dem Opfer nahestehenden Person in gefahrspezifischem Zusammenhang mit der Nachstellung; einfache Fahrlässigkeit, § 18, bzgl. der Todesverursachung genügt

A. Delikte gegen höchstpersönliche Rechtsgüter	III. Straftaten gegen die Freiheit zur Willensentschließung und Fortbewegung 11. Bedrohung

Bedrohung, § 241

	Objektiver Tatbestand	
Tatbestand	**Bedrohungsalternative, § 241 I** **Tathandlung:** Bedrohung ▪ mit einem bestimmten künftigen Verhalten, das die wesentlichen Merkmale eines Verbrechens (§ 12 I) enthält ▪ angekündigte Tat muss sich gegen den Bedrohungsadressaten/eine diesem nahestehende Person richten	**Vortäuschungsalternative, § 241 II** **Tathandlung:** Vortäuschen = falsche Warnung ▪ vor einem bestimmten zukünftigen Verbrechen (§ 12 I) ▪ angekündigte Tat muss sich gegen den Täuschungsadressaten/eine ihm nahestehende Person richten
	Subjektiver Tatbestand	
	Vorsatz	Vorsatz **und** wider besseres Wissen in Bezug auf das Vortäuschen = Überzeugung des Täters im Zeitpunkt seiner Äußerung, dass die angekündigte Tat tatsächlich nicht bevorsteht

Rechtswidrigkeit	Allgemeine Grundsätze

Schuld	Allgemeine Grundsätze

A. Delikte gegen höchstpersönliche Rechtsgüter	III. Straftaten gegen die Freiheit zur Willensentschließung und Fortbewegung
	12. Konkurrenzen

Verhältnis	zu anderen Tatbeständen, sie sich auch gegen die Freiheit richten	zu sonstigen Delikten
§ 239	wird insbes. von §§ 239 a, b, 177, 249, 252, 255 als gesetzeskonkurrierend verdrängt, soweit die Freiheitsberaubung nur das Mittel zur Begehung der anderen Straftaten ist	wird als gesetzeskonkurrierend verdrängt, soweit Verlust der Freiheit typische Begleiterscheinung ist (Konsumtion)
	Tateinheit aus Klarstellungsgründen, soweit § 239 besonderes Eigengewicht erlangt, etwa wegen Intensität und Dauer	
§ 240	wird insbes. von §§ 113, 239 a, b, 177, 249, 252, 255 als gesetzeskonkurrierend verdrängt	Tateinheit
	wird auch von § 239 als gesetzeskonkurrierend verdrängt, soweit die Nötigung nur dazu dient, die Freiheitsberaubung zu ermöglichen (Subsidiarität)	
§ 241	wird als abstraktes Gefährdungsdelikt von der – auch nur versuchten – Nötigung und allen Tatbeständen mit Nötigungselement als gesetzeskonkurrierend verdrängt (Subsidiarität)	Tateinheit

A. Delikte gegen höchstpersönliche Rechtsgüter

IV. Straftaten gegen die sexuelle Selbstbestimmung
1. System der §§ 174 ff.

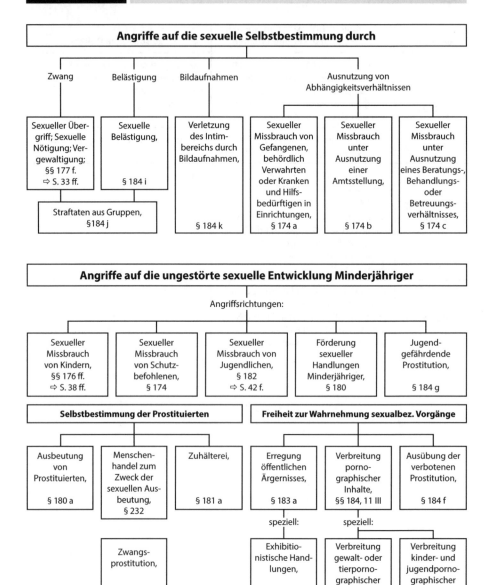

A. Delikte gegen höchst- persönliche Rechtsgüter	**IV. Straftaten gegen die sexuelle Selbstbestimmung** **2. Sexueller Übergriff; sexuelle Nötigung; Vergewaltigung; (besonders) schwere(r) sexuelle(r) Übergriff, Nötigung bzw. Vergewaltigung; sexuelle(r) Übergriff, Nötigung und Vergewaltigung mit Todesfolge**

Sexueller Übergriff/ Vergewaltigung, § 177 I, VI

Tatbestand	Objektiver Tatbestand **Täter:** Jede Person **Opfer:** Jede andere Person **Tathandlungen:** Gegen den erkennbaren Willen der anderen Person • sexuelle Handlungen (§ 184 h) vornehmen oder vornehmen lassen • Person zur Vornahme oder Duldung sexueller Handlungen (§ 184 h) an oder von einem Dritten bestimmen Subjektiver Tatbestand Vorsatz
Rechts- widrigkeit	Keine Rechtfertigung denkbar
Schuld	Allgemeine Grundsätze
Benannte Straf- erschwerung	Besonders schwerer Fall mit Regelbeispielskatalog, § 177 VI 2 • Nr. 1: Vergewaltigung (Legaldefinition) Objektiv: – Den Beischlaf mit dem Opfer vollziehen oder vollziehen lassen oder – ähnliche sexuelle Handlungen an dem Opfer vornehmen oder vorneh- men lassen, die dieses besonders erniedrigen, insbesondere wenn sie mit einem Eindringen in den Körper verbunden sind Subjektiv: Vorsatz bzgl. der Regelbeispielsumstände • Nr. 2: Objektiv: Tatbegehung von mehreren gemeinschaftlich Subjektiv: Vorsatz bzgl. der Regelbeispielsumstände
Verfolgbarkeit	Ruhen der Verjährung bis zur Vollendung des 30. Lebensjahres des Opfers, § 78 b I Nr. 1

A. Delikte gegen höchst- persönliche Rechtsgüter	IV. 2. Straftaten gegen die sexuelle Selbstbestimmung Sexueller Übergriff; sexuelle Nötigung; Vergewaltigung; (besonders) schwere(r) sexuelle(r) Übergriff, Nötigung bzw. Vergewaltigung; sexuelle(r) Übergriff, Nötigung und Vergewaltigung mit Todesfolge (Fortsetzung)

Sexueller Übergriff/sexuelle Nötigung/Vergewaltigung, § 177 II

Tatbestand	Objektiver Tatbestand **Täter:** Jede Person **Opfer:** Jede andere Person **Tathandlungen:** ▪ Sexuelle Handlungen (§ 184 h) vornehmen oder vornehmen lassen ▪ Person zur Vornahme oder Duldung sexueller Handlungen (§ 184 h) an oder von einem Dritten bestimmen **Tatmittel:** ▪ Nr. 1: Ausnutzen, dass Opfer nicht in der Lage ist, einen entgegenstehenden Willen zu bilden oder zu äußern ▪ Nr. 2: Ausnutzen, dass Opfer aufgrund des körperlichen oder psychischen Zustands in der Bildung oder Äußerung des Willens erheblich eingeschränkt ist (Ausnahme: Täter hat sich der Zustimmung dieser Person versichert) ▪ Nr. 3: Ausnutzen eines Überraschungsmomentes ▪ Nr. 4: Ausnutzen einer Lage, in der dem Opfer bei Widerstand ein empfindliches Übel droht ▪ Nr. 5: Nötigung zur Vornahme oder Duldung der sexuellen Handlung durch Drohung mit einem empfindlichen Übel Subjektiver Tatbestand Vorsatz
Rechts- widrigkeit	Keine Rechtfertigung denkbar (hinsichtlich Nötigung durch Drohung mit einem empfindlichen Übel keine Verwerflichkeitsklausel wie in § 240 II)
Schuld	Allgemeine Grundsätze
Benannte Straf- erschwerung	Besonders schwerer Fall mit Regelbeispielskatalog, § 177 VI 2 ▪ Nr. 1: Vergewaltigung (Legaldefinition) Objektiv: – Den Beischlaf mit dem Opfer vollziehen oder vollziehen lassen – Ähnliche sexuelle Handlungen an dem Opfer vornehmen oder vornehmen lassen, die dieses besonders erniedrigen, insbesondere wenn sie mit einem Eindringen in den Körper verbunden sind Subjektiv: Vorsatz bzgl. der Regelbeispielsumstände ▪ Nr. 2: Objektiv: Tatbegehung von mehreren gemeinschaftlich Subjektiv: Vorsatz bzgl. der Regelbeispielsumstände
Verfolgbarkeit	Ruhen der Verjährung bis zur Vollendung des 30. Lebensjahres des Opfers, § 78 b I Nr. 1

A. Delikte gegen höchst- persönliche Rechtsgüter	IV. Straftaten gegen die sexuelle Selbstbestimmung 2. Sexueller Übergriff; sexuelle Nötigung; Vergewaltigung; (besonders) schwere(r) sexuelle(r) Übergriff, Nötigung bzw. Vergewaltigung; sexuelle(r) Übergriff, Nötigung und Vergewaltigung mit Todesfolge (Fortsetzung)

Sexueller Übergriff, § 177 IV

(Vorsatzbedürftige Qualifikation)

Als Grunddelikt § 177 I Nr. 1 prüfen. Zusätzlich:

Objektiver Tatbestand:

Opfer aufgrund Krankheit oder Behinderung nicht in der Lage, entgegenstehenden Willen zu bilden oder zu äußern

Subjektiver Tatbestand: Vorsatz bzgl. der qualifizierenden Umstände

Sexueller Übergriff/Sexuelle Nötigung/Vergewaltigung, § 177 V

(Vorsatzbedürftige Qualifikation)

Als Grunddelikt § 177 I, II prüfen. Zusätzlich:

Objektiver Tatbestand:

- Nr. 1: Gewaltanwendung gegenüber dem Opfer
- Nr. 2: Dem Opfer mit gegenwärtiger Gefahr für Leib oder Leben drohen
- Nr. 3: Ausnutzen einer Lage, in der das Opfer der Einwirkung des Täters schutzlos ausgeliefert ist

Subjektiver Tatbestand: Vorsatz bezüglich der qualifizierenden Umstände

35

A. Delikte gegen höchst- persönliche Rechtsgüter	IV. Straftaten gegen die sexuelle Selbstbestimmung
	2. Sexueller Übergriff; sexuelle Nötigung; Vergewaltigung; (besonders) schwere(r) sexuelle(r) Übergriff, Nötigung bzw. Vergewaltigung; sexuelle(r) Übergriff, Nötigung und Vergewaltigung mit Todesfolge (Fortsetzung)

Sexueller Übergriff/Sexuelle Nötigung/Vergewaltigung, § 177 VII
(Vorsatzbedürftige Qualifikation)

Als Grunddelikt § 177 I, II prüfen. Zusätzlich:

Objektiver Tatbestand:

- Nr. 1: Waffe oder ein anderes gefährliches Werkzeug bei sich führen

- Nr. 2: Sonst ein Mittel oder Werkzeug bei sich führen, um den Widerstand einer anderen Person durch Gewalt oder Drohung mit Gewalt zu verhindern oder zu überwinden

- Nr. 3: Das Opfer in die Gefahr einer schweren Gesundheitsschädigung bringen

Subjektiver Tatbestand: Vorsatz bezüglich der qualifizierenden Umstände

Sexueller Übergriff/Sexuelle Nötigung/Vergewaltigung, § 177 VIII
(Vorsatzbedürftige Qualifikation)

Als Grunddelikt § 177 I, II prüfen. Zusätzlich:

Objektiver Tatbestand:

- Nr. 1: Verwendung einer Waffe oder eines anderen gefährlichen Werkzeugs bei der Tat

- Nr. 2 a: Das Opfer bei der Tat körperlich schwer misshandeln

- Nr. 2 b: Das Opfer durch die Tat in die Gefahr des Todes bringen

Subjektiver Tatbestand: Vorsatz bezüglich der qualifizierenden Umstände

Sexueller Übergriff, sexuelle Nötigung und Vergewaltigung mit Todesfolge, § 178
(Erfolgsqualifikation allg. S. 218)

Als Grunddelikt § 177 I, II prüfen. Zusätzlich: Tod des Opfers, spezifischer Gefahrzusammenhang zwischen sexuellem Übergriff und Tod, wenigstens Leichtfertigkeit bzgl. Todesversachung (einfache Fahrlässigkeit, § 18, genügt nicht!)

A. Delikte gegen höchst- persönliche Rechtsgüter	IV. Straftaten gegen die sexuelle Selbstbestimmung 3. Sexuelle Belästigung

Sexuelle Belästigung, § 184 i

	Objektiver Tatbestand
Tatbestand	**Täter:** Jede Person **Opfer:** Jede andere Person **Tathandlungen:** In sexuell bestimmter Weise körperlich berühren Sexualbezug kann sich entweder aus äußerem Erscheinungsbild oder nach den Umständen aus subjektiver Motivation des Täters ergeben. **Taterfolg:** Belästigung des Opfers
	Subjektiver Tatbestand
	Vorsatz

Rechts- widrigkeit	Keine Rechtfertigung denkbar

Schuld	Allgemeine Grundsätze

Benannte Straf- erschwerung	Besonders schwerer Fall mit Regelbeispiel, § 184 i I 2 Tat von mehreren gemeinschaftlich begangen

Verfolgbarkeit	Strafantrag/besonderes öffentliches Verfolgungsinteresse, § 184 i III

A. Delikte gegen höchstpersönliche Rechtsgüter	IV. Straftaten gegen die sexuelle Selbstbestimmung 4. Sexueller Missbrauch von Kindern; schwerer, besonders schwerer sexueller Missbrauch von Kindern; sexueller Missbrauch von Kindern mit Todesfolge

Sexueller Missbrauch von Kindern (mit Körperkontakt), § 176 I, II

	Objektiver Tatbestand

Tatbestand	**Tatopfer:** Kind = Person unter 14 Jahren
	Tathandlung:
	
	- I:
	    – Vornahme sexueller Handlungen i.S.d. § 184 h des Täters am Opfer ⎫ Eigenhändiger
	    – Vornehmenlassen sexueller Handlungen i.S.d. § 184 h des Opfers am Täter ⎭ Deliktscharakter
	
	- II: Bestimmen des Opfers,
	    – sexuelle Handlungen an einem Dritten vorzunehmen
	    – sexuelle Handlungen von einem Dritten an sich vornehmen zu lassen

	Subjektiver Tatbestand
	Vorsatz

Rechtswidrigkeit	Keine Rechtfertigung denkbar

Schuld	Allgemeine Grundsätze

Verfolgbarkeit	Ruhen der Verjährung bis zur Vollendung des 30. Lebensjahres des Opfers, § 78 b I Nr. 1

A. Delikte gegen höchst- persönliche Rechtsgüter	IV. **Straftaten gegen die sexuelle Selbstbestimmung** 4. **Sexueller Missbrauch von Kindern; schwerer, besonders schwerer sexueller Missbrauch von Kindern; sexueller Missbrauch von Kindern mit Todesfolge** (Fortsetzung)

Sexueller Missbrauch von Kindern (ohne Körperkontakt), § 176 IV, V

Tatbestand	Objektiver Tatbestand
	▪ IV:
	Tatopfer: Kind = Person unter 14 Jahren
	Tathandlungen:
	  – Nr. 1: Vornahme sexueller Handlungen vor dem Kind (§ 184 h Nr. 2)
	  – Nr. 2: Bestimmen des Kindes, sexuelle Handlungen vorzunehmen (inkl. „Posing")
	  – Nr. 3: Einwirken auf das Kind durch Inhalte (§ 11 III)
	  – Nr. 4: Optische/akustische/verbale Einwirkung auf das Kind mittels eines pornographischen Inhalts (§ 11 III) oder durch entsprechende Reden
	▪ V: Vorbereitungshandlungen, vgl. § 30 ⇨ S. 224 f.
	  – Anbieten eines Kindes zum Missbrauch nach § 176 I–IV (erfasst auch versuchte und vorgetäuschte Beteiligung inkl. versuchte Beihilfe)
	  – Versprechen des Nachweises eines Kindes zum Missbrauch (erfasst eine Einigung auf den Versuch der Beteiligung)
	  – Verabredung zum sexuellen Missbrauch (erstreckt § 30 II auf das Vergehen noch § 176 I–IV)
	
	 Subjektiver Tatbestand
	Vorsatz
	Bei § 176 IV Nr. 3 zusätzlich die Absicht,
	a: das Kind zu sexuellen Handlungen i.S.d. § 176 I, II oder vor dem Täter oder einem Dritten zu bringen
	b: eine Tat nach § 184 b I Nr. 3, III zu begehen

Rechts- widrigkeit	Keine Rechtfertigung denkbar
Schuld	Allgemeine Grundsätze
Verfolgbarkeit	Ruhen der Verjährung bis zur Vollendung des 30. Lebensjahres des Opfers, § 78 b I Nr. 1

⚠ Sonderregelung für Fälle des untauglichen Versuchs nach § 176 IV Nr. 3 in VI

A. Delikte gegen höchst- persönliche Rechtsgüter	IV. Straftaten gegen die sexuelle Selbstbestimmung
	4. Sexueller Missbrauch von Kindern; schwerer, besonders schwerer sexueller Missbrauch von Kindern; sexueller Missbrauch von Kindern mit Todesfolge (Fortsetzung)

Schwerer sexueller Missbrauch von Kindern, § 176 a I, II
(Vorsatzbedürftige Qualifikation)

	Objektiver Tatbestand
Tatbestand	**Grunddelikt:** Sexueller Missbrauch von Kindern gem. § 176 I/II
	Qualifizierende Umstände:
	▪ I: Täter innerhalb der letzten fünf Jahre wegen Kindesmissbrauchs rechts- kräftig verurteilt (Präzisierung der Frist/der Verurteilung bei Auslands- taten in § 176 a VI)
	▪ II:
	– Nr. 1:
	Täter: Person über 18 Jahre
	Tathandlung:
	• Vollzug des Beischlafs mit dem Opfer
	• Ähnliche sexuelle Handlungen, die mit einem Eindringen in den Körper (Rspr.: des Opfers oder des Täters) verbunden sind
	-- Vornahme vom Täter am Opfer
	-- Vornehmenlassen vom Opfer am Täter
	– Nr. 2: Tat von mehreren gemeinschaftlich begangen
	– Nr. 3: Gefahr einer schweren Gesundheitsschädigung/einer erheblichen Schädigung der körperlichen/seelischen Entwicklung
	Subjektiver Tatbestand
	Vorsatz

Rechts- widrigkeit	Keine Rechtfertigung denkbar

Schuld	Allgemeine Grundsätze

Verfolgbarkeit	Ruhen der Verjährung bis zur Vollendung des 30. Lebensjahres des Opfers, § 78 b I Nr. 1

Schwerer sexueller Missbrauch von Kindern in pornographischer Absicht, § 176 a III
(reine Absichtsqualifikation)

Als Grunddelikt § 176 I/II/III/IV Nr. 1 o. Nr. 2/VI prüfen. Zusätzlich: Subjektiver Tatbestand: Absicht , die Tat zum Gegenstand eines pornographischen Inhalts (§ 11 III) zu machen und diese nach § 184 b I/II zu verbreiten.

A. Delikte gegen höchst- persönliche Rechtsgüter	IV. 4.	Straftaten gegen die sexuelle Selbstbestimmung Sexueller Missbrauch von Kindern; schwerer, besonders schwerer sexueller Missbrauch von Kindern; sexueller Missbrauch von Kindern mit Todesfolge (Fortsetzung)

Besonders schwerer sexueller Missbrauch von Kindern, § 176 a V
(Vorsatzbedürftige Qualifikation)

Als Grunddelikt § 176 I/II/III prüfen. Zusätzlich:

Objektiver Tatbestand:

- § 176 a V Alt. 1:
  Schwere körperliche Misshandlung des Opfers bei der Tat

- § 176 a V Alt. 2:
  Gefahr des Todes durch die Tat

Subjektiver Tatbestand: Vorsatz bzgl. der Qualifikationsumstände

Sexueller Missbrauch von Kindern mit Todesfolge, § 176 b
(Erfolgsqualifikation ⇨ allg. S. 218)

Als Grunddelikt § 176/§ 176 a prüfen. Zusätzlich: Tod des Opfers, spezifischer Gefahrzusammenhang zwischen Tod und Grunddelikt, wenigstens Leichtfertigkeit bzgl. Todesverursachung (einfache Fahrlässigkeit, § 18, genügt nicht!)

A. Delikte gegen höchst- persönliche Rechtsgüter	IV. Straftaten gegen die sexuelle Selbstbestimmung 5. Sexueller Missbrauch von Jugendlichen

Sexueller Missbrauch von Jugendlichen, § 182 I, II

	Objektiver Tatbestand	
Tatbestand	**I:**	**II.**
	Opfer: Person unter 18 Jahren	**Täter:** Person über 18 Jahren
	Tathandlung: Missbrauch durch	**Opfer:** Person unter 18 Jahren
	▪ Nr. 1: Vornahme sexueller Handlungen	**Tathandlung:** Missbrauch durch
	– des Täters am Opfer	Vornahme sexueller Handlungen
	– des Opfers am Täter	– des Täters am Opfer
	▪ Nr. 2: Bestimmen des Opfers zur Vor- nahme sexueller Handlungen	– des Opfers am Täter
	– des Opfers an einem Dritten	
	– von einem Dritten am Opfer	
	Unter Ausnutzung einer Zwangs- lage = alle bedrängenden Umstän- de, die so gewichtig sind, dass sie mit einer wesentlichen Einschrän- kung der Entscheidungs- und Hand- lungsmöglichkeiten einhergehen und so die Gefahr begründen, den Widerstand des Opfers gegen sexu- elle Übergriffe herabzusetzen	**Gegen Entgelt** = Gewährung einer in einem Vermögensvorteil beste- henden Gegenleistung (§ 11 I Nr. 9) für die Vornahme/Duldung der sexu- ellen Handlung
	Subjektiver Tatbestand	
	Vorsatz	

Rechts- widrigkeit	Keine Rechtfertigung denkbar

Schuld	Allgemeine Grundsätze

Absehen von Strafe	VI: Bei Geringfügigkeit des Unrechts unter Berücksichtigung des Opferverhal- tens möglich

42

A. Delikte gegen höchstpersönliche Rechtsgüter	**IV. Straftaten gegen die sexuelle Selbstbestimmung** **5. Sexueller Missbrauch von Jugendlichen** (Fortsetzung)

**Sexueller Missbrauch von Jugendlichen
unter Ausnutzung eingeschränkter Selbstbestimmungsfähigkeit, § 182 III**

Tatbestand	**Objektiver Tatbestand**
	Täter: Person über 21 Jahren
	Opfer: Person unter 16 Jahren
	Tathandlung: Missbrauch durch
	▪ Nr. 1: Vornahme sexueller Handlungen _ des Täters am Opfer _ des Opfers am Täter
	▪ Nr. 2: Bestimmen des Opfers zur Vornahme sexueller Handlungen _ des Opfers an einem Dritten _ von einem Dritten am Opfer
	Unter Ausnutzung der fehlenden Fähigkeit des Opfers zur sexuellen Selbstbestimmung = Unfähigkeit aus altersbedingter Unreife, die Entscheidung über die Vornahme/Duldung sexueller Handlungen intellektuell, moralisch und emotional in ein Selbstbild und Lebenskonzept in einer Weise zu integrieren, welche der Bedeutung sexueller Selbstbestimmung gerecht wird
	Subjektiver Tatbestand
	Vorsatz

Rechtswidrigkeit	Keine Rechtfertigung denkbar

Schuld	Allgemeine Grundsätze

Absehen von Strafe	Bei Geringfügigkeit des Unrechts unter Berücksichtigung des Opferverhaltens möglich, § 182 VI

Verfolgbarkeit	Strafantrag/besonderes öffentliches Verfolgungsinteresse, § 182 V; Ruhen der Verjährung nach § 78 b I Nr. 1

A. Delikte gegen höchstpersönliche Rechtsgüter	V. Straftaten gegen die Ehre und das Pietätsgefühl
	1. Verleumdung; Vernetzung der Ehrdelikte untereinander und mit anderen Straftatbeständen

Verleumdung, § 187 Hs. 1 (Vorsatzbedürftige Qualifikation zu § 185)

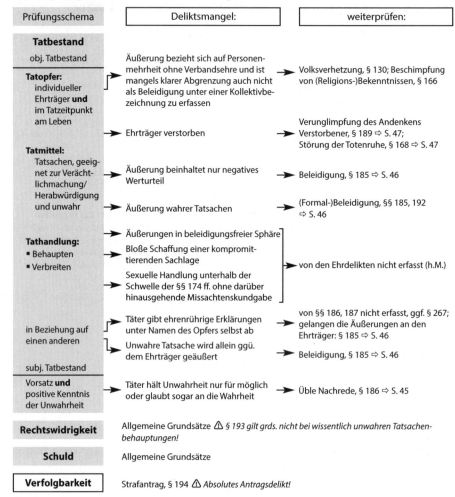

Öffentliche Verleumdung, § 187 Hs. 2 (Vorsatzbedürftige Qualifikation)
Als Grunddelikt §187 Hs. 1 prüfen. Zusätzlich: **objektiver Tatbestand:** öffentlich/in einer Versammlung/durch Verbreiten von Inhalten (§ 11 III); **subjektiver Tatbestand:** Vorsatz diesbzgl.

Verleumdung von Personen des politischen Lebens, § 188 II i.V.m. I (Vorsatzbedürftige Qualifikation)
Als Grunddelikt § 187 Hs. 2 prüfen bei wissentlich unwahren Tatsachenbehauptungen!
Zusätzlich: **Objektiver Tatbestand:** Opfer: eine im politischen Leben stehende Person; Eignung der Tat, das politische Wirken des Opfers erheblich zu erschweren; **subjektiver Tatbestand:** Vorsatz diesbzgl. **und** Handeln aus besonderen Beweggründen, die mit der Stellung des Opfers im öffentlichen Leben zusammenhängen.

A. Delikte gegen höchst- persönliche Rechtsgüter	V. 2.	Straftaten gegen die Ehre und das Pietätsgefühl Üble Nachrede mit Wahrnehmung berechtigter Interessen

Üble Nachrede, § 186 Hs. 1

Tatbestand	**Objektiver Tatbestand**
	Tatopfer: individueller, im Tatzeitpunkt lebender Ehrträger
	Tatmittel: Tatsache, die zur Verächtlichmachung oder Herabwürdigung in der öffentlichen Meinung geeignet ist
	Tathandlung: Behaupten/Verbreiten in Beziehung auf einen anderen
	Subjektiver Tatbestand
	Vorsatz ⚠ *Nicht in Bezug auf Unwahrheit erforderlich*

Objektive Straf- barkeitsbedingung	Nichterweislichkeit der Wahrheit der geäußerten Tatsache

Rechts- widrigkeit	▪ Allgemeine Rechtfertigungsgründe
	▪ **Wahrnehmung berechtigter Interessen, § 193**
	Täter verfolgt **berechtigte Interessen** = jeder öffentliche, private, ideelle oder vermögensrechtliche Zweck, soweit er rechtlich schutzwürdig ist **und**
	Wahrnehmung der Interessen in berechtigter Weise = geeignet, erforder- lich, angemessen **und**
	⚠ *Äußerung insbes. unangemessen bei leichtfertiger Äußerung ehrenrühri- ger Tatsachen, Angriffen auf die Menschenwürde, Formalbeleidigungen, Schmähungen; i.Ü. Abwägung zwischen Art. 5 GG und allg. Persönlich- keitsrecht, Art. 2 I i.V.m. Art. 1 I GG*
	Subjektiv: Absicht der Interessenwahrnehmung

Schuld	Allgemeine Grundsätze

Verfolgbarkeit	Strafantrag, § 194 ⚠ *Absolutes Antragsdelikt!*

Öffentliche üble Nachrede, § 186 Hs. 2 (Vorsatzbedürftige Qualifikation)

Als Grunddelikt § 186 Hs. 1 prüfen. Zusätzlich: **objektiver Tatbestand:** öffentlich/durch Verbreiten von Inhalten (§ 11 III) geschehene Äußerung; **subjektiver Tatbestand:** Vorsatz diesbzgl.

Üble Nachrede gegen Personen des politischen Lebens, § 188 I (Vorsatzbedürftige Qualifikation)

Als Grunddelikt § 186 Hs. 2 prüfen. Weitere Mod.: in einer Versammlung.
Zusätzlich: **Objektiver Tatbestand:** Opfer: eine im politischen Leben stehende Person; Eignung der Tat, das politische Wirken des Opfers erheblich zu erschweren;
subjektiver Tatbestand: Vorsatz diesbzgl. **und** Handeln aus besonderen Beweggründen, die mit der Stellung des Opfers im öffentlichen Leben zusammenhängen.

A. Delikte gegen höchstpersönliche Rechtsgüter	V. Straftaten gegen die Ehre und das Pietätsgefühl 3. Beleidigung; Formalbeleidigung

Beleidigung, § 185 Hs. 1

Tatbestand	**Objektiver Tatbestand**
	Opfer: Individueller, im Tatzeitpunkt existenter Ehrträger **Tathandlung:** Beleidigung = Kundgabe der eigenen Nicht-/Missachtung des Täters • durch Äußerung unwahrer (h.M.), ehrenrühriger Tatsache gegenüber dem Ehrträger selbst • durch Äußerung eines selbstständigen negativen Werturteils gegenüber dem Ehrträger selbst/in Beziehung auf den Ehrträger gegenüber Dritten
	Subjektiver Tatbestand
	Vorsatz bzgl. Missachtungskundgabe; bei Tatsachenäußerungen auch bzgl. Unwahrheit (h.M.) ⚠ *Kein Beleidigungswille erforderlich!*
Rechtswidrigkeit	Spezieller Rechtfertigungsgrund: Wahrnehmung berechtigter Interessen, § 193 ➪ S. 45
Schuld	Allgemeine Grundsätze
Straffreierkl.	Möglich bei wechselseitigen Beleidigungen, § 199 (gilt auch für §§ 186 ff.)
Verfolgbarkeit	Strafantrag, § 194 ⚠ *Absolutes Antragsdelikt!*

Tätliche Beleidigung, § 185 Hs. 2 (Vorsatzbedürftige Qualifikation)
Als Grunddelikt § 185 Hs. 1 prüfen. **Objektiver Tatbestand:** anstelle der Missachtungskundgabe durch Äußerung Tätlichkeit (= unmittelbar gegen den Körper gerichtete Einwirkung);
subjektiver Tatbestand: Vorsatz

Formalbeleidigung, §§ 185, 192

Anwendbarkeit	Nach Verneinung der §§ 185–189 wegen Wahrheit der behaupteten/verbreiteten Tatsache

Tatbestand	**Objektiver Tatbestand**
	Äußerung einer wahren Tatsache **und** eigenständige Missachtungskundgabe im Zusammenhang mit der Tatsache (Wertungsexzess) • durch die Form der Äußerung • durch die Umstände der Äußerung (insbes. Publikationsexzess)
	Subjektiver Tatbestand
	Vorsatz bzgl. der formalbeleidigenden Merkmale ⚠ *Keine Beleidigungsabsicht erforderlich (h.M.)!*
Rechtswidrigkeit	Allgemeine Grundsätze ⚠ *Wahrnehmung berechtigter Interessen (§ 193) nicht anwendbar!*
Schuld	Allgemeine Grundsätze
Verfolgbarkeit	Strafantrag, § 194 ⚠ *Absolutes Antragsdelikt!*

A. Delikte gegen höchstpersönliche Rechtsgüter	**V. Straftaten gegen die Ehre und das Pietätsgefühl** **4. Verunglimpfung des Andenkens Verstorbener; Störung der Totenruhe**

Verunglimpfung des Andenkens Verstorbener, § 189

	Objektiver Tatbestand
Tatbestand	**Opfer:** Betroffener im Tatzeitpunkt verstorben/für tot erklärt **Tathandlung:** Verunglimpfung = nach Form/Inhalt/Begleitumständen/Beweggrund erhebliche Herabsetzung durch objektive Beleidigung/üble Nachrede/Verleumdung **Tatadressat:** Das Andenken muss durch die Tat betroffen sein, d.h. die Äußerung muss zur Kenntnis einer lebenden Person gelangt sein.
	Subjektiver Tatbestand
	Vorsatz ⚠ *Irrtum über Tod des Verunglimpften schließt Bestrafung sowohl aus §§ 185 ff. als auch aus § 189 aus (h.M.)!*
Rechtswidrigkeit	Allgemeine Grundsätze ⚠ *Wahrnehmung berechtigter Interessen (§ 193) nicht anwendbar!*
Schuld	Allgemeine Grundsätze
Verfolgbarkeit	Strafantrag, § 194 II

Störung der Totenruhe, § 168

	Objektiver Tatbestand
Tatbestand	▪ **I Alt. 1: unbefugte Wegnahme** **Tatobjekt:** Körper/Teile des Körpers eines verstorbenen Menschen/tote Leibesfrucht/ Teile einer toten Leibesfrucht/Asche eines verstorbenen Menschen **Tatopfer:** Totensorgeberechtigter, in dessen Obhut sich das Tatobjekt befindet **Tathandlung:** Wegnahme = Bruch des Obhutsverhältnisses ▪ **I Alt. 2; II Mod. 3: Verübung beschimpfenden Unfugs** **Tatobjekte** bei I Alt. 2: solche des I Alt. 1 **Tatort** bei II Mod. 3: Aufbahrungsstätte/Beisetzungsstätte/öffentl. Totengedenkstätte **Tathandlung:** Verübung beschimpfenden Unfugs = besonders rohe Missachtenskundgabe ▪ **II Mod. 1, 2: Zerstörung/Beschädigung** **Tatobjekt:** Aufbahrungsstätte/Beisetzungsstätte/öffentl. Totengedenkstätte **Tathandlung:** Zerstören/Beschädigen (wie bei § 303 I ⇨ S. 79)
	Subjektiver Tatbestand
	Vorsatz ⚠ *Absicht einer Pietätsverletzung nicht erforderlich!*
Rechtswidrigkeit	Allgemeine Grundsätze (Deklaratorische Funktion des Merkmals „unbefugt" in § 168 I)
Schuld	Allgemeine Grundsätze

A. Delikte gegen höchst- persönliche Rechtsgüter	**V. Straftaten gegen die Ehre und das Pietätsgefühl** **5. Konkurrenzen**	

Verhältnis	zu anderen Ehrdelikten in Bezug auf denselben Ehrträger	zu anderen Delikten

§ 185	zu §§ 186–188
	• verdrängen § 185 als leges speciales für Tatsachenäußerungen gegen- über Dritten
	• Tateinheit
	  – bei Tatsachenäußerungen gegen- über dem Ehrträger, wenn Dritte die Äußerung gleichzeitig zur Kenntnis nehmen
	  – bei Äußerungen gegenüber Drit- ten in Bezug auf den Ehrträger, die sowohl Werturteile (§ 185) als auch herabwürdigende Tatsachen bein- halten
		Tateinheit

§ 186	wird von den Qualifikationen der §§ 187, 188 als gesetzeskonkurrierend verdrängt (Spezialität)	
§ 187	verdrängt als Qualifikation § 186 als gesetzeskonkurrierend (Spezialität)	
§ 189	wegen tatbestandlicher Exklusivität hinsichtlich der Tatopfer kein Konkur- renzverhältnis zu §§ 185 ff.	

A. Delikte gegen höchstpersönliche Rechtsgüter

VI. Straftaten gegen die Privat- und Intimsphäre
1. System und Grenzen der §§ 123 f., 201 ff.

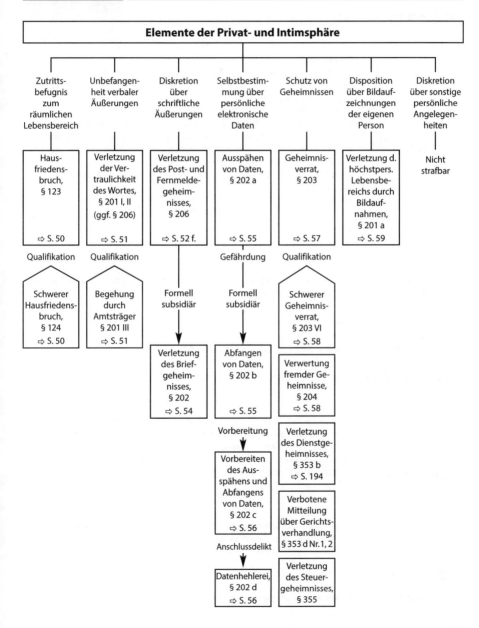

A. Delikte gegen höchst- persönliche Rechtsgüter	VI. Straftaten gegen die Privat- und Intimsphäre 2. Hausfriedensbruch; schwerer Hausfriedensbruch

Hausfriedensbruch, § 123

	Objektiver Tatbestand
Tatbestand	**Tatobjekt:** Wohnung eines anderen/Geschäftsräume eines anderen/befriedetes Besitztum eines anderen/abgeschlossene Räume, welche zum öffentlichen Dienst/ Verkehr bestimmt sind **Tathandlungen:** ▪ Alt. 1: Eindringen = Betreten (zumindest mit einem Teil des Körpers) ohne (individuelle oder generelle) Zutrittserlaubnis des Hausrechtsinhabers ▪ Alt. 1 i.V.m. § 13: Eindringen durch garantenpflichtwidriges Unterlassen auch durch Nichtverlassen der Räumlichkeit (str.) ▪ Alt. 2 (subsidiär): Verweilen trotz Aufforderung des Berechtigten zum Verlassen
	Subjektiver Tatbestand
	Vorsatz ⚠ *Tatumstandsirrtum i.S.v. § 16 insbes. bei irriger Annahme des Einverständnisses*
Rechts- widrigkeit	Allgemeine Grundsätze (deklaratorische Funktion der Merkmale widerrechtlich [Alt. 1]/ohne Befugnis [Alt. 2])
Schuld	Allgemeine Grundsätze
Verfolgbarkeit	Strafantrag, § 123 II ⚠ *Absolutes Antragsdelikt!*

Schwerer Hausfriedensbruch, § 124 (Vorsatzbedürftige Qualifikation)

	Objektiver Tatbestand
Tatbestand	Öffentliche Zusammenrottung einer Menschenmenge **und** Verwirklichung des § 123 I Alt. 1 durch die Menschenmenge **und** Teilnahme des Täters = räumliche Anwesenheit und körperliche Beteiligung an der Zusammenrottung und zumindest mittäterschaftliche Förderung des Eindringens
	Subjektiver Tatbestand
	Vorsatz **und** Absicht (der Menschenmenge und des fraglichen Täters, dass aus der Menschenmenge), dass Gewalttätigkeiten gegen Personen/Sachen (im Schutzbereich des verletzten Hausrechts) mit vereinten Kräften begangen werden
Rechtswidrigkeit	Allgemeine Grundsätze
Schuld	Allgemeine Grundsätze

A. Delikte gegen höchstpersönliche Rechtsgüter	VI. Straftaten gegen die Privat- und Intimsphäre 3. Verletzung der Vertraulichkeit des Wortes

Verletzung der Vertraulichkeit des Wortes, § 201 I, II

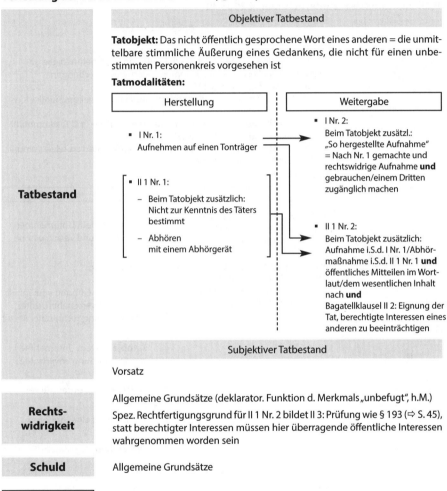

Verletzung der Vertraulichkeit des Wortes durch Amtsträger, § 201 III
(Vorsatzbedürftige Qualifikation)
Als Grunddelikt § 201 I/II prüfen. Zusätzlich: **Objektiver Tatbestand:** Täter = Amtsträger (§ 11 I Nr. 2; § 48 I WStG)/für den öffentlichen Dienst besonders Verpflichteter (§ 11 I Nr. 4); **subjektiver Tatbestand:** Vorsatz bzgl. qualifizierender Umstände

A. Delikte gegen höchst-persönliche Rechtsgüter	**VI.** **Straftaten gegen die Privat- und Intimsphäre** **4.** **Verletzung des Post- und Fernmeldegeheimnisses**

Verletzung des Post- und Fernmeldegeheimnisses durch Bedienstete von Telekommunikationsunternehmen, § 206 I–III

	Objektiver Tatbestand

Tatbestand	**Täter:**
	• Inhaber (= [Mit-]Eigner) oder Beschäftigte von Unternehmen, die geschäftsmäßig Post- oder Telekommunikationsdienste erbringen
	• Betriebsnahe Personen, § 206 III:
	  – Nr. 1: Beschäftigte der Aufsichtsverwaltung über Telekommunikationsunternehmen
	  – Nr. 2: Nichtunternehmensangehörige, die mit Post- und Telekommunikationsdiensten betraut sind
	  – Nr. 3: Personen, die mit der Herstellung von/Arbeiten an Telekommunikationsanlagen betraut sind
	Tatmodalitäten:

I:	II:
Tatgegenstand: Tatsache, die dem Post- oder Fernmeldegeheimnis unterliegt ⇨ Legaldefinition in V **Tathandlung:** einer anderen Person mitteilen = jedes Informieren oder In-Kenntnis-Setzen einer anderen Person, gleichgültig in welcher Form	• **Nr. 1:** **Tatobjekt:** Dem Unternehmen anvertraute und verschlossene Sendung **Tathandlung:** – Öffnen – Sich ohne Öffnung vom Inhalt Kenntnis verschaffen, unter Anwendung technischer Mittel • **Nr. 2:** **Tatobjekt:** Dem Unternehmen zur Übermittlung anvertraute Sendung **Tathandlung:** Unterdrücken • **Nr. 3:** Tathandlung eines anderen i.S.d. I, II Nr. 1, 2 **Tathandlung:** Gestatten/Fördern

	Subjektiver Tatbestand
	Vorsatz

Rechts-widrigkeit	Allgemeine Grundsätze (nach h.M. deklaratorische Funktion des Merkmals „unbefugt")

Schuld	Allgemeine Grundsätze

A. Delikte gegen höchst- persönliche Rechtsgüter	VI. Straftaten gegen die Privat- und Intimsphäre 4. Verletzung des Post- und Fernmeldegeheimnisses (Fortsetzung)

Verletzung des Post- und Fernmeldegeheimnisses durch betriebsfremde Amtsträger, § 206 IV

	Objektiver Tatbestand
Tatbestand	**Täter:** Amtsträger (§ 11 I Nr. 2; § 48 I WStG) außerhalb des Täterkreises der I–III
	Tatgegenstand:
	Tatsache, die dem Post- oder Fernmeldegeheimnis unterliegt ⇨ Legaldefinition in § 206 V **und**
	dem Täter bekannt geworden aufgrund eines befugten/unbefugten Eingriffs in das Post- oder Fernmeldegeheimnis (z.B. §§ 99 ff. StPO) **und**
	innerer Zusammenhang zwischen Amtstätigkeit und der Kenntniserlangung des Täters
	Tathandlung: Einer anderen Person mitteilen (wie § 206 I)
	Subjektiver Tatbestand
	Vorsatz
Rechts- widrigkeit	Allgemeine Grundsätze (deklaratorische Funktion des Merkmals „unbefugt")
Schuld	Allgemeine Grundsätze

A. Delikte gegen höchst-persönliche Rechtsgüter	**VI.** **Straftaten gegen die Privat- und Intimsphäre** **5.** **Verletzung des Briefgeheimnisses**

Verletzung des Briefgeheimnisses, § 202

	Objektiver Tatbestand	
	Tatobjekt: Schriftstück, insbes. Brief (gleichgestellt gem. III: Abbildung), nicht zur Kenntnis des Täters bestimmt **Tatmodalitäten:**	
Tatbestand	**I:** Verschluss (= unmittelbare Umschließung, z.B. Umschlag) **Tathandlungen:** • Nr. 1: Öffnen • Nr. 2: Erlangung der Kenntnis vom Inhalt ohne Öffnung unter Anwendung technischer Mittel	**II:** Mittelbarer Verschluss durch verschlossenes Behältnis (wie bei § 243 I 2 Nr. 2 ⇨ S. 63) mit der Funktion einer besonderen Sicherung gegen Kenntnisnahme **Tathandlung:** Öffnen und Kenntnis verschaffen vom Inhalt
	Subjektiver Tatbestand	
	Vorsatz	

Rechts-widrigkeit	Allgemeine Grundsätze (nach h.M. deklaratorische Funktion des Merkmals „unbefugt")

Schuld	Allgemeine Grundsätze

Verfolgbarkeit	Strafantrag, § 205 I 1 ⚠ *Absolutes Antragsdelikt!*

Konkurrenzen	Formelle Subsidiarität gegenüber § 206

A. Delikte gegen höchst- persönliche Rechtsgüter	VI. Straftaten gegen die Privat- und Intimsphäre
	6. Straftaten gegen die Selbstbestimmung über persönliche elektronische Daten

Ausspähen von Daten, § 202 a

	Objektiver Tatbestand
Tatbestand	**Tatobjekt:** Daten (mit Beschränkung des § 202 a II) **und** nicht zur Kenntnis des Täters bestimmt **und** gegen unberechtigten Zugang besonders gesichert
	Tathandlung: Sich/einem anderen Zugang verschaffen unter Überwindung der Zugangssicherung
	⚠ *„Hacking" strafbar, Surfen in offenen WLAN-Netzen ist nicht erfasst!*
	Subjektiver Tatbestand
	Vorsatz
Rechts- widrigkeit	Allgemeine Grundsätze (nach h.M. deklaratorische Funktion des Merkmals „unbefugt")
Schuld	Allgemeine Grundsätze
Verfolgbarkeit	Strafantrag/besonderes öffentliches Verfolgungsinteresse, § 205 I 2

Abfangen von Daten, § 202 b

	Objektiver Tatbestand
Tatbestand	**Tatobjekt:** Daten (mit Beschränkung des § 202 a II) **und** nicht zur Kenntnis des Täters bestimmt **und** in nicht öffentlicher Datenübermittlung/aus elektromagnetischer Abstrahlung einer Datenverarbeitungsanlage
	Tathandlung: Sich/einem anderen verschaffen unter Anwendung von technischen Mitteln
	Subjektiver Tatbestand
	Vorsatz
Rechts- widrigkeit	Allgemeine Grundsätze (nach h.M. deklaratorische Funktion des Merkmals „unbefugt")
Schuld	Allgemeine Grundsätze
Verfolgbarkeit	Strafantrag/besonderes öffentliches Verfolgungsinteresse, § 205 I 2

A. Delikte gegen höchstpersönliche Rechtsgüter	VI. Straftaten gegen die Privat- und Intimsphäre 6. Straftaten gegen die Selbstbestimmung über persönliche elektronische Daten (Fortsetzung)

Vorbereitung des Ausspähens und Abfangens von Daten, § 202 c

Tatbestand	**Objektiver Tatbestand**
	Tatobjekte: ▪ I Nr. 1: Passwörter/sonstige Sicherungscodes, die den Zugang zu Daten (§ 202 a II) ermöglichen ▪ I Nr. 2: Computerprogramme mit der Zweckbestimmung einer Tat nach § 202 a/§ 202 b
	Tathandlungen: Herstellen/sich oder einem anderen verschaffen/verkaufen/einem anderen überlassen/verbreiten/sonst zugänglich machen als Vorbereitung einer Tat nach § 202 a/§ 202 b
	Subjektiver Tatbestand
	Vorsatz (einschließlich der Verwirklichung einer – wenn auch nicht konkretisierten – Tat nach § 202 a/§ 202 b)
Rechtswidrigkeit	Allgemeine Grundsätze
Schuld	Allgemeine Grundsätze
Persönlicher Strafaufhebungsgrund	Tätige Reue unter den Voraussetzungen des § 202 c II i.V.m. § 149 II/III

Datenhehlerei, § 202 d

Tatbestand	**Objektiver Tatbestand**
	Tatobjekt: Daten (mit Beschränkung des § 202 a II) **und** nicht allgemein zugänglich **und** von einem anderen durch eine rechtswidrige Tat (nicht nur §§ 202 a/202 b) erlangt
	Tathandlung: Einem anderen überlassen, verbreiten oder sonst zugänglich machen
	Tatbestandsausschluss für Handlungen, die ausschließlich der Erfüllung rechtmäßiger oder beruflicher Pflichten dienen (§ 202 d III)
	Subjektiver Tatbestand
	Vorsatz und besondere Absicht (einen Dritten zu bereichern oder einen anderen zu schädigen)
Rechtswidrigkeit	Allgemeine Grundsätze
Schuld	Allgemeine Grundsätze
Verfolgbarkeit	Strafantrag/besonderes öffentliches Verfolgungsinteresse, § 205 I 2

A. Delikte gegen höchstpersönliche Rechtsgüter	**VI. Straftaten gegen die Privat- und Intimsphäre** **7. Geheimnisverrat; Verwertung fremder Geheimnisse**

Verletzung von Privatgeheimnissen, § 203

<table>
<tr><td rowspan="3">Tatbestand</td><td colspan="1" align="center">Objektiver Tatbestand</td></tr>
<tr><td>

Täter:
- I Nr. 1-6: Geheimnisträger kraft Berufs
  - Nr. 1: Angehöriger eines Heilberufs mit staatl. geregelter Ausbildung (nicht: Heilpraktiker)
  - Nr. 2: Berufspsychologe
  - Nr. 3: Rechtsanwalt/Kammerrechtsbeistand/Patentanwalt/Notar/Verteidiger/Wirtschaftsprüfer/vereidigter Buchprüfer/Steuerberater/Steuerbevollmächtigter/Organ/Mitglied eines Organs entsprechender (RA-etc.)Gesellschaft
  - Nr. 4/5: Berater in anerkannter Beratungsstelle
  - Nr. 6: Staatlich anerkannter Sozialarbeiter/Sozialpädagoge
  - Nr. 7: Angehöriger einer privaten Kranken-/Unfall-/Lebensversicherung/privatärztlichen/anwaltlichen/steuerberaterlichen Verrechnungsstelle
- II 1 Nr. 1-6: Geheimnisträger kraft Amtes/förmlicher Verpflichtung
  - Nr. 1: Amtsträger (§ 11 I Nr. 2; § 48 I WStG), Europäischer Amtsträger (§ 11 I Nr. 2 a)
  - Nr. 2: Für den öffentlichen Dienst besonders Verpflichtete (§ 11 I Nr. 4)
  - Nr. 3: Interessenvertreter nach Personalvertretungsrecht
  - Nr. 4: Mitglieder/Hilfskräfte von Ausschüssen oder Räten für ein Gesetzgebungsorgan des Bundes/Landes
  - Nr. 5: Öffentlich bestellte Sachverständige
  - Nr. 6: Personen, die im Rahmen wissenschaftlicher Vorhaben auf ihre Geheimhaltungspflicht förmlich verpflichtet worden sind
- IV 1: An der beruflichen oder dienstlichen Tätigkeit des Geheimnisträgers mitwirkende Person i.S.d. III oder beim Geheimnisträger tätiger Datenschutzbeauftragter
- IV 2 Nr. 3: Person, die das Geheimnis vom verstorbenen Geheimnisträger erfahren oder aus dessen Nachlass erlangt hat

Tatgegenstand:
- Fremdes Geheimnis, insbesondere zum persönlichen Lebensbereich gehörig/Betriebs- oder Geschäftsgeheimnis (II 2: Präzisierung für Angaben im Zusammenhang mit öffentlicher Verwaltung) **und**
- Dem Geheimnisträger in seiner beruflichen Eigenschaft/amtlichen Funktion anvertraut/bekannt geworden (IV 1: bei Ausübung/Gelegenheit der Tätigkeit als mitwirkende Person/Datenschutzbeauftragter bekannt geworden)

Tathandlungen:
- I, II, IV 1, 2 Nr. 3: Offenbaren
  - III 1: Ggü. Berufshelfern und Auszubildenden schon nicht tatbestandlich
  - V: auch nach dem Tod des Betroffenen
- IV 2 Nr. 1, 2: Nicht dafür Sorge getragen, dass mitwirkende Person, die Geheimnis offenbart hat, zur Geheimhaltung verpflichtet wurde

</td></tr>
<tr><td>

Subjektiver Tatbestand

Vorsatz

</td></tr>
<tr><td>Rechtswidrigkeit</td><td>

Allgemeine Grundsätze (nach h.M. deklaratorische Funktion des Merkmals „unbefugt")
Offenbarung an mitwirkende Personen als Berufshelfer und Auszubildende gerechtfertigt, III 2; im Übrigen allgemeine Grundsätze (nach h.M. deklaratorische Funktion des Merkmals „unbefugt")

</td></tr>
<tr><td>Schuld</td><td>

Allgemeine Grundsätze

</td></tr>
<tr><td>Verfolgbarkeit</td><td>

Strafantrag, § 205 I 1 ⚠ *Absolutes Antragsdelikt!*

</td></tr>
</table>

57

A. Delikte gegen höchstpersönliche Rechtsgüter	**VI.** **Straftaten gegen die Privat- und Intimsphäre** **7.** **Geheimnisverrat; Verwertung fremder Geheimnisse** (Fortsetzung)

Schwerer Geheimnisverrat, § 203 VI (Vorsatzbedürftige/rein subjektive Qualifikation)

Als Grunddelikt § 203 I–IV prüfen. Zusätzlich:

- Im **objektiven** und **subjektiven Tatbestand:** Handeln gegen Entgelt (§ 11 I Nr. 9)
- Nur im **subjektiven Tatbestand:** Absicht, sich/einen anderen zu bereichern, oder Absicht, einen anderen zu schädigen

Verwertung fremder Geheimnisse, § 204

Tatbestand	**Objektiver Tatbestand**
	Täter: Geheimnisträger i.S.v. § 203 ⇨ S. 57
	Tatgegenstand: Fremdes Geheimnis i.S.v. § 203 ⇨ S. 57
	Tathandlung: Verwerten = wirtschaftliche Nutzung zum Zweck der Gewinnerzielung, soweit die Tat nicht schon von § 203 V erfasst wird ⚠ *Auch Verwertung nach dem Tod des Betroffenen ist tatbestandsmäßig, § 204 II i.V.m. § 203 V!*
	Subjektiver Tatbestand
	Vorsatz
Rechtswidrigkeit	Allgemeine Grundsätze (Nach h.M. deklaratorische Funktion des Merkmals „unbefugt")
Schuld	Allgemeine Grundsätze

Verfolgbarkeit	Strafantrag, § 205 I 1 ⚠ *Absolutes Antragsdelikt!*

A. Delikte gegen höchst- persönliche Rechtsgüter	VI. Straftaten gegen die Privat- und Intimsphäre 8. Verletzung des höchstpersönlichen Lebensbereichs und von Persönlichkeitsrechten durch Bildaufnahmen

Verletzung des höchstpersönlichen Lebensbereichs und von Persönlichkeitsrechten durch Bildaufnahmen, § 201 a I Nr. 1, 2, 3

	Objektiver Tatbestand
Tatbestand	**Tatobjekt:** Bildaufnahme • von einer anderen Person, die sich in einer Wohnung oder einem gegen Einblick besonders geschützten Raum befindet (Nr. 1) • die die Hilflosigkeit einer anderen Person zur Schau stellt (Nr. 2) • die in grob anstößiger Weise eine verstorbene Person zur Schau stellt (Nr. 3) **Tathandlungen:** • Herstellen • Übertragen (Live-Übertragung ohne Speicherung) **Taterfolg:** Dadurch Verletzung des höchstpersönlichen Lebensbereichs der abgebildeten Person (nur bei Nr. 1 und 2)
	Subjektiver Tatbestand
	Vorsatz
Rechts-widrigkeit	Allgemeine Grundsätze („Unbefugt" als allgemeines Verbrechensmerkmal), IV (nur für I Nr. 2)
Schuld	Allgemeine Grundsätze
Verfolgbarkeit	Strafantrag/besonderes öffentliches Verfolgungsinteresse, § 205 I 2; bei Nr. 3 sind die in § 77 II genannten Angehörigen antragsberechtigt, § 205 II 4

A. Delikte gegen höchst- persönliche Rechtsgüter	VI. Straftaten gegen die Privat- und Intimsphäre 8. Verletzung des höchstpersönlichen Lebensbereichs und von Persönlichkeitsrechten durch Bildaufnahmen (Fortsetzung)

Verletzung des höchstpersönlichen Lebensbereichs und von Persönlichkeitsrechten durch Bildaufnahmen, § 201 a I Nr. 4

Tatbestand	**Objektiver Tatbestand**
	Tatobjekt: Durch eine Tat nach § 201 a I Nr. 1–3 hergestellte Bildaufnahme
	Tathandlungen: • Gebrauchen • einer dritten Person zugänglich machen
	Subjektiver Tatbestand
	Vorsatz
Rechts- widrigkeit	Allgemeine Grundsätze („Unbefugt" als allgemeines Verbrechensmerkmal), IV
Schuld	Allgemeine Grundsätze
Verfolgbarkeit	Strafantrag/besonderes öffentliches Verfolgungsinteresse, § 205 I 2

Verletzung des höchstpersönlichen Lebensbereichs durch Bildaufnahmen, § 201 a I Nr. 5

Tatbestand	**Objektiver Tatbestand**
	Tatobjekt: Befugt hergestellte Bildaufnahme der in I Nr. 1, 2 bezeichneten Art
	Tathandlungen: Unbefugt einer dritten Person zugänglich machen
	Taterfolg: Dadurch Verletzung des höchstpersönlichen Lebensbereichs der abgebildeten Person
	Subjektiver Tatbestand
	Vorsatz; Wissentlichkeit bzgl. der Unbefugtheit
Rechts- widrigkeit	Allgemeine Grundsätze, IV
Schuld	Allgemeine Grundsätze
Verfolgbarkeit	Strafantrag/besonderes öffentliches Verfolgungsinteresse, § 205 I 2

A. Delikte gegen höchst- persönliche Rechtsgüter	VI. Straftaten gegen die Privat- und Intimsphäre 8. Verletzung des höchstpersönlichen Lebensbereichs und von Persönlichkeitsrechten durch Bildaufnahmen (Fortsetzung)

Verletzung des höchstpersönlichen Lebensbereichs und von Persönlichkeitsrechten durch Bildaufnahmen, § 201 a II

	Objektiver Tatbestand
Tatbestand	**Tatobjekt:** Bildaufnahme von einer anderen Person (auch einer verstorbenen Person), die geeignet ist, dem Ansehen der abgebildeten Person erheblich zu schaden **Tathandlungen:** Unbefugt einer dritten Person zugänglich machen
	Subjektiver Tatbestand
	Vorsatz
Rechts- widrigkeit	Allgemeine Grundsätze („unbefugt" als allgemeines Verbrechensmerkmal), IV
Schuld	Allgemeine Grundsätze
Verfolgbarkeit	Strafantrag/besonderes öffentliches Verfolgungsinteresse, § 205 I 2

Verletzung des höchstpersönlichen Lebensbereichs durch Bildaufnahmen, § 201 a III

	Objektiver Tatbestand
Tatbestand	**Tatobjekt:** Bildaufnahme, die die Nacktheit einer anderen Person unter achtzehn Jahren zum Gegenstand hat **Tathandlungen:** ▪ Herstellen oder anbieten (III Nr. 1) ▪ Sich oder einer dritten Person gegen Entgelt (§ 11 I Nr. 9) verschaffen (III Nr. 2)
	Subjektiver Tatbestand
	Vorsatz; bei III Nr. 1 Absicht, die Bildaufnahme einer dritten Person gegen Entgelt (§ 11 I Nr. 9) zu verschaffen
Rechts- widrigkeit	Allgemeine Grundsätze („unbefugt" als allgemeines Verbrechensmerkmal), IV
Schuld	Allgemeine Grundsätze
Verfolgbarkeit	Strafantrag/besonderes öffentliches Verfolgungsinteresse, § 205 I 2

B. Delikte gegen Eigentum und Vermögen

I. System und Grenzen des strafrechtlichen Eigentumsschutzes

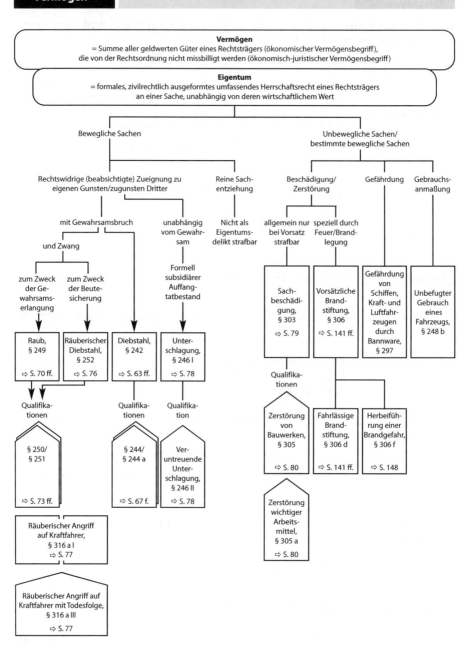

B. Delikte gegen Eigentum und Vermögen	**II. Zueignungsdelikte mit Gewahrsamsbruch** **1. Diebstahl**

Diebstahl, § 242

Tatbestand

Objektiver Tatbestand

Tatobjekt: Fremde bewegliche Sache
Tathandlung: Wegnahme = Bruch fremden und Begründung neuen, nicht notwendig tätereigenen Gewahrsams

Subjektiver Tatbestand

Vorsatz **und**
Zueignungsabsicht = Absicht zur zumindest vorübergehenden Aneignung **und** Vorsatz zur dauerhaften Enteignung

zusätzlich:

Objektive Rechtswidrigkeit der erstrebten Zueignung **und** Vorsatz diesbezüglich

Rechtswidrigkeit

Allgemeine Grundsätze

Schuld

Allgemeine Grundsätze

Benannte Straferschwerungen

Besonders schwerer Fall mit Regelbeispielskatalog, § 243 I 2:

- **Nr. 1:** Umschlossener Raum = Raumgebilde, zum Betreten von Menschen bestimmt und mit Vorrichtungen zur Abwehr von Menschen versehen; insbes.: Gebäude, Geschäftsraum (bei Wohnung lex specialis: § 244 I Nr. 3, IV ⇨ S. 67) **und** Zutritt auf besonders deliktische Weise: Einbrechen/Einsteigen/Eindringen mittels nicht zur ordnungsmäßigen Öffnung bestimmten Werkzeugs (insbes.: falscher Schlüssel)/Sichverborgenhalten **und** Vorsatz **und** Handeln zur Ausführung der Tat
- **Nr. 2:** Schutzvorrichtungen mit besonderer Wegnahmesicherungsfunktion (insbesondere: verschlossenes Behältnis) **und** Wegnahme der besonders gesicherten Sache, nicht notwendig Überwindung der Wegnahmesicherung **und** Vorsatz bzgl. Wegnahmesicherung
- **Nr. 3:** Gewerbsmäßiges Stehlen = Absicht, durch wiederholte Begehung von Diebstählen Einnahmequelle von Dauer und Erheblichkeit zu schaffen
- **Nr. 4:** Tatobjekt muss sich in einem der Religionsausübung dienenden Raum befinden und dem Gottesdienst gewidmet sein/der religiösen Verehrung dienen **und** Vorsatz bzgl. der Regelbeispielsmerkmale
- **Nr. 5:** Tatobjekt muss sich in einer allgemein zugänglichen Sammlung befinden/öffentlich ausgestellt sein; ferner muss es bedeutendes Kulturgut sein **und** Vorsatz bzgl. der Regelbeispielsmerkmale
- **Nr. 6:** Verminderter Gewahrsamsschutz durch atypische Situation, nämlich Hilflosigkeit des Betroffenen/Unglücksfall/gemeine Gefahr **und** Ausnutzen dieser Lage **und** Vorsatz bzgl. Ausnahmelage und Ausnutzung
- **Nr. 7:** Tatobjekt ist erlaubnispflichtige Handfeuerwaffe/Maschinengewehr(/-pistole)/voll- oder halbautomatisches Gewehr/Sprengstoff enthaltende Kriegswaffe/Sprengstoff **und** Vorsatz bzgl. der Regelbeispielsmerkmale

Ausschlussklausel des § 243 II:
(einheitliche) Tat i.S.d. §§ 242, 243 I 2 Nr. 1–6 **und**
objektiver und subjektiver Geringwertigkeitsbezug = Verkehrswert bis 25 € (teilweise bis zu 50 €, str.)

Verfolgbarkeit

- Strafantrag/besonderes öffentliches Verfolgungsinteresse beim Diebstahl geringwertiger Sachen, § 248 a: Anwendbar nur auf nicht erschwerten Diebstahl **und** Tatobjekt objektiv geringwertig (BGH: bis 25 €; a.A. bis 50 €)
- Strafantrag beim Haus- und Familiendiebstahl, § 247: Anwendbar auf alle Diebstahlsfälle **und** besondere Nähebeziehung zwischen Täter und Verletztem (= sowohl Eigentümer als auch Gewahrsamsinhaber), nämlich Angehöriger (§ 11 I Nr. 1)/Vormund (§§ 1773 ff. BGB)/Betreuer (§§ 1896 ff. BGB)/häusliche Gemeinschaft
  ⚠ *In diesem Fall absolutes Antragsdelikt!*

63

B. Delikte gegen Eigentum und Vermögen	II. Zueignungsdelikte mit Gewahrsamsbruch 2. Diebstahl; Vernetzung mit anderen Straftatbeständen

Diebstahl, § 242 ⇨ Einzelschema S. 63

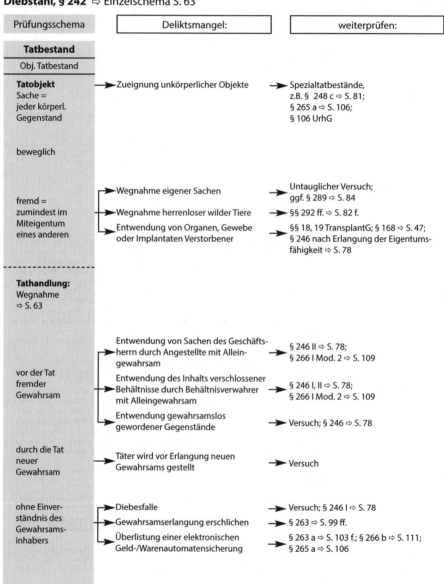

64

B. Delikte gegen Eigentum und Vermögen	II. Zueignungsdelikte mit Gewahrsamsbruch
	2. Diebstahl; Vernetzung mit anderen Straftatbeständen (Fortsetzung)

Diebstahl, § 242

Prüfungsschema	Deliktsmangel:	weiterprüfen:

Tatbestand

Subj. Tatbestand

Vorsatz
Täter kennt sein Eigentum an der weggenommenen Sache oder das Einverständnis des Gewahrsamsinhabers nicht → **Untauglicher Versuch**

Zueignungsabsicht in Bezug auf die weggenommene Sache/deren Sachwert

Täter will die Sache dem Berechtigten nur entziehen, → § 274 ⇨ S. 132; § 133 ⇨ S. 185; § 136 ⇨ S. 183

Täter will die Sache ohne vorherigen Gebrauch beschädigen/zerstören → § 303 ⇨ S. 79

Aneignungsabsicht
- zu eigenen Gunsten
- zugunsten Dritter

Täter will die weggenommene Sache primär als Druckmittel gegen Eigentümer gebrauchen (Fälle der eigenmächtigen Inpfandnahme) → §§ 253, 255 ⇨ S. 107 f.; § 240 ⇨ S. 19

Täter will die weggenommene Sache nach Gebrauch zurückgeben → § 248 b ⇨ S. 85; § 290

Enteignungswille

Täter nimmt die Sache weg, um sie an den Eigentümer **als angeblich eigene** „zurückzuübereignen" → § 242 (str.)

Täter nimmt die Sache weg, um sie dem Eigentümer **in Anerkennung dessen Eigentums** gegen Belohnung/zur Abwehr von Schadensersatzansprüchen zurückzugeben → § 263 ⇨ S. 99 ff.; § 289 ⇨ S. 84

Täter nimmt die Sache weg, um sie zur Erlangung rechtswidriger Vermögensvorteile zu verwenden und sie nachher unverändert zurückzugeben → § 263 ⇨ S. 99 ff.; § 263 a ⇨ S. 103 ff.; § 274 ⇨ S. 132; § 281 ⇨ S. 133

Rechtswidrigkeit der erstrebten Zueignung objektiv und Vorsatz

Täter hat Speziesanspruch auf die weggenommene Sache (oder bei Geld: entsprechenden Wertsummenanspruch, str.), weiß das aber nicht → **Untauglicher Versuch**

Rechtswidrigkeit
Allgemeine Grundsätze

Schuld
Allgemeine Grundsätze

65

B. Delikte gegen Eigentum und Vermögen

II. Zueignungsdelikte mit Gewahrsamsbruch
3. Diebstahl; spezielle Prüfungsfolge der Zueignungsabsicht

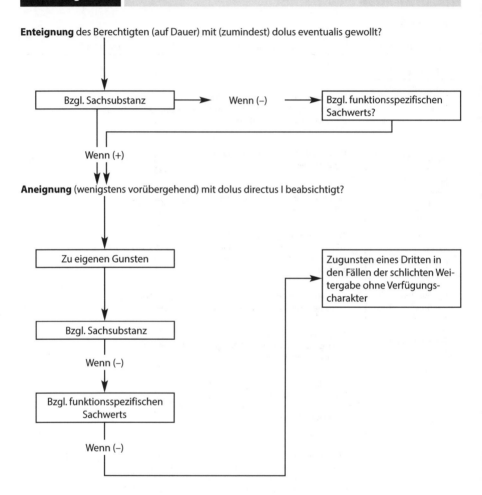

B. Delikte gegen Eigentum und Vermögen	**II. Zueignungsdelikte mit Gewahrsamsbruch** **4. Diebstahl mit Waffen; Bandendiebstahl; (schwerer) Wohnungseinbruchdiebstahl; schwerer Bandendiebstahl**

Diebstahl mit Waffen etc., § 244 I (Vorsatzbedürftige Qualifikation zu § 242)

Tatbestand	### Objektiver Tatbestand ▪ I Nr. 1 a: Täterschaftliche Verwirklichung des Diebstahls (⇨ S. 63; entfällt bei Vorprüfung des § 242) **und** (objektiv) einsatzbereite Waffe im techn. Sinn/gefährliche Werkzeuge = alle Gegenstände, die geeignet sind (abstrakt oder konkret), nach Einsatzvorbehalt des Täters (Lit.) erhebliche Körperverletzungen zuzufügen **und** Beisichführen durch den Täter/anderen Beteiligten bei dem Diebstahl = tatsächliche Zugriffsmöglichkeit zwischen Versuchsbeginn und tatsächlicher Beendigung (str.) ▪ I Nr. 1 b: Täterschaftliche Verwirklichung des Diebstahls (s. Nr. 1 a) **und** sonstiges (ungefährliches) Werkzeug/Mittel **und** Beisichführen (s. Nr. 1 a) ▪ I Nr. 2: Täterschaftliche Verwirklichung des Diebstahls (s. Nr. 1 a) **und** Bande = Zusammenschluss von mind. drei Personen zur fortgesetzten Begehung (= mehrere selbstständige, im Einzelnen noch ungewisse Taten) von Raub oder Diebstahl **und** Täter selbst ist Bandenmitglied **und** Bandentat unter Mitwirkung eines anderen Bandenmitglieds = jedes Zusammenwirken eines Bandenmitglieds – unabhängig von seiner Tatortanwesenheit – mit einem anderen Bandenmitglied; das andere Bandenmitglied kann sogar nur Gehilfe sein ▪ I Nr. 3: Täterschaftliche Verwirklichung des Diebstahls (s. Nr. 1 a) **und** Wohnung eines anderen = räumliche Privatsphäre, enger als § 123, Nebenräume nur bei unmittelbarer Verbindung zum Wohnbereich **und** Zutritt auf besonders deliktische Weise: Einbrechen/Einsteigen/mittels eines nicht zur ordnungsmäßigen Öffnung bestimmten Werkzeugs (insbesondere: falsche Schlüssel) eindringen/sich in der Wohnung verborgen halten (wie in § 243 I 2 Nr. 1 ⇨ S. 63) ▪ IV: schwerer Wohnungseinbruchdiebstahl: Aufbau wie § 244 I Nr. 3; statt Wohnung dauerhaft genutzte Privatwohnung prüfen ### Subjektiver Tatbestand ▪ I Nr. 1 a: Subjektiver Tatbestand des Diebstahls ⇨ S. 63 **und** Vorsatz bzgl. aller objektiven Qualifikationsmerkmale ⚠ *Kein Gebrauchswille erforderlich, sondern konkretes Bewusstsein, das Tatmittel gebrauchsbereit bei sich zu führen!* ▪ I Nr. 1 b: Subjektiver Tatbestand des Diebstahls (⇨ S. 63) **und** Vorsatz bzgl. aller objektiven Qualifikationsmerkmale **und** zielgerichteter Wille, den mitgeführten Gegenstand zur Verhinderung/Überwindung von Widerstand durch Gewalt (z.B. ungefährliches Fesselungsmittel)/durch Drohung mit Gewalt (z.B. Pistolenattrappe) einzusetzen ▪ I Nr. 2: Subjektiver Tatbestand des Diebstahls (⇨ S. 63) **und** Vorsatz bzgl. aller objektiven Qualifikationsmerkmale ▪ I Nr. 3; auch i.V.m. IV: Subjektiver Tatbestand des Diebstahls (⇨ S. 63), Vorsatz bzgl. aller obj. Qualifikationsmerkmale **und** Handeln zur Ausführung der Tat
Rechtswidrigkeit	Allgemeine Grundsätze
Schuld	Allgemeine Grundsätze
Verfolgbarkeit	Strafantrag bei Haus- und Familiendiebstahl, § 247 ⇨ S. 63 ⚠ *In diesem Fall absolutes Antragsdelikt!*

B. Delikte gegen Eigentum und Vermögen	II. Zueignungsdelikte mit Gewahrsamsbruch 4. Diebstahl mit Waffen; Bandendiebstahl; (schwerer) Wohnungseinbruchdiebstahl; schwerer Bandendiebstahl (Fortsetzung)

Schwerer Bandendiebstahl, § 244 a
(Vorsatzbedürftige Qualifikation zu §§ 242, 244 I Nr. 2)

Tatbestand	**Objektiver Tatbestand** Täterschaftliche Verwirklichung des Bandendiebstahls ⇨ S. 67; entfällt bei Vorprüfung des § 244 I Nr. 2 **und** ▪ Regelbeispielskatalog des § 243 I 2 ⇨ S. 63 (der im Rahmen von § 244 a Tatbestandscharakter erlangt) oder ▪ Qualifikationstatbestand des § 244 I Nr. 1/§ 244 I Nr. 3 ⇨ S. 67 **Subjektiver Tatbestand** Subjektiver Tatbestand des Bandendiebstahls ⇨ S. 67 **und** Vorsatz bzgl. der Verwirklichung (mindestens) einer der Strafschärfungen des § 243 I 2/§ 244 I Nr. 1/3

Rechts- widrigkeit	Allgemeine Grundsätze

Schuld	Allgemeine Grundsätze

Verfolgbarkeit	Strafantrag bei Haus- und Familiendiebstahl, § 247 ⇨ S. 63 ⚠ *In diesem Fall absolutes Antragsdelikt!*

B. Delikte gegen Eigentum und Vermögen	II. Zueignungsdelikte mit Gewahrsamsbruch 5. Konkurrenzen

Verhältnis	zu anderen Vermögensdelikten	zu anderen Delikten
§ 242	• wird als gesetzeskonkurrierend verdrängt von allen Diebstahlsqualifikationen (§§ 244, 244 a) und Raub (§ 249) sowie räuberischem Diebstahl (§ 252) • verdrängt als Erstzueignungsdelikt alle auf erneuter Betätigung des Herrschaftswillens beruhenden Eigentumsdelikte: – § 246: Nach BGH schon nicht tatbestandlich; nach Lit. mitbestrafte Nachtat; – § 303: Mitbestrafte Nachtat • Betrug (§ 263) und Erpressung (§ 253) als bloße Sicherungstaten nach einer Ansicht schon tatbestandlich (–), nach a.A. als gesetzeskonkurrierend verdrängt (mitbestrafte Nachtat)	Mit § 274 ist Tateinheit bei Wegnahme einer Urkunde gegeben (str.) § 306 an der gestohlenen Sache steht als Verbrechen zum vorhergehenden Diebstahl in Tatmehrheit
§§ 242, 243 I 2 Nr. 1	• wird von § 244 I Nr. 3, IV als gesetzeskonkurrierend verdrängt (Spezialität) • zu § 303 am Einbruchsobjekt Tateinheit (BGH)	§ 123 kann von Strafzumessungsregel nicht verdrängt werden (str.)
§§ 244, 244 a	• zu § 303 am Einbruchsobjekt Tateinheit • § 244 I Nr. 3, IV steht in Tateinheit zu § 240 (str.)	§ 244 I Nr. 3, IV verdrängen § 123 (Konsumtion)

69

B. Delikte gegen Eigentum und Vermögen	III. Zueignungsdelikte mit Gewahrsamsbruch und Zwang 1. Raub

Raub, § 249

Tatbestand	**Objektiver Tatbestand** Anwendung eines **qualifizierten Zwangsmittels** ▪ Gewalt gegen eine Person (grds. auch durch Unterlassen i.S.d. § 13 möglich, str.) ▪ Drohung mit gegenwärtiger Gefahr für Leib/Leben **Tatobjekt:** Fremde bewegliche Sache (wie § 242 ⇨ S. 63) **Tathandlung:** Wegnahme, Auslegung str. ▪ Rspr.: Äußeres Erscheinungsbild als Ansichnehmen des Täters ▪ Lit.: Jeder Gewahrsamswechsel ohne Einverständnis **Raubspezifischer Zusammenhang** zwischen Zwangsmittel und Wegnahme **Subjektiver Tatbestand** Vorsatz, insbesondere Finalzusammenhang zwischen Anwendung des Zwangsmittels und Ermöglichung des Gewahrsamswechsels, **und** Zueignungsabsicht (wie bei § 242 ⇨ S. 63) zusätzlich: Rechtswidrigkeit der erstrebten Zueignung **und** Vorsatz diesbezüglich
Rechtswidrigkeit	Allgemeine Grundsätze
Schuld	Allgemeine Grundsätze

B. Delikte gegen Eigentum und Vermögen

III. Zueignungsdelikte mit Gewahrsamsbruch und Zwang
2. Raub; Vernetzung mit anderen Straftatbeständen

Raub, § 249

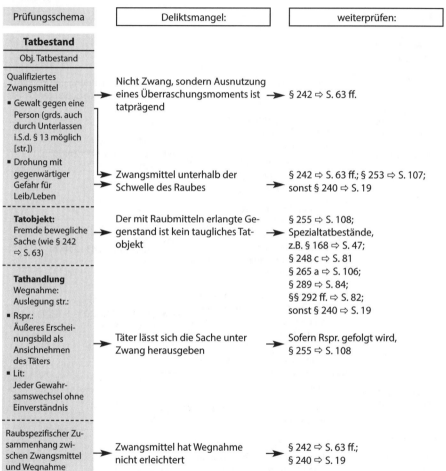

Prüfungsschema	Deliktsmangel:	weiterprüfen:
Tatbestand		
Obj. Tatbestand		
Qualifiziertes Zwangsmittel • Gewalt gegen eine Person (grds. auch durch Unterlassen i.S.d. § 13 möglich [str.]) • Drohung mit gegenwärtiger Gefahr für Leib/Leben	Nicht Zwang, sondern Ausnutzung eines Überraschungsmoments ist tatprägend	§ 242 ⇨ S. 63 ff.
	Zwangsmittel unterhalb der Schwelle des Raubes	§ 242 ⇨ S. 63 ff.; § 253 ⇨ S. 107; sonst § 240 ⇨ S. 19
Tatobjekt: Fremde bewegliche Sache (wie § 242 ⇨ S. 63)	Der mit Raubmitteln erlangte Gegenstand ist kein taugliches Tatobjekt	§ 255 ⇨ S. 108; Spezialtatbestände, z.B. § 168 ⇨ S. 47; § 248 c ⇨ S. 81; § 265 a ⇨ S. 106; § 289 ⇨ S. 84; §§ 292 ff. ⇨ S. 82; sonst § 240 ⇨ S. 19
Tathandlung Wegnahme: Auslegung str.: • Rspr.: Äußeres Erscheinungsbild als Ansichnehmen des Täters • Lit: Jeder Gewahrsamswechsel ohne Einverständnis	Täter lässt sich die Sache unter Zwang herausgeben	Sofern Rspr. gefolgt wird, § 255 ⇨ S. 108
Raubspezifischer Zusammenhang zwischen Zwangsmittel und Wegnahme	Zwangsmittel hat Wegnahme nicht erleichtert	§ 242 ⇨ S. 63 ff.; § 240 ⇨ S. 19

B. Delikte gegen Eigentum und Vermögen	III. Zueignungsdelikte mit Gewahrsamsbruch und Zwang 2. Raub; Vernetzung mit anderen Straftatbeständen (Fortsetzung)

Raub, § 249 (Fortsetzung)

Prüfungsschema	Deliktsmangel:	weiterprüfen:

Tatbestand
Subj. Tatbestand

Vorsatz, insbes. Finalzusammenhang zwischen Anwendung des Zwangsmittels und Ermöglichung des Gewahrsamswechsels	Motivationswechsel nach der Anwendung des Zwangsmittels	Versuch/Vollendung hinsichtlich des ursprünglich geplanten Delikts
	Ausnutzung der Nötigungsfolgen einer selbst geschaffenen qualifizierten Zwangslage Beachte: bei Möglichkeit der sofortigen Beseitigung, z.B. Fesselung, Einsperrung, §§ 249, 13 (str.)	§ 242 ⇨ S. 63 ff. (ggf. i.V.m. § 243 I 2 Nr. 6); § 240 ⇨ S. 19
	Ausnutzung einer von einem Dritten geschaffenen Zwangssituation (ohne weitere Anwendung des Zwangs als schlüssige Drohung mit gegenwärtiger Gefahr für Leib/Leben)	§ 242 ⇨ S. 63 ff. (ggf. i.V.m. § 243 I 2 Nr. 6)
	Zwangsmittel dienen dazu, einen Dritten, der weder Gewahrsamsinhaber noch Gewahrsamshüter ist, zur Wegnahme zu veranlassen	§ 255 ⇨ S. 108; §§ 242, 25 I Alt. 2 ⇨ S. 63 ff.; § 240 ⇨ S. 19
Zueignungsabsicht (wie bei § 242 ⇨ S. 63)	Raubmittel dienen nicht mehr der Gewahrsamserlangung, sondern der Gewahrsamssicherung	§ 252 ⇨ S. 76; § 240 ⇨ S. 19
	Sache wird primär als Druckmittel entwendet	§ 255 ⇨ S. 108; § 240 ⇨ S. 19
Rechtswidrigkeit der erstrebten Zueignung objektiv **und** subjektiv	Täter setzt Speziesanspruch auf die mit Raubmitteln weggenommene Sache (oder bei Geld: entsprechenden Wertsummenanspruch, str.) durch	§ 240 ⇨ S. 19

Rechtswidrigkeit
Allgemeine Grundsätze

Schuld
Allgemeine Grundsätze

B. Delikte gegen Eigentum und Vermögen	III. Zueignungsdelikte mit Gewahrsamsbruch und Zwang 3. Schwerer Raub; besonders schwerer Raub; Raub mit Todesfolge

Schwerer Raub, § 250 I (Vorsatzbedürftige 1. Qualifikationsstufe)

	Objektiver Tatbestand
Tatbestand	• Nr. 1 a: Täterschaftliche Verwirklichung des Raubes **und** (objektiv) einsatzbereite Waffe/ gefährliches Werkzeug **und** } wie bei Beisichführen } § 244 I Nr. 1 a ⇨ S. 67 • Nr. 1 b: Täterschaftliche Verwirklichung des Raubes **und** sonstiges ungefährliches Werkzeug/ Mittel (z.B. Scheinwaffe) **und** } wie bei Beisichführen } § 244 I Nr. 1 b ⇨ S. 67 • Nr. 1 c: Täterschaftliche Begehung des Raubes **und** Gefahr schwerer Gesundheitsschädigung für andere Person (nicht Tatbeteiligten) **und** durch die Tat = Verursachung durch die spezifische Gefährlichkeit der Raubmittel vom Versuchsbeginn bis zur tatsächlichen Beendigung (str.) **und** durch den Täter/einen Beteiligten des Raubes • Nr. 2: Täterschaftliche Verwirklichung des Raubes **und** Bande wie bei § 244 I Nr. 2 ⇨ S. 67 **und** Tatbegehung unter Mitwirkung eines anderen Bandenmitglieds wie bei § 244 I Nr. 2 ⇨ S. 67
	Subjektiver Tatbestand
	• Nr. 1 a: Subjektiver Tatbestand des Raubes (⇨ S. 70) **und** Vorsatz bzgl. aller objektiven qualifizierenden Umstände ⚠ *Kein Gebrauchswille, sondern konkretes Bewusstsein bzgl. des Beisichführens ausreichend, wie bei § 244 I Nr. 1 a ⇨ S. 67* • Nr. 1 b: Subjektiver Tatbestand des Raubes (⇨ S. 70) **und** Vorsatz bzgl. aller objektiven qualifizierenden Umstände **und** zielgerichteter Wille, den mitgeführten Gegenstand zur Verhinderung/Überwindung von Widerstand durch Gewalt (z.B. ungefährliches Fesselungsmittel)/durch Drohung mit Gewalt (z.B. Pistolenattrappe) einzusetzen • Nr. 1 c: Subjektiver Tatbestand des Raubes (⇨ S. 70) **und** Vorsatz bzgl. aller qualifizierenden Umstände • Nr. 2: Subjektiver Tatbestand des Raubes (⇨ S. 70) **und** Vorsatz bzgl. aller qualifizierenden Umstände
Rechtswidrigkeit	Allgemeine Grundsätze
Schuld	Allgemeine Grundsätze

B. Delikte gegen Eigentum und Vermögen	**III. Zueignungsdelikte mit Gewahrsamsbruch und Zwang** **3. Schwerer Raub; besonders schwerer Raub; Raub mit Todesfolge** (Fortsetzung)

„Besonders schwerer" Raub, § 250 II (Vorsatzbedürftige 2. Qualifikationsstufe)

Tatbestand	**Objektiver Tatbestand**
	▪ Nr. 1: Täterschaftliche Verwirklichung des Raubes (§ 249) ⇨ S. 70 **und** (objektiv) gefährliche Waffe/gefährliches Werkzeug **und** „bei der Tat" = zwischen Versuchsbeginn und Beendigung der Tat (a.A.: nur bis zur Vollendung) **und** Verwenden = Einsetzen als Gewalt- oder auch Drohmittel durch Täter/anderen Beteiligten am Raub, auch wenn dadurch keine konkrete Gefahr erheblicher Verletzungen anderer begründet wird ⚠ *Verwendung zur Drohung setzt voraus, dass das Opfer den Gegenstand wahrnimmt!*
	▪ Nr. 2: Täterschaftliche Verwirklichung des Bandenraubes (§ 250 I Nr. 2) **und** Waffe (⚠ *Nicht auch gefährliches Werkzeug*) **und** Beisichführen durch Täter/anderen Beteiligten am Raub; wie bei § 244 I Nr. 1 a ⇨ S. 67
	▪ Nr. 3 a: Täterschaftliche Verwirklichung des Raubes (§ 249) **und** schwere körperliche Misshandlung einer anderen Person (nicht Tatbeteiligte) **und** bei der Tat = zwischen Versuchsbeginn und Beendigung der Tat (a.A.: nur bis zur Vollendung) **und** durch Täter/anderen Beteiligten am Raub
	▪ Nr. 3 b: Täterschaftliche Verwirklichung des Raubes (§ 249) **und** Lebensgefahr für eine andere Person (nicht Tatbeteiligte) **und** durch die Tat = zwischen Versuchsbeginn und Beendigung der Tat (a.A.: nur bis zur Vollendung) **und** durch Täter/anderen Beteiligten am Raub
	Subjektiver Tatbestand
	▪ Nr. 1: Subjektiver Tatbestand des Raubes (§ 249) ⇨ S. 70 **und** Vorsatz bzgl. aller qualifizierenden Umstände
	▪ Nr. 2: Subjektiver Tatbestand des Bandenraubes (§ 250 I Nr. 2) ⇨ S. 73 **und** Vorsatz bzgl. aller qualifizierenden Umstände ⚠ *Aber kein Gebrauchswille erforderlich*
	▪ Nr. 3 a: Subjektiver Tatbestand des Raubes (§ 249) ⇨ S. 70 **und** Vorsatz bzgl. aller qualifizierenden Umstände
	▪ Nr. 3 b: Subjektiver Tatbestand des Raubes (§ 249) ⇨ S. 70 **und** Vorsatz bzgl. aller qualifizierenden Umstände
Rechtswidrigkeit	Allgemeine Grundsätze
Schuld	Allgemeine Grundsätze

B. Delikte gegen Eigentum und Vermögen	**III. Zueignungsdelikte mit Gewahrsamsbruch und Zwang** **3. Schwerer Raub; besonders schwerer Raub; Raub mit Todesfolge** (Fortsetzung)

Raub mit Todesfolge, § 251 (Erfolgsqualifikation ⇨ allg. S. 218)

Tatbestand	Objektiver und subjektiver Tatbestand des (schweren) Raubes ⇨ S. 73 **und** Tod eines anderen Menschen (nicht Tatbeteiligten) **und** Kausalzusammenhang zwischen Raub (nach Rspr. vom Versuchsbeginn bis zur tatsächlichen Beendigung, nach h.Lit. bis zur Vollendung) des Täters oder eines Beteiligten und Tod **und** Tatbestandsspezifischer Gefahrzusammenhang zwischen Raubhandlung (= Einsatz von Zwangsmitteln; str., ob auch der Wegnahme) und Todesfolge objektiv wenigstens Leichtfertigkeit hinsichtlich der Todesfolge **und** ⚠ *„Erst recht" bei Vorsatz erfüllt!*
Rechts-widrigkeit	Allgemeine Grundsätze
Schuld	Allgemeine Grundsätze **und** subjektiv wenigstens Leichtfertigkeit ⚠ *Nicht erforderlich bei Vorsatz bzgl. der schweren Folge!*

B. Delikte gegen Eigentum und Vermögen	III. Zueignungsdelikte mit Gewahrsamsbruch und Zwang 4. Räuberischer Diebstahl; schwerer und besonders schwerer räuberischer Diebstahl; räuberischer Diebstahl mit Todesfolge

Räuberischer Diebstahl, § 252

Tatbestand	**Objektiver Tatbestand**
	Vortat: Nur Diebstahl ⇨ S. 63 ff. (oder der einen Diebstahl mitenthaltende Raub ⇨ S. 70 ff.)
	Zeitpunkt: „Bei einem Diebstahl" = Diebstahl tatbestandlich vollendet (sonst § 249 ⇨ S. 70 ff.), aber noch nicht tatsächlich beendet = kein gesicherter Beutegewahrsam
	Täter: Vortatbeteiligter mit Beutegewahrsam **und**
	auf frischer Tat betroffen = raum-zeitliches Zusammentreffen zwischen Täter und Tatunbeteiligtem in engem räumlichen und zeitlichen Zusammenhang mit der Wegnahmehandlung
	Tathandlung: Gewalt gegen eine Person/Drohung mit gegenwärtiger Gefahr für Leib oder Leben (⇨ S. 70)
	Subjektiver Tatbestand
	Vorsatz **und**
	Besitzerhaltungsabsicht
	Absicht des Täters, sich (⚠ *nicht einem anderen*) den Besitz an der Beute zu erhalten **und**
	Opfer des Zwangsmittels muss nur aus Tätersicht jemand sein, der ihm die Beute zugunsten des Bestohlenen wieder entziehen könnte **und**
	(auch Neben- oder Zwischenziel) Absicht rechtswidriger Eigen- oder Drittzueignung

Rechtswidrigkeit	Allgemeine Grundsätze

Schuld	Allgemeine Grundsätze

Schwerer und besonders schwerer räuberischer Diebstahl, §§ 252, 250 (Vorsatzbedürftige Qualifikation)
Eröffnet durch Verweis „gleich einem Räuber zu bestrafen"; Aufbau wie schwerer und besonders schwerer Raub ⇨ S. 73 f.; statt § 249 im objektiven und subjektiven Tatbestand die entsprechenden Merkmale des § 252 prüfen

Räuberischer Diebstahl mit Todesfolge, §§ 252, 251 (Erfolgsqualifikation ⇨ allg. S. 218)
Eröffnet durch Verweis „gleich einem Räuber zu bestrafen"; Aufbau wie § 251 ⇨ S. 75; statt § 249 als Grunddelikt § 252 prüfen

76

B. Delikte gegen Eigentum und Vermögen	**III. Zueignungsdelikte mit Gewahrsamsbruch und Zwang** **5. Räuberischer Angriff auf Kraftfahrer; räuberischer Angriff auf Kraftfahrer mit Todesfolge**

Räuberischer Angriff auf Kraftfahrer, § 316 a I

Tatbestand	**Objektiver Tatbestand** **Tatopfer:** ▪ Führer eines Kraftfahrzeugs = jede Person, die das Kfz in Bewegung zu setzen beginnt, es in Bewegung hält oder auch bei einem verkehrsbedingten Halt noch mit dem Betrieb des Fahrzeugs oder mit der Bewältigung von Verkehrsvorgängen beschäftigt ist ▪ Mitfahrer = jeder Insasse oder Sozius, wenn und solange eine andere Person das Fahrzeug führt **Tathandlung:** Angriff auf Leben/Gesundheit/Entschlussfreiheit des Tatopfers = Vornahme einer feindseligen Handlung i.S.e. Körperverletzung/Tötung/Nötigung oder nötigungsgleichen Täuschung (vorgetäuschte Polizeikontrolle) **und** besondere Verhältnisse des Straßenverkehrs = Gefahren der Beanspruchung durch die Bewältigung von Betriebs- und Verkehrsvorgängen **und** deren Ausnutzung für den Angriff = Funktionalisierung, d.h. innerer und zeitlicher Zusammenhang zwischen Angriff und Gefahren des Straßenverkehrs ⚠ *Nicht gegeben bei bloßer Isolierung des Opfers/allein weil der Motor noch läuft!* **Subjektiver Tatbestand** Vorsatz, insbesondere Ausnutzungsbewusstsein **und** räuberische Absicht (die bei dem Angriff vorliegen muss; ausreichend aber, wenn sie während des zunächst zu anderen Zwecken begonnenen Angriffs gefasst wird) = zielgerichteter Tatentschluss in Bezug auf: ▪ Raub/schwerer Raub, §§ 249, 250 ⇨ S. 70 ff. ▪ Räuberischer Diebstahl, § 252 ⇨ S. 76 ▪ Räuberische Erpressung, §§ 253, 255 ⇨ S. 108
Rechtswidrigkeit	Allgemeine Grundsätze
Schuld	Allgemeine Grundsätze

Räuberischer Angriff auf Kraftfahrer mit Todesfolge, § 316 a III (Erfolgsqualifikation ⇨ allg. S. 218)
Aufbau wie § 251 ⇨ S. 75; statt § 249 als Grunddelikt § 316 a I prüfen

B. Delikte gegen Eigentum und Vermögen	IV. Zueignungsdelikte ohne Gewahrsamsbruch und Zwang – Unterschlagung

Einfache Unterschlagung, § 246 I

	Objektiver Tatbestand
Tatbestand	**Tatobjekt:** Fremde bewegliche Sache (wie bei § 242 ⇨ S. 63) ⚠ *Bei Objekten aus einer Sachgesamtheit erst ab Individualisierung* **Tathandlung:** Sich/einem Dritten zueignen = erstmaliges (str.) Verhalten, das für einen gedachten, das äußere Gesamtgeschehen überblickenden Beobachter den sicheren Schluss darauf zulässt, dass der Täter Aneignungswillen zu eigenen Gunsten/zugunsten Dritter **und** Enteignungswillen hat (Manifestationstheorie, h.M.), **und** das zu einer Veränderung der besitzrechtlichen Verhältnisse führt, z.B. durch – Umwandlung von Fremd- in Eigenbesitz – Erlangung zu Eigenbesitz in der Person des Täters oder eines Dritten **Rechtswidrigkeit der Zueignung** = Nichteingreifen von Rechtfertigungsgründen, die den Widerspruch der Zueignung zur Eigentumsordnung aufheben (h.M.) ⇨ wie bei § 242, S. 65
	Subjektiver Tatbestand
	Vorsatz bzgl. fremder beweglicher Sache, ferner Zueignungsvorsatz (dolus eventualis genügt im Gegensatz zur Aneignungsabsicht bei § 242, str.) **und** Vorsatz bzgl. der Rechtswidrigkeit der Zueignung
Rechts-widrigkeit	Allgemeine Grundsätze ⚠ *Nur Rechtfertigungsgründe, die nicht den Widerspruch der Zueignung zur Eigentumsordnung betreffen!*
Schuld	Allgemeine Grundsätze
Verfolgbarkeit	• Strafantrag/besonderes öffentliches Verfolgungsinteresse, § 248 a ⇨ S. 63 • Strafantrag bei Unterschlagung ggü. Haus- oder Familienangehörigen, § 247 ⇨ S. 63 ⚠ *In diesem Fall absolutes Antragsdelikt!*
Konkurrenzen	Formelle Subsidiarität gegenüber allen durch dieselbe Handlung oder in Handlungseinheit verwirklichten Delikten mit schwererer Strafandrohung, auch bei unterschiedlicher Schutzrichtung (str.)

Veruntreuende Unterschlagung, § 246 II (Vorsatzbedürftige Qualifikation)
Als Grunddelikt § 246 I prüfen. Zusätzlich: **Objektiver Tatbestand:** Anvertrautsein des Tatobjekts = Gewahrsamserlangung mit der Maßgabe, mit der Sache im Interesse des Eigentümers zu verfahren oder sie ihm zurückzugeben; **subjektiver Tatbestand:** Vorsatz bzgl. des Anvertrautseins
⚠ *Auch § 246 II ist ggü. allen durch dieselbe Tat verwirklichten Delikten mit schwererer Strafandrohung formell subsidiär!*

B. Delikte gegen Eigentum und Vermögen	**V. Sachbeschädigungsdelikte** **1. Sachbeschädigung**

Sachbeschädigung, § 303

	Objektiver Tatbestand

Tatbestand	**Tatobjekt:** Fremde Sache (beweglich/unbeweglich, sonst wie bei § 242 ⇨ S. 63)
	Tathandlungen:
	
	▪ I:
	   – Zerstören = körperliche Einwirkung, durch die die Existenz der Sache vernichtet wird oder die Sache ihre bestimmungsgemäße Brauchbarkeit vollständig verliert
	   – Beschädigen = nicht ganz unerhebliche körperliche Einwirkung auf die Sache, durch die ihre stoffliche Zusammensetzung verändert/ihre Brauchbarkeit für ihre Zwecke gemindert wird
	   ⚠ *Bloße Zustandsveränderung genügt nicht!*
	
	▪ II:
	Verändern des Erscheinungsbildes = jede Einwirkung auf die Substanz oder auch nur den optischen Eindruck (str.) der Sache, durch die ihr mit den Augen wahrnehmbares äußeres Bild geändert wird, und zwar
	
	unbefugt (⚠ *echtes Tatbestandsmerkmal*) **und**
	
	nicht nur unerheblich = Bagatellausschluss für geringfügige Veränderungen **und**
	
	nicht nur vorübergehend = Bagatellausschluss für schnell vergängliche Veränderungen

	Subjektiver Tatbestand
	Vorsatz

Rechtswidrigkeit	Allgemeine Grundsätze (deklaratorische Funktion des Merkmals „rechtswidrig" in Abs. 1)

Schuld	Allgemeine Grundsätze

Verfolgbarkeit	Strafantrag/besonderes öffentliches Verfolgungsinteresse, § 303 c ⇨ S. 23

B. Delikte gegen Eigentum und Vermögen	**V. Sachbeschädigungsdelikte** **2. Bauwerkzerstörung;** **Zerstörung wichtiger Arbeitsmittel**

Zerstörung von Bauwerken, § 305

	Objektiver Tatbestand
Tatbestand	**Tatobjekte:** Bauwerke in fremdem Eigentum, insbesondere Gebäude/Schiff/Brücke/Damm/gebaute Straße/Eisenbahn **Tathandlungen:** Zerstören (wie bei § 303 ⇨ S. 79), ganz oder teilweise
	Subjektiver Tatbestand
	Vorsatz
Rechts-widrigkeit	Allgemeine Grundsätze (Deklaratorische Bedeutung des Merkmals „rechtswidrig")
Schuld	Allgemeine Grundsätze

Zerstörung wichtiger Arbeitsmittel, § 305 a

	Objektiver Tatbestand

Tatbestand	**Tatobjekte:**
	
	▪ I Nr. 1: Fremdes technisches Arbeitsmittel von bedeutendem Wert (Untergrenze ca. 1.300 bis 1.500 €, str.) und von wesentlicher Bedeutung für die Errichtung
	   – einer Anlage/eines Unternehmens i.S.v. § 316 b I Nr. 1/2
	   – einer Anlage, die dem Betrieb/der Entsorgung einer Anlage/eines Unternehmens i.S.v. § 316 b I Nr. 1/2 dient
	▪ I Nr. 2: Für den Einsatz wesentliches technisches Arbeitsmittel (einsatzfertige Arbeitseinrichtungen, wie z.B. Werkzeuge, Maschinen, Computer, Mobiltelefone) der Polizei/der Bundeswehr/der Feuerwehr/des Katastrophenschutzes/eines Rettungsdienstes, das von bedeutendem Wert ist
	⚠ *Auch private Dienste erfasst, sofern sie auf Grundlage öffentlich-rechtlicher Vorschriften zur Gefahrenabwehr/Schadensbeseitigung tätig sind*
	▪ I Nr. 3: Kraftfahrzeug der Polizei/der Bundeswehr/der Feuerwehr/des Katastrophenschutzes/eines Rettungsdienstes
	Tathandlung: Zerstören (wie in § 303), ganz oder teilweise

	Subjektiver Tatbestand
	Vorsatz
Rechts-widrigkeit	Allgemeine Grundsätze (Deklaratorische Funktion des Merkmals „rechtswidrig")
Schuld	Allgemeine Grundsätze

C. Delikte gegen eigentums-ähnliche Vermögens-positionen	I. Diebstahlsverwandte Delikte 1. Entziehung elektrischer Energie

Entziehung elektrischer Energie, § 248 c I

Tatbestand	Objektiver Tatbestand
	Tatobjekt: Fremde elektrische Energie **Tathandlung:** Entziehung aus einer elektrischen Anlage/Einrichtung **und** mittels eines nicht zur ordnungsgemäßen Entnahme bestimmten Leiters
	Subjektiver Tatbestand
	Vorsatz **und** Zueignungsabsicht zu eigenen Gunsten/zugunsten Dritter **und** Rechtswidrigkeit der erstrebten Zueignung, objektiv und subjektiv

Rechts-widrigkeit	Allgemeine Grundsätze

Schuld	Allgemeine Grundsätze

Verfolgbarkeit	III: Entsprechende Anwendung der §§ 247, 248 a ▪ Strafantrag/besonderes öffentliches Verfolgungsinteresse im Fall des § 248 a ▪ Strafantrag im Fall des § 247 　⚠ *Dann absolutes Antragsdelikt!*

Entziehung elektrischer Energie zur Schadenszufügung, § 248 c IV 1 (Privilegierung)

Aufbau wie § 248 c I; statt der dort verlangten Zueignungsabsicht Absicht rechtswidriger Schädigung prüfen; Verfolgbarkeit dieses Delikts nur auf Antrag, § 248 c IV 2

⚠ *Absolutes Antragsdelikt!*

C. Delikte gegen eigentums-ähnliche Vermögens-positionen	I. **Diebstahlsverwandte Delikte** 2. **Jagd-, Fischwilderei**

Jagdwilderei, § 292

	Objektiver Tatbestand	

	I Nr. 1	I Nr. 2
Tatbestand	**Tatobjekt:** Wild = gem. § 1 I BJagdG wild lebende, d.h. herrenlose Tiere, die dem Jagdrecht unterliegen **Tathandlungen:** ▪ Nachstellen ▪ Fangen ▪ Erlegen ▪ Sich/einem Dritten zueignen	**Tatobjekt:** (Sonstige) dem Jagdrecht unterliegende Sache i.S.d. § 1 V BJagdG = totes Wild oder dessen Teile **Tathandlungen:** ▪ Sich/einem Dritten zueignen } wie bei § 246 ⇨ S. 78 ▪ Beschädigen ▪ Zerstören } wie bei § 303 ⇨ S. 79

und unter Verletzung fremden Jagdrechts/fremden Jagdausübungsrechts (§§ 3, 11 BJagdG)

Tatbestandsausschluss: Tathandlung einer zur Jagdausübung befugten Person auf zu ihrem Jagdbezirk gehörenden, nach § 6 a BJagdG befriedeten Flächen, § 292 III

	Subjektiver Tatbestand
	Vorsatz

Rechtswidrigkeit	Allgemeine Grundsätze

Schuld	Allgemeine Grundsätze

Benannte Straf-erschwerung	Besonders schwerer Fall mit Regelbeispielskatalog, § 292 II 2:
	
	▪ Nr. 1:
	  – Gewerbsmäßig
	  – Gewohnheitsmäßig
	▪ Nr. 2:
	  Zur Nachtzeit/in der Schonzeit/unter Anwendung von Schlingen/in anderer nicht weidmännischer Weise **und** Vorsatz bzgl. der jeweiligen Regelbeispielsmerkmale
	▪ Nr. 3:
	  Von mehreren mit Schusswaffen ausgerüsteten Beteiligten gemeinschaftlich (nach der Neufassung: auch Teilnehmer tatbestandlich erfasst) **und** Vorsatz bzgl. der Regelbeispielsmerkmale

Verfolgbarkeit	Strafantrag, wenn Tat von einem Angehörigen/an einem Ort begangen, an dem Täter Jagd/Fischerei in beschränktem Umfang ausüben durfte, § 294 ⚠ *Absolutes Antragsdelikt! Strafantrag nicht erforderlich bei besonders schwerem Fall nach § 292 II. § 248 a nicht analog anwendbar, str.*

C. Delikte gegen eigentumsähnliche Vermögenspositionen

I. Diebstahlsverwandte Delikte
2. Jagd-, Fischwilderei (Fortsetzung)

Fischwilderei, § 293

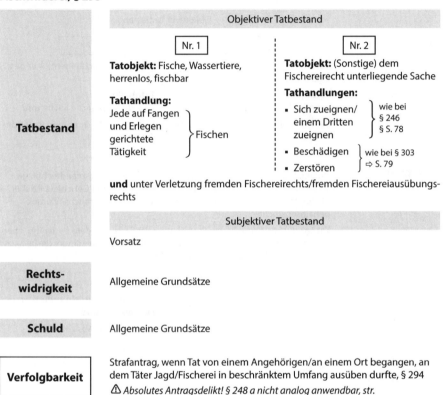

Tatbestand	**Objektiver Tatbestand**
	Nr. 1 — Tatobjekt: Fische, Wassertiere, herrenlos, fischbar. Tathandlung: Jede auf Fangen und Erlegen gerichtete Tätigkeit } Fischen
	Nr. 2 — Tatobjekt: (Sonstige) dem Fischereirecht unterliegende Sache. Tathandlungen: Sich zueignen/ einem Dritten zueignen } wie bei § 246 § S. 78; Beschädigen, Zerstören } wie bei § 303 ⇨ S. 79
	und unter Verletzung fremden Fischereirechts/fremden Fischereiausübungsrechts
	Subjektiver Tatbestand — Vorsatz
Rechtswidrigkeit	Allgemeine Grundsätze
Schuld	Allgemeine Grundsätze
Verfolgbarkeit	Strafantrag, wenn Tat von einem Angehörigen/an einem Ort begangen, an dem Täter Jagd/Fischerei in beschränktem Umfang ausüben durfte, § 294. ⚠ *Absolutes Antragsdelikt! § 248 a nicht analog anwendbar, str.*

C. Delikte gegen eigentumsähnliche Vermögenspositionen

I. Diebstahlsverwandte Delikte
3. Pfandkehr

Pfandkehr, § 289

	Objektiver Tatbestand	
	Alt. 1	**Alt. 2**
Tatbestand	**Täter:** Eigentümer des Tatobjekts **Tatobjekt:** Bewegliche Sache **und** belastet mit bestimmtem Recht des Tatopfers, nämlich:	**Täter:** Jeder Nichteigentümer des Tatobjekts **Tatobjekt:** Fremde bewegliche Sache **und** belastet mit bestimmtem Recht des Tatopfers, nämlich:
	Nutznießungsrechte/Pfandrechte, insbesondere Vertragspfandrechte, gesetzliche Pfandrechte, Pfändungspfandrecht, sofern der Gerichtsvollzieher die gepfändete Sache an sich genommen hat (str.)/Gebrauchs-/Zurückbehaltungsrechte **Tathandlung:** Wegnahme = Fortschaffen der Sache aus dem besitzähnlichen, rechtlich fundierten Machtbereich des Rechtsinhabers, der diesem die faktische Zugriffsmöglichkeit auf die Sache gewährt	
	Subjektiver Tatbestand	
	Vorsatz **und** rechtswidrige Absicht	Vorsatz und Handeln zugunsten des Eigentümers **und** rechtswidrige Absicht

Rechtswidrigkeit	Allgemeine Grundsätze

Schuld	Allgemeine Grundsätze

Verfolgbarkeit	III: Strafantrag erforderlich, ⚠ *Absolutes Antragsdelikt!*

C. Delikte gegen eigentums- ähnliche Vermögens- positionen	**I. Diebstahlsverwandte Delikte** **4. Unbefugter Fahrzeuggebrauch**

Unbefugter Fahrzeuggebrauch, § 248 b

<table>
<tr><td rowspan="9">Tatbestand</td><td colspan="1" align="center">Objektiver Tatbestand</td></tr>
<tr><td>

Tatobjekt:
- Kraftfahrzeug = Legaldefinition in IV
- Fahrrad

Tathandlung: in Gebrauch nehmen = vorübergehendes Gebrauchen als Fortbewegungsmittel

⚠ *Wegen Dauerdeliktscharakters auch bei zeitlicher Überschreitung einer Gebrauchsgestattung!*

und entgegenstehender (erkennbarer oder mutmaßlicher) Wille des (Gebrauchs-) Berechtigten

⚠ *Mutmaßliches Einverständnis schließt nach BGH bereits den Tatbestand aus*

</td></tr>
<tr><td align="center">Subjektiver Tatbestand</td></tr>
<tr><td>

Vorsatz, insbesondere auch in Bezug auf Nichtvorliegen des Einverständnisses

</td></tr>
</table>

Rechts- widrigkeit	Allgemeine Grundsätze

Schuld	Allgemeine Grundsätze

Verfolgbarkeit	III: Strafantrag erforderlich ⚠ *Absolutes Antragsdelikt!*

Konkurrenzen	• Formelle Subsidiarität gegenüber schwereren Delikten, auch bei unterschiedlicher Schutzrichtung (z.B. § 242 am Fahrzeug) • Aber Umkehrung der Subsidiarität bei mitverbrauchten Betriebsstoffen: § 242 hieran durch Gebrauch des Fahrzeugs tritt deshalb hinter § 248 b zurück (h.M., nach a.A. in diesen Fällen Tatbestand der Zueignungsdelikte ausgeschlossen)

C. Delikte gegen eigentums- ähnliche Vermögens- positionen	**II. Sachbeschädigungsverwandte Delikte** **1. Datenveränderung**

Datenveränderung, § 303 a I

	Objektiver Tatbestand
Tatbestand	**Tatobjekt:** Daten = Legaldefinition in § 202 a II; **Einschränkung:** nur fremde Daten erfasst (h.M.) = solche, an denen ein unmittelbares Recht einer anderen Person auf Verarbeitung/Löschung/Nutzung besteht
	Tathandlungen:
	▪ Löschen
	▪ Unterdrücken
	▪ Unbrauchbarmachen
	▪ Verändern
	Rechtswidrigkeit = Verletzung des eigentümerähnlichen Verfügungsrechts eines anderen über die Daten
	⚠ *Nach h.M. unrechtskonstituierendes Tatbestandsmerkmal!*
	Subjektiver Tatbestand
	Vorsatz

Rechts- widrigkeit	Allgemeine Grundsätze

Schuld	Allgemeine Grundsätze

Verfolgbarkeit	Strafantrag/besonderes öffentliches Verfolgungsinteresse, § 303 c

Vorbereitung der Datenveränderung, § 303 a III

Prüfung wie § 202 c (⇨ S. 56); anstelle der dort genannten Vorbereitung einer Tat nach § 303 a I

86

C. Delikte gegen eigentums-ähnliche Vermögens-positionen	II. Sachbeschädigungsverwandte Delikte 2. Computersabotage

Computersabotage, § 303 b I (Nr. 1 Vorsatzbedürftige Qualifikation zu § 303 a)

	Objektiver Tatbestand		
Tatbestand	**Tatobjekt:** Datenverarbeitung, die für einen anderen von wesentlicher Bedeutung ist **Tathandlungen und -mittel:**		

	Nr. 1	Nr. 2	Nr. 3
	Tat nach § 303 a I	Daten eingeben/ übermitteln	Datenverarbeitungs-anlage/Datenträger ▪ Zerstören ▪ Beschädigen ▪ Unbrauchbar machen ▪ Beseitigen ▪ Verändern

Taterfolg: Erhebliche Störung des Tatobjekts

	Subjektiver Tatbestand		
	Vorsatz	Vorsatz **und** Absicht, einem anderen (durch die Tat) Nachteil zuzufügen	Vorsatz

Rechts-widrigkeit	Allgemeine Grundsätze

Schuld	Allgemeine Grundsätze

Benannte Straf-erschwerung für § 303 b II	Besonders schwerer Fall des § 303 b II mit Regelbeispielskatalog in § 303 b IV 2: ▪ Nr. 1: Herbeiführung eines Vermögensverlustes großen Ausmaßes ▪ Nr. 2: Gewerbsmäßiges/bandenmäßiges Handeln ▪ Nr. 3: – Beeinträchtigung der Versorgung der Bevölkerung mit lebenswichtigen Gütern/ Dienstleistungen – Beeinträchtigung der Sicherheit der Bundesrepublik Deutschland

Verfolgbarkeit	Strafantrag/besonderes öffentliches Verfolgungsinteresse § 303 c nicht in den Fällen des Abs. 4, 5

Schwere Computersabotage, § 303 b II (Vorsatzbedürftige Qualifikation zu § 303 b I)

Prüfung wie § 303 b; anstelle des dort genannten Tatobjekts: Datenverarbeitung, die für einen fremden Betrieb/fremdes Unternehmen/Behörde von wesentlicher Bedeutung ist

Vorbereitung der Computersabotage, § 303 b V

Prüfung wie § 202 c (⇨ S. 56); anstelle der dort genannten Vorbereitung einer Tat nach § 303 b I

87

D. Delikte gegen das Vermögen als Ganzes

I. System und Grenzen des strafrechtlichen Vermögensschutzes

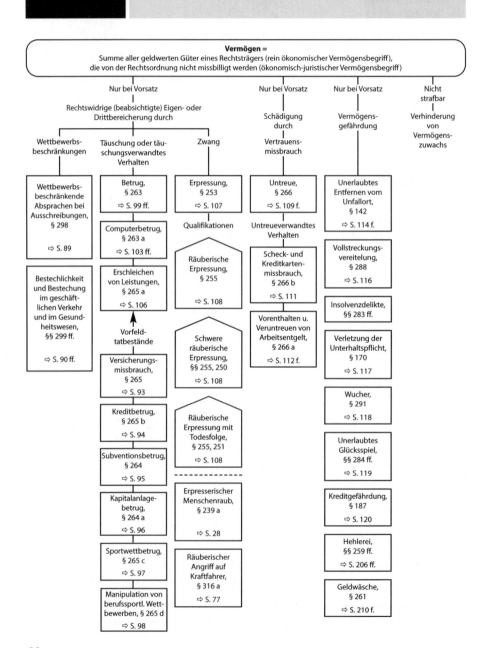

D. Delikte gegen das Vermögen als Ganzes	II. Wettbewerbsbeschränkungen 1. Wettbewerbsbeschränkende Absprachen bei Ausschreibungen

Wettbewerbsbeschränkende Absprachen bei Ausschreibungen, § 298

Tatbestand	**Objektiver Tatbestand**
	Tatsituation:
	▪ I: Ausschreibung über Waren/Dienstleistungen
	▪ II: Gleichgestellt: Freihändige Auftragsvergabe nach Teilnahmewettbewerb
	Tathandlung: Abgabe eines Angebots
	Wettbewerbswidriges Vorverhalten: Rechtswidrige horizontale Absprache zwischen miteinander im Wettbewerb stehenden Unternehmen oder vertikale Absprache zwischen Veranstalter und Bieter (§ 1 GWB), mit dem Ziel, Veranstalter zur Annahme eines bestimmten Angebots zu veranlassen
	Zusammenhang: Beruhen des Angebots auf der Absprache
	Subjektiver Tatbestand
	Vorsatz
Rechtswidrigkeit	Allgemeine Grundsätze
Schuld	Allgemeine Grundsätze
Strafaufhebung	III: Tätige Reue

D. Delikte gegen das Vermögen als Ganzes	**II. Wettbewerbsbeschränkungen** **2. Bestechlichkeit und Bestechung im geschäftlichen Verkehr und im Gesundheitsbereich**

Bestechlichkeit und Bestechung im geschäftlichen Verkehr, §§ 299, 300, 301

<table>
<tr><td rowspan="2">Tatbestand</td><td colspan="2" align="center">Objektiver Tatbestand</td></tr>
<tr>
<td>

§ 299 I, Bestechlichkeit

Täter:
Angestellter oder Beauftragter
eines Unternehmens

Tathandlungen: Vorteil für sich/einen
Dritten
- Fordern
- Sich versprechen lassen
- Annehmen

Bezugsverhalten
- Nr. 1: Unlautere Bevorzugung eines
  anderen
  Bei dem Bezug von Waren oder
  Dienstleistungen
  Im inländischen oder ausländi-
  schen Wettbewerb
- Nr. 2: Pflichtverletzung gegenüber dem
  Unternehmen durch Handlung
  oder Unterlassen
  Ohne Einwilligung des Unterneh-
  mens
  Bei dem Bezug von Waren oder
  Dienstleistungen

</td>
<td>

§ 299 II, Bestechung

Täter: jedermann, wenn Vorteils-
empfänger

Tathandlungen: Vorteil für den Vorteils-
empfänger/einen Dritten
- Anbieten
- Versprechen
- Gewähren

Bezugsverhalten
- Nr. 1: Unlautere Bevorzugung des Tä-
  ters oder eines anderen
  Bei dem Bezug von Waren oder
  Dienstleistungen
  Im inländischen oder ausländi-
  schen Wettbewerb
- Nr. 2: Pflichtverletzung gegenüber dem
  Unternehmen durch Handlung
  oder Unterlassen
  Ohne Einwilligung des Unterneh-
  mens
  Bei dem Bezug von Waren oder
  Dienstleistungen

</td>
</tr>
<tr><td colspan="2">

Gegenleistungsverhältnis zwischen Vorteil und Bezugsverhalten (sog. Unrechtsvereinbarung)

</td></tr>
<tr><td colspan="2" align="center">Subjektiver Tatbestand</td></tr>
<tr><td colspan="2">Vorsatz</td></tr>
</table>

Rechtswidrigkeit	Allgemeine Grundsätze

Schuld	Allgemeine Grundsätze

<table>
<tr><td rowspan="2">Benannte Straf-erschwerung</td><td align="center">Besonders schwerer Fall mit Regelbeispielskatalog, § 300 S. 2:</td></tr>
<tr><td>

- Nr. 1: Tat bezieht sich objektiv und subjektiv auf Vorteil großen Ausmaßes
- Nr. 2: Nur subjektiv: gewerbsmäßiges Handeln oder
  objektiv und subjektiv: Täter handelt als Mitglied einer Bande, die sich zur fortgesetz-
  ten Begehung des § 299 verbunden hat

</td></tr>
</table>

Verfolgbarkeit	Strafantrag/besonderes öffentliches Verfolgungsinteresse, § 301 I ⚠ *Erweiterung der Antragsberechtigten in den Fällen des § 299 I Nr. 1, II Nr. 1 gem. § 301 II i.V.m. § 8 III Nr. 2, Nr. 4 UWG!*

D. Delikte gegen das Vermögen als Ganzes	II. Wettbewerbsbeschränkungen 2. Bestechlichkeit und Bestechung im geschäftlichen Verkehr und im Gesundheitsbereich (Fortsetzung)

Bestechlichkeit im Gesundheitswesen, §§ 299 a, 300

	Objektiver Tatbestand
Tatbestand	**Täter:** Angehöriger eines Heilberufs, der für die Berufsausübung oder die Führung der Berufsbezeichnung eine staatlich geregelte Ausbildung erfordert
	Tathandlungen: Im Zusammenhang mit Berufsausübung Vorteil für sich/einen Dritten
	▪ Fordern
	▪ Sich versprechen lassen
	▪ Annehmen
	Bezugsverhalten: Unlautere Bevorzugung eines anderen im inländischen oder ausländischen Wettbewerb bei
	▪ Nr. 1: Verordnung von Arznei-, Heil-, oder Hilfsmitteln oder von Medizinprodukten
	▪ Nr. 2: Bezug von Arznei- oder Hilfsmitteln oder von Medizinprodukten, die jeweils zur unmittelbaren Anwendung durch den Heilberufsangehörigen oder einen seiner Berufshelfer bestimmt sind
	▪ Nr. 3: Zuführung von Patienten oder Untersuchungsmaterial
	Gegenleistungsverhältnis zwischen Vorteil und Bezugsverhalten
	Subjektiver Tatbestand
	Vorsatz

Rechtswidrigkeit	Allgemeine Grundsätze

Schuld	Allgemeine Grundsätze

Benannte Straferschwerung	Besonders schwerer Fall mit Regelbeispielskatalog, § 300 S. 2:
	▪ Nr. 1: Tat bezieht sich objektiv und subjektiv auf Vorteil großen Ausmaßes
	▪ Nr. 2: Nur subjektiv: Gewerbsmäßiges Handeln **oder** objektiv und subjektiv: Täter handelt als Mitglied einer Bande, die sich zur fortgesetzten Begehung des § 299 a verbunden hat

D. Delikte gegen das Vermögen als Ganzes	II. Wettbewerbsbeschränkungen
	2. Bestechlichkeit und Bestechung im geschäftlichen Verkehr und im Gesundheitsbereich (Fortsetzung)

Bestechung im Gesundheitswesen, §§ 299, 300

	Objektiver Tatbestand
Tatbestand	**Täter:** Jedermann
	Tathandlungen: Einem Heilberufsangehörigen im Zusammenhang mit dessen Berufsausübung einen Vorteil für diesen/einen Dritten
	▪ Anbieten
	▪ Versprechen
	▪ Gewähren
	Bezugsverhalten: Unlautere Bevorzugung des Täters oder eines anderen im inländischen oder ausländischen Wettbewerb bei
	▪ Nr. 1: Verordnung von Arznei-, Heil-, oder Hilfsmitteln oder von Medizinprodukten
	▪ Nr. 2: Bezug von Arznei- oder Hilfsmitteln oder von Medizinprodukten, die jeweils zur unmittelbaren Anwendung durch den Heilberufsangehörigen oder einen seiner Berufshelfer bestimmt sind
	▪ Nr. 3: Zuführung von Patienten oder Untersuchungsmaterial
	Gegenleistungsverhältnis zwischen Vorteil und Bezugsverhalten
	Subjektiver Tatbestand
	Vorsatz

Rechtswidrigkeit	Allgemeine Grundsätze

Schuld	Allgemeine Grundsätze

Benannte Straferschwerung	Besonders schwerer Fall mit Regelbeispielskatalog, § 300 S. 2:
	▪ Nr. 1: Tat bezieht sich objektiv und subjektiv auf Vorteil großen Ausmaßes
	▪ Nr. 2: Nur subjektiv: gewerbsmäßiges Handeln **oder** objektiv und subjektiv: Täter handelt als Mitglied einer Bande, die sich zur fortgesetzten Begehung des § 299 a verbunden hat

D. Delikte gegen das Vermögen als Ganzes	III. Vorfeldtatbestände zu Bereicherungsdelikten 1. Versicherungsmissbrauch

Versicherungsmissbrauch, § 265

Tatbestand	**Objektiver Tatbestand**
	Tatobjekt:
	Bewegliche/unbewegliche Sache **und**
	förmlich bestehender Versicherungsvertrag **und**
	(mit-)versicherte Risiken:
	▪ Untergang
	▪ Beschädigung
	▪ Brauchbarkeitsbeeinträchtigung
	▪ Verlust
	▪ Diebstahl
	Tathandlungen:
	▪ Beschädigen
	▪ Zerstören
	▪ In der Brauchbarkeit beeinträchtigen
	▪ Beiseite schaffen ⎤ betrifft insbesondere
	▪ Einem anderen überlassen ⎦ „Autoverschiebereien"
	Subjektiver Tatbestand
	Vorsatz **und**
	Absicht (= zielgerichteter Wille),
	sich/einem Dritten Leistungen aus der Inanspruchnahme der Versicherung zu verschaffen,
	die das durch die Tathandlung betroffene Risiko abdeckt
	⚠ *Auch dann, wenn dem Versicherungsnehmer Anspruch auf die Versicherungssumme tatsächlich bzw. nach Tätervorstellung zusteht!*

Rechts- widrigkeit	Allgemeine Grundsätze

Schuld	Allgemeine Grundsätze

Konkurrenzen	Formelle Subsidiarität gegenüber Betrug, nach der Rspr. auch bei nur prozessualem Tatzusammenhang; beachte vor allem § 263 III 2 Nr. 5

D. Delikte gegen das Vermögen als Ganzes	**III. Vorfeldtatbestände zu Bereicherungsdelikten** **2. Kreditbetrug**

Kreditbetrug, § 265 b

	Objektiver Tatbestand

Tatbestand	**Tatopfer:** Betrieb/Unternehmen (i.S.v. § 265 b III Nr. 1) als Kreditgeber **und** begünstigte Kreditnehmer: Betrieb/Unternehmen (i.S.v. § 265 b III Nr. 1), auch wenn diese nur vorgetäuscht sind **und** Zusammenhang mit einem Kreditantrag (i.S.v. § 265 b III Nr. 2)
	
	 Tathandlungen:
	
	 ▪ I Nr. 1
	    – a: Vorlage unrichtiger/unvollständiger Unterlagen über wirtschaftliche Verhältnisse
	    – b: Schriftliche unrichtige/unvollständige Angaben
	    und für den Kreditnehmer vorteilhaft **und** Entscheidungserheblichkeit für den Kreditantrag
	
	 ▪ I Nr. 2:
	 Unterlassen der Mitteilung von Verschlechterungen der in den Unterlagen/Angaben dargestellten wirtschaftlichen Verhältnisse **und**
	 bei Vorlage der Unterlagen/der Angaben **und**
	 Entscheidungserheblichkeit für den Kreditantrag

	Subjektiver Tatbestand
	Vorsatz

Rechts-widrigkeit	Allgemeine Grundsätze

Schuld	Allgemeine Grundsätze

Straf-aufhebung	Tätige Reue unter den Voraussetzungen des § 265 b II

94

D. Delikte gegen das Vermögen als Ganzes	**III. Vorfeldtatbestände zu Bereicherungsdelikten** **3. Subventionsbetrug**

Subventionsbetrug, § 264

	Objektiver Tatbestand
Tatbestand	▪ I Nr. 1: **Tatadressat:** Subventionsgeber (unter Berücksichtigung des § 264 VIII als Legaldefinition der Subvention) **Tathandlung:** – in Bezug auf subventionserhebliche Tatsache (i.S.v. § 264 IX) – unrichtige/unvollständige Angaben für den Täter/Dritten, die für diesen vorteilhaft sind ▪ I Nr. 2: **Tatobjekt:** Gegenstand/Geldleistung, deren Verwendung durch Rechtsvorschriften/durch Subventionsgeber im Hinblick auf Subvention beschränkt ist **Tathandlung:** Verwenden entgegen der Verwendungsbeschränkung **Besonderheit:** Bei I Nr. 2 ist der Versuch strafbar (§ 264 IV) ▪ I Nr. 3: **Täter:** Mitteilungspflichtiger nach Subventionsvergabevorschriften **Tathandlung:** Unterlassen von Mitteilungen über subventionserhebliche Tatsachen (i.S.v. § 264 IX), die dem Subventionsgeber unbekannt sind ▪ I Nr. 4: **Tatmittel:** Durch unrichtige/unvollständige Angaben erlangte Bescheinigung (einer nicht in das Subventionsverfahren eingeschalteten zuständigen Stelle) über Subventionsberechtigung/subventionserhebliche Tatsache (i.S.v. § 264 IX) **Tathandlung:** Gebrauchen (wie bei § 267 ⇨ S. 122 f.) in einem Subventionsverfahren
	Subjektiver Tatbestand
	Vorsatz
Rechtswidrigkeit	Allgemeine Grundsätze
Schuld	Allgemeine Grundsätze

Benannte Straferschwerung	**Besonders schwerer Fall mit Regelbeispielskatalog, § 264 II 2:** ▪ Nr. 1: Erlangung einer nicht gerechtfertigten Subvention großen Ausmaßes (ab 50.000 €) für den Täter/Dritten – unter Verwendung nachgemachter/verfälschter Belege **und** Vorsatz oder – Vorsatz bzgl. aller Regelbeispielsmerkmale u. subjektiv aus grobem Eigennutz ▪ Nr. 2: Missbrauch von Befugnissen/der Stellung als Amtsträger **und** Vorsatz ▪ Nr. 3: Ausnutzen der Mithilfe eines i.S.d. Nr. 2 handelnden Amtsträgers **und** Vorsatz

Strafaufhebung	Tätige Reue bei nicht erschwertem Subventionsbetrug unter den Voraussetzungen des § 264 VI

Banden- und gewerbsmäßiger Subventionsbetrug, § 264 III i.V.m. § 263 V (Vorsatzbedürftige Qualifikation)
Als Grunddelikt § 264 I prüfen. Zusätzlich **objektiver Tatbestand:** Tatbegehung durch Mitglied einer Bande, die sich zur fortgesetzten Begehung von Straftaten nach den §§ 263–264 oder §§ 267–269 verbunden hat; **subjektiver Tatbestand:** Vorsatz bzgl. der bandenmäßigen Begehung **und** Gewerbsmäßigkeit prüfen

Leichtfertiger Subventionsbetrug, § 264 V i.V.m. I Nr. 1–3
Aufbau wie § 264 I: statt Vorsatz Leichtfertigkeit prüfen; tätige Reue gilt auch hier, § 264 VI

D. Delikte gegen das Vermögen als Ganzes	III. Vorfeldtatbestände zu Bereicherungsdelikten 4. Kapitalanlagebetrug

Kapitalanlagebetrug, § 264 a

	Objektiver Tatbestand	
Tatbestand	**Tatsituation:** I Nr. 1 Zusammenhang mit Vertrieb von Wertpapieren/Bezugsrechten/ Anteilen, die eine Beteiligung an dem Ergebnis eines Unternehmens (gleichgestellt nach II: Anteile an einem Vermögen, das ein Unternehmen im eigenen Namen für fremde Rechnung verwaltet) gewähren sollen	I Nr. 2 Zusammenhang mit einem Angebot, die Einlage auf Anteile i.S.d. Nr. 1 zu erhöhen

Tatobjekte: Prospekte/Darstellungen/Übersichten über den Vermögensgegenstand

Adressat der Tat: Größerer Kreis von Personen

Tathandlungen:

- Unrichtige vorteilhafte Angaben machen über die für die Entscheidung über den Erwerb/die Erhöhung erheblichen Umstände

- Verschweigen nachteiliger Tatsachen über die für die Entscheidung über den Erwerb/die Erhöhung erheblichen Umstände

	Subjektiver Tatbestand
	Vorsatz

Rechtswidrigkeit	Allgemeine Grundsätze

Schuld	Allgemeine Grundsätze

Strafaufhebung	III: Tätige Reue

D. Delikte gegen das Vermögen als Ganzes	**III. Vorfeldtatbestände zu Bereicherungsdelikten** **5. Sportwettbetrug**

Sportwettbetrug, § 265 c

	Objektiver Tatbestand	
Tatbestand	**Täter:** I: Sportler oder Trainer i.S.d. VI III: Schieds-, Wertungs-, oder Kampfrichter **Tathandlungen:** Vorteil für sich/ einen anderen • Fordern • Sich versprechen lassen • Annehmen	**Täter: II, IV:** Jedermann **Tathandlungen:** Einem Sportler/ Trainer (II) oder einem Schieds-/ Wertungs-/Kampfrichter (IV) einen Vorteil für diesen oder einen Dritten • Anbieten • Versprechen • Gewähren

Tatbezug: als Gegenleistung
- Für Beeinflussung des Verlaufs oder des Ergebnisses eines Wettbewerbs des organisierten Sports i.S.d. V
  – zugunsten des Wettbewerbsgegners bei Sportlern/Trainern (I, II)
  – in regelwidriger Weise bei Schieds-/Wertungs-/Kampfrichtern (§ 265 c III, IV)
- Im Hinblick auf Erlangung eines rechtswidrigen Vermögensvorteils durch eine auf den Wettbewerb bezogene Sportwette

	Subjektiver Tatbestand
	Vorsatz

Rechts-widrigkeit	Allgemeine Grundsätze

Schuld	Allgemeine Grundsätze

Benannte Straf-erschwerung	Besonders schwerer Fall mit Regelbeispielskatalog, § 265 e S. 2 • Nr. 1: Tat bezieht sich objektiv und subjektiv auf Vorteil großen Ausmaßes • Nr. 2: Nur subjektiv: gewerbsmäßiges Handeln oder objektiv und subjektiv: Täter handelt als Mitglied einer Bande, die sich zur fortgesetzten Begehung des § 265 c verbunden hat

D. Delikte gegen das Vermögen als Ganzes	III. Vorfeldtatbestände zu Bereicherungsdelikten 6. Manipulation von berufssportlichen Wettbewerben

Manipulation von berufssportlichen Wettbewerben, § 265 d

	Objektiver Tatbestand	
Tatbestand	**Täter:** I: Sportler oder Trainer i.S.d. VI, § 265 c VI III: Schieds-, Wertungs-, oder Kampfrichter **Tathandlungen:** Vorteil für sich/einen anderen ▪ Fordern ▪ Sich versprechen lassen ▪ Annehmen	**Täter:** Jedermann **Tathandlungen:** Einem Sportler/Trainer (II) oder einem Schieds-/Wertungs-/Kampfrichter (IV) einen Vorteil für diesen oder einen Dritten ▪ Anbieten ▪ Versprechen ▪ Gewähren
	Tatbezug: Als Gegenleistung für Beeinflussung des Verlaufs oder des Ergebnisses eines berufssportlichen Wettbewerbs i.S.d. § 265 d V ▪ in wettbewerbswidriger Weise zugunsten des Wettbewerbsgegners bei Sportlern/Trainern (I, II) ▪ in regelwidriger Weise bei Schieds-/Wertungs-/Kampfrichtern (III, IV)	
	Subjektiver Tatbestand	
	Vorsatz	

Rechts-widrigkeit	Allgemeine Grundsätze

Schuld	Allgemeine Grundsätze

Benannte Straf-erschwerung	Besonders schwerer Fall mit Regelbeispielskatalog, § 265 e S. 2 ▪ Nr. 1: Tat bezieht sich objektiv und subjektiv auf Vorteil großen Ausmaßes ▪ Nr. 2: Nur subjektiv: Gewerbsmäßiges Handeln oder objektiv und subjektiv: Täter handelt als Mitglied einer Bande, die sich zur fortgesetzten Begehung des § 265 d verbunden hat

D. Delikte gegen das Vermögen als Ganzes	IV. Bereicherungsdelikte mit Täuschungselementen
	1. Betrug

Betrug, § 263

	Objektiver Tatbestand
Tatbestand	Täuschungshandlung = jede intellektuelle Einwirkung auf das Vorstellungsbild eines anderen durch ausdrückliche/schlüssige Behauptung unwahrer Tatsachen/garantenpflichtwidrige Nichtaufklärung
	dadurch Irrtum = jede Fehlvorstellung über die Tatsachen, die Gegenstand der Täuschung waren
	dadurch Vermögensverfügung (ungeschriebenes Tatbestandsmerkmal) = jedes Tun/Dulden/Unterlassen des Getäuschten, das bei ihm/aufgrund einer Nähebeziehung bei einem anderen zu einer Vermögensminderung/konkreten Vermögensgefährdung führt und das bei Gewahrsamsverschiebung von Verfügungsbewusstsein getragen ist
	dadurch Vermögensschaden = Vergleich der Vermögenslagen vor und nach der Verfügung (Gesamtsaldierung) ergibt, dass die Vermögensminderung nicht unmittelbar durch ein (nach objektiv-individuellen Kriterien gleichwertiges) Äquivalent ausgeglichen wurde
	Subjektiver Tatbestand
	Vorsatz **und**
	Absicht stoffgleicher Bereicherung zu eigenen Gunsten/zugunsten Dritter
	zusätzlich:
	Rechtswidrigkeit der erstrebten Bereicherung **und** Vorsatz diesbezüglich

Rechts-widrigkeit	Allgemeine Grundsätze

Schuld	Allgemeine Grundsätze

Benannte Straf-erschwerung	Besonders schwerer Fall mit Regelbeispielskatalog, § 263 III 2:
	Nr. 1: • Nur subjektiv: gewerbsmäßiges Handeln
	• Objektiv und subjektiv: Tatbegehung durch Mitglied einer Bande, die sich zur fortgesetzten Begehung (= mehrere selbstständige Handlungen) von Urkundenfälschung oder Betrug verbunden hat

99

D. Delikte gegen das Vermögen als Ganzes	**IV. Bereicherungsdelikte mit Täuschungselementen** **1. Betrug** (Fortsetzung)

Betrug, § 263 (Fortsetzung)

	Nr. 2:	• Objektiv und subjektiv: Vermögensverlust großen Ausmaßes (ab 50.000 €/ein Gefährdungsschaden reicht hier nicht aus, str.) herbeigeführt
		• Nur subjektiv: Absicht i.S.v. zielgerichtetem Willen zur fortgesetzten Begehung von Betrug = unbestimmte, im Einzelnen noch ungewisse Vielzahl von Betrugshandlungen geplant **und** dadurch große Anzahl von Menschen (ab 20 Personen, str.) in die Gefahr des Verlustes von Vermögenswerten zu bringen
	Nr. 3:	Objektiv und subjektiv: Andere (natürliche) Person in wirtschaftliche Not gebracht
Benannte Straf-erschwerung	Nr. 4:	Objektiv und subjektiv: Befugnisse/Stellung als Amtsträger missbraucht
	Nr. 5:	Objektiv und subjektiv: Vorbereitungshandlung eines Versicherungsbetruges begangen
		• Sache von bedeutendem Wert vom Täter/einem Dritten in Brand gesetzt/durch Brandlegung ganz oder teilweise zerstört oder
		• Schiff zum Sinken oder Stranden gebracht
		und
		• Vortäuschen eines Versicherungsfalls **und**
		• Finalzusammenhang zwischen Vorbereitungshandlung und Versicherungsbetrug

Ausschlussklausel für Bagatellbetrug i.S.d. § 263 IV i.V.m. § 243 II ⇨ S. 63

Verfolgbarkeit	▪ Strafantrag/besonderes öffentliches Verfolgungsinteresse beim Bagatellbetrug, § 263 IV i.V.m. § 248 a ⇨ S. 63 ▪ IV i.V.m. § 247: Strafantrag bei Betrug zum Nachteil von Haus- und Familienangehörigen: ⚠ *In diesem Fall absolutes Antragsdelikt!*

Banden- und gewerbsmäßiger Betrug, § 263 V (Vorsatzbedürftige Qualifkation)

Als Grunddelikt § 263 I prüfen. Zusätzlich: **Objektiver Tatbestand:** Tatbegehung durch Mitglied einer Bande, die sich zur fortgesetzten Begehung von Straftaten nach den §§ 263–264/§§ 267–269 verbunden hat; **subjektiver Tatbestand:** Vorsatz bzgl. der bandenmäßigen Begehung und Gewerbsmäßigkeit

D. Delikte gegen das Vermögen als Ganzes

IV. Bereicherungsdelikte mit Täuschungselementen
2. Betrug; Vernetzung mit anderen Straftatbeständen

Betrug, § 263 (Einzelschema ⇨ S. 99 f.)

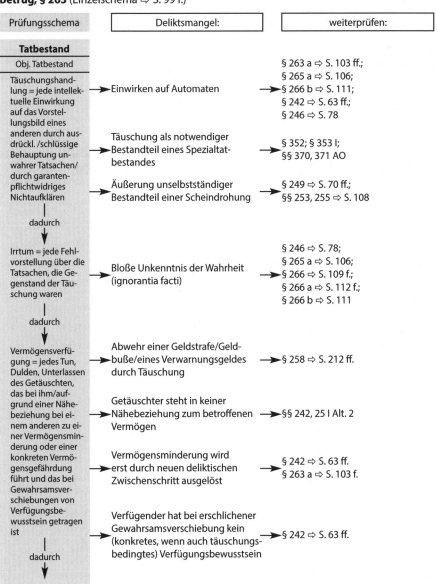

D. Delikte gegen das Vermögen als Ganzes	IV. Bereicherungsdelikte mit Täuschungselementen 2. Betrug; Vernetzung mit anderen Straftatbeständen (Fortsetzung)

Betrug, § 263 (Fortsetzung)

Prüfungsschema	Deliktsmangel:	weiterprüfen:

Tatbestand

Obj. Tatbestand

Vermögensschaden = Vergleich der Vermögenslagen vor und nach der Verfügung ergibt, dass die Vermögensminderung nicht unmittelbar durch einen wirtschaftlichen Vorteil (nach objektiv-individuellen Kriterien) ausgeglichen wurde	Getäuschter hat infolge seiner Verfügung gutgläubig Rechtsposition eines Dritten (Eigentum, Forderungsinhaberschaft) erlangt oder zunichte gemacht	Erneuter (Dreiecks-)Betrug gegenüber dem unmittelbar Getäuschten und zulasten des von der Gutglaubensverfügung Betroffenen

Subj. Tatbestand	Täter erkennt erst nachträglich, dass er täuschungsbedingt vermögensschädigende Verfügung veranlasst hat	§ 263, 13
Vorsatz		
Bereicherungsabsicht		
• zu eigenen Gunsten/	Täter hat lediglich Schädigungswillen	Ggf. § 266 ⇨ S. 109 f.
• zugunsten Dritter		
Stoffgleichheit		
Rechtswidrigkeit der erstebten Bereicherung objektiv **und** Vorsatz	Täter hat objektiv Anspruch auf Vermögensvorteil, weiß das aber nicht	Untauglicher Versuch

Rechtswidrigkeit

Allgemeine Grundsätze

Schuld

Allgemeine Grundsätze

D. Delikte gegen das Vermögen als Ganzes	IV. Bereicherungsdelikte mit Täuschungselementen 3. Computerbetrug

Computerbetrug, § 263 a I, II

	Objektiver Tatbestand
Tatbestand	**Tathandlungen:**
	▪ I Mod. 1: Unrichtige Programmgestaltung
	▪ I Mod. 2: Verwendung unrichtiger/unvollständiger Daten (§ 202 a II gilt nicht)
	▪ I Mod. 3: Verwendung von Daten, unbefugt (nach h.M. Betrugsäquivalenz erforderlich)
	Hauptfall: EC-Geldautomatenmissbrauch
	▪ I Mod. 4: Sonst unbefugte Einwirkung auf den Ablauf
	dadurch (= Kausalzusammenhang)
	Zwischenerfolg: Ergebnis eines Datenverarbeitungsvorgangs (Daten = codierte Informationen in einer im Wege automatisierter Verarbeitung nutzbaren Darstellungsform) beeinflusst
	dadurch (= Kausalzusammenhang)
	Taterfolg: Vermögensschaden beim Systembetreiber oder einem Dritten
	Subjektiver Tatbestand
	Vorsatz **und**
	Absicht stoffgleicher Bereicherung zu eigenen Gunsten/zugunsten Dritter
	zusätzlich:
	Rechtswidrigkeit der erstrebten Bereicherung **und** Vorsatz diesbezüglich

Rechtswidrigkeit	Allgemeine Grundsätze

Schuld	Allgemeine Grundsätze

	Besonders schwerer Fall mit Regelbeispielskatalog, II i.V.m. § 263 III 2:
Benannte Straferschwerung	Nr. 1: ▪ Nur subjektiv: gewerbsmäßiges Handeln ▪ Objektiv und subjektiv: Tatbegehung durch Mitglied einer Bande, die sich zur fortgesetzten Begehung (= mehrere selbstständige Handlungen) von Urkundenfälschung oder (Computer-)Betrug verbunden hat

103

D. Delikte gegen das Vermögen als Ganzes	IV. Bereicherungsdelikte mit Täuschungselementen 3. Computerbetrug (Fortsetzung)

Computerbetrug, § 263 a (Fortsetzung)

Benannte Straferschwerung	Nr. 2:	• Objektiv und subjektiv: Vermögensverlust großen Ausmaßes (ab 50.000 €) herbeigeführt
		• Nur subjektiv: Absicht i.S.v. zielgerichtetem Willen zur
		fortgesetzten Begehung von (Computer-)Betrug (= unbestimmte, im Einzelnen noch ungewisse Vielzahl von Betrugshandlungen geplant, **und**
		dadurch große Anzahl von Menschen (ab 20 Personen, str.) in die Gefahr des Verlustes von Vermögenswerten zu bringen
	Nr. 3:	Objektiv und subjektiv: andere (natürliche) Person in wirtschaftliche Not gebracht
	Nr. 4:	Objektiv und subjektiv: Befugnisse/Stellung als Amtsträger missbraucht
	Nr. 5:	Objektiv und subjektiv:
		Vorbereitungshandlung eines Versicherungsbetrugs begangen
		• Sache von bedeutendem Wert vom Täter/einem Dritten in Brand gesetzt/durch Brandlegung ganz oder teilweise zerstört
		• Schiff zum Sinken oder Stranden gebracht
		Vortäuschen eines Versicherungsfalls **und**
		Finalzusammenhang zwischen Vorbereitungshandlung und Versicherungsbetrug

Ausschlussklausel für Bagatelltat, II i.V.m. § 263 IV i.V.m. § 243 II ⇨ S. 63

Verfolgbarkeit	• Strafantrag/besonderes öffentliches Verfolgungsinteresse beim Bagatell-Computerbetrug, II i.V.m. § 263 IV i.V.m. § 248 a ⇨ S. 63
	• Strafantrag beim Computerbetrug zum Nachteil von Haus- und Familienangehörigen, II i.V.m. § 263 IV i.V.m. § 247 ⇨ S. 63
	⚠ *In diesem Fall absolutes Antragsdelikt!*

Banden- und gewerbsmäßiger Computerbetrug, § 263 a II i.V.m. § 263 V
(Vorsatzbedürftige Qualifkation)

Als Grunddelikt § 263 a I prüfen. Zusätzlich: **Objektiver Tatbestand:** Tatbegehung durch Mitglied einer Bande, die sich zur fortgesetzten Begehung von Straftaten nach den §§ 263–264 oder §§ 267–269 verbunden hat; **subjektiver Tatbestand:** Vorsatz bzgl. der bandenmäßigen Begehung und Gewerbsmäßigkeit

D. Delikte gegen das Vermögen als Ganzes	IV. Bereicherungsdelikte mit Täuschungselementen 3. Computerbetrug (Fortsetzung)

Vorbereitung eines Computerbetruges, § 263 a III, IV

	Objektiver Tatbestand
Tatbestand	**Tatobjekt:** Computerprogramm, dessen Zweck die Begehung einer Tat nach § 263 a I ist **Tathandlungen:** • Herstellen • Verschaffen (sich/einem anderen) • Feilhalten als Vorbereitung einer • Verwahren Straftat nach § 263 a I • Überlassen (einem anderen)
	Subjektiver Tatbestand
	Vorsatz

Rechts-widrigkeit	Allgemeine Grundsätze

Schuld	Allgemeine Grundsätze

Strafaufhebung	IV: Tätige Reue unter den Voraussetzungen des § 149 II, III

D. Delikte gegen das Vermögen als Ganzes	**IV. Bereicherungsdelikte mit Täuschungselementen** **4. Leistungserschleichung**

Erschleichen von Leistungen, § 265 a

Tatbestand	**Objektiver Tatbestand** **Tatgegenstand:** ▪ I Mod. 1: Leistung eines Automaten (nach h.M. nur Leistungs-, keine Waren-automaten) ▪ I Mod. 2: Leistung eines öffentlichen Zwecken dienenden Telekommuni-kationsnetzes ▪ I Mod. 3: Beförderung durch ein Verkehrsmittel ▪ I Mod. 4: Zutritt zu einer Veranstaltung/Einrichtung **Tathandlung:** Erschleichen = Unbefugte Inanspruchnahme der Leistung bei gleichzeitigem Anschein der Ordnungsgemäßheit (h.M.; a.A.: täuschungs-ähnliches/manipulatives Verhalten des Täters erforderlich) oder bei Umge-hung von Sicherungsvorkehrungen **Subjektiver Tatbestand** Vorsatz **und** Absicht, Entgelt nicht (oder nicht voll) zu entrichten
Rechts-widrigkeit	Allgemeine Grundsätze
Schuld	Allgemeine Grundsätze
Verfolgbarkeit	▪ Strafantrag/besonderes öffentliches Verfolgungsinteresse bei Erschleichung geringwertiger Leistungen, III i.V.m. § 248 a ⇨ S. 63 ▪ Strafantrag bei Leistungserschleichung zum Nachteil von Haus- und Fami-lienangehörigen, III i.V.m. § 247 ⚠ *In diesem Fall absolutes Antragsdelikt!*
Konkurrenzen	Formelle Subsidiarität gegenüber schwereren Delikten, auch bei unter-schiedlicher Schutzrichtung (z.B. §§ 242, 263, 263 a)

D. Delikte gegen das Vermögen als Ganzes	V. Bereicherungsdelikte mit Zwangskomponente 1. Erpressung

Erpressung, § 253

<table>
<tr><td rowspan="3">Tatbestand</td><td colspan="1" align="center">Objektiver Tatbestand</td></tr>
<tr><td>

Tathandlungen:
- Gewalt (wie bei § 240 ⇨ S. 19)
- Drohung mit empfindlichem Übel (wie bei § 240 ⇨ S. 19)

dadurch = kausaler und erpressungsspezifischer Zusammenhang

erzwungenes Opferverhalten: Tun/Dulden/Unterlassen

= Nach Lit. Vermögensverfügung ähnlich der des Betrugs, d.h. aus Sicht des Genötigten notwendiger (h.M.) Mitwirkungsakt, der bei ihm/aufgrund einer Nähebeziehung bei einem anderen zu einer unmittelbaren Vermögensminderung führt

= Nach Rspr. wie bei § 240, also auch Duldung der Wegnahme; Unmittelbarkeit der Vermögensminderung; Einwirkung auf Drittvermögen aber nur tatbestandsmäßig, wenn Genötigter dazu in Nähebeziehung steht

dadurch (= Kausal- und Zurechnungszusammenhang)

Taterfolg: Vermögensnachteil (wie Vermögensschaden bei § 263 ⇨ S. 99 f.)

</td></tr>
<tr><td>

Subjektiver Tatbestand

Vorsatz, Finalzusammenhang **und**

Bereicherungsabsicht
   zu eigenen Gunsten/zugunsten Dritter **und**   } wie bei § 263 ⇨ S. 99 f.
   Stoffgleichheit

zusätzlich:

Rechtswidrigkeit der erstrebten Bereicherung
   objektiv **und**
   Vorsatz

</td></tr>
<tr><td>Rechts-widrigkeit</td><td>Verwerflichkeit, § 253 II (wie bei § 240 ⇨ S. 19)</td></tr>
<tr><td>Schuld</td><td>Allgemeine Grundsätze</td></tr>
<tr><td>Benannte Straf-erschwerung</td><td>

Besonders schwerer Fall mit Regelbeispielskatalog, § 253 IV 2:

- Nur subjektiv: Gewerbsmäßigkeit
- Objektiv und subjektiv: Tatbegehung als Mitglied einer Bande, die sich zur fortgesetzten Begehung (selbstständige Handlungen) einer Erpressung verbunden hat

</td></tr>
</table>

107

D. Delikte gegen das Vermögen als Ganzes	V. Bereicherungsdelikte mit Zwangskomponente 2. Erpressungsqualifikationen

Räuberische Erpressung, §§ 253, 255 (Vorsatzbedürftige Qualifikation zu § 253)

	Objektiver Tatbestand
Tatbestand	**Tathandlung:** • Gewalt gegen eine Person • Drohung mit gegenwärtiger Gefahr für Leib/Leben $\bigg\}$ wie bei § 249 ⇨ S. 70 **dadurch** = kausaler und erpressungsspezifischer Zusammenhang **erzwungenes Opferverhalten:** Tun/Dulden/Unterlassen (wie bei § 253 ⇨ S. 107) **dadurch** (= Kausal- und Zurechnungszusammenhang) **Taterfolg:** Vermögensnachteil (wie Vermögensschaden bei § 263 ⇨ S. 99 f.)
	Subjektiver Tatbestand

	Vorsatz, Finalzusammenhang **und**
	Bereicherungsabsicht
	  zu eigenen Gunsten/zugunsten Dritter **und** $\bigg\}$ wie bei § 263 ⇨ S. 99 f.
	  Stoffgleichheit

	zusätzlich:

	Rechtswidrigkeit der erstrebten Bereicherung
	  objektiv **und**
	  Vorsatz

Rechtswidrigkeit	Allgemeine Grundsätze ⚠ *Hier – anders als bei § 253 II – durch die Tatbestandsmäßigkeit indiziert!*

Schuld	Allgemeine Grundsätze

Schwere/besonders schwere räuberische Erpressung, §§ 253, 255, 250
(Vorsatzbedürftige Qualifikationen)
Aufbau wie schwerer/besonders schwerer Raub (⇨ S. 73 f.); statt des dort vorgesehenen Raubes als Grunddelikt räuberische Erpressung prüfen

Räuberische Erpressung mit Todesfolge, §§ 253, 255, 251
(Erfolgsqualifikation ⇨ allg. S. 218)
Aufbau wie Raub mit Todesfolge (⇨ S. 73 f.); statt des dort vorgesehenen Raubes als Grunddelikt räuberische Erpressung prüfen

D. Delikte gegen das Vermögen als Ganzes	**VI. Vermögensschädigungsdelikte** **1. Untreue**

Untreue, § 266

	Objektiver Tatbestand	
Tatbestand	**Speziell: Missbrauchs-tatbestand, I Alt. 1** **Täter:** Verfügungs- oder Verpflichtungs-befugnis über fremdes Vermögen durch: • Gesetz • Behördlichen Auftrag • Rechtsgeschäft **und** Vermögensbetreuungspflicht, nach h.M. inhaltsgleich mit der Alt. 2 **Tathandlung:** Missbrauch = Handeln im Rahmen des recht-lichen Könnens im Außenverhältnis bei Überschreitung des Dürfens im Innenverhältnis	**Allgemein: Treubruchs-tatbestand, I Alt. 2** **Täter:** Vermögensbetreuungs-pflichtiger Entstehung durch: • Gesetz • Behördlichen Auftrag • Rechtsgeschäft • Tatsächliches Treueverhält-nis **und** durch Fremdnützigkeit be-stimmt **und** von gewisser Bedeutung i.S.v. Hauptpflicht, Aufgabenkreis von Gewicht, Selbstständigkeit/ Bewegungsfreiheit **Tathandlung:** Verletzung dieser spezifischen Treuepflicht (nicht: allgemeine Schuldnerpflicht)

Dadurch Vermögensnachteil (wie Vermögensschaden bei § 263 ⇨ S. 99 f.) beim zu betreuenden Vermögen

	Subjektiver Tatbestand
	Vorsatz

Rechts-widrigkeit	Allgemeine Grundsätze
Schuld	Allgemeine Grundsätze

Benannte Straf-erschwerung	Besonders schwerer Fall mit Regelbeispielskatalog, § 266 II i.V.m. § 263 III 2: Nr. 1: • Nur subjektiv: gewerbsmäßiges Handeln • Objektiv und subjektiv: Tatbegehung durch Mitglied einer Bande, die sich zur fortgesetzten Begehung selbstständiger Untreue-handlungen verbunden hat

109

D. Delikte gegen das Vermögen als Ganzes	**VI. Vermögensschädigungsdelikte** **1. Untreue** (Fortsetzung)

Untreue, § 266 (Fortsetzung)

	Nr. 2:	• Objektiv und subjektiv: Vermögensverlust großen Ausmaßes (ab 50.000 €) herbeigeführt
		• Nur subjektiv: Absicht i.S.v. zielgerichtetem Willen zur fortgesetzten Begehung von Untreue (= unbestimmte, im Einzelnen noch ungewisse Vielzahl von Handlungen geplant) **und** dadurch große Anzahl von Menschen (ab 20 Personen, str.) in die Gefahr des Verlustes von Vermögenswerten zu bringen
	Nr. 3:	Objektiv und subjektiv: andere (natürliche) Person in wirtschaftliche Not gebracht
Benannte Straferschwerung	Nr. 4:	Objektiv und subjektiv: Befugnisse/Stellung als Amtsträger missbraucht
	Nr. 5:	Objektiv und subjektiv:
		Vorbereitungshandlung eines Versicherungsbetruges begangen
		• Sache von bedeutendem Wert vom Täter/einem Dritten in Brand gesetzt/durch Brandlegung ganz oder teilweise zerstört
		• Schiff zum Sinken oder Stranden gebracht
		Vortäuschen eines Versicherungsfalls **und**
		Finalzusammenhang zwischen Vorbereitungshandlung und Vortäuschen

Ausschlussklausel für Bagatelltat i.S.d. II i.V.m. § 243 II ⇨ S. 63

Verfolgbarkeit	• Strafantrag/besonderes öffentliches Verfolgungsinteresse bei Bagatelluntreue, II i.V.m. § 248 a ⇨ S. 63
	• Strafantrag bei Untreue zum Nachteil von Haus- und Familienangehörigen, II i.V.m. § 247 ⇨ S. 63
	⚠ *In diesem Fall absolutes Antragsdelikt!*

D. Delikte gegen das Vermögen als Ganzes	**VI. Vermögensschädigungsdelikte** **2. Scheck- und Kreditkartenmissbrauch**

Missbrauch von Scheck- und Kreditkarten, § 266 b

Objektiver Tatbestand

Scheckkartenmissbrauch, I Alt. 1	Kreditkartenmissbrauch, I Alt. 2
Täter: Inhaber einer (Euro-)Scheckkarte **und** Möglichkeit, durch Benutzung den Aussteller zu einer Zahlung zu veranlassen (muss unmittelbar vom ausstellenden Kreditinstitut durch Überlassung der Karte eingeräumt sein) **Tathandlung:** Missbrauch (wie bei § 266 ⇨ S. 109 f.) durch Verwendung der Karte im unbaren Zahlungsverkehr mit ec-Garantie gegenüber Dritten; nach umstr. Ansicht auch durch Verwendung der Magnetkartenfunktion im garantierten POS-System ⚠ *Nach Auslaufen des EC-Systems am 31.12.2001 ist zweifelhaft und noch ungeklärt, ob die Verwendung einer Girocard (umgangssprachlich weiterhin als ec-Karte bezeichnet) im garantierten Zahlungsverfahren dem Tatbestand unterfällt. Nach der Differenzierung in Abs. 4 des § 152 b handelt es sich bei diesen Karten nämlich nicht um Euroscheckkarten oder Kreditkarten, sondern vielmehr um sonstige Zahlungskarten mit Garantiefunktion, sodass der Wortlaut des § 266 b I gegen eine Einbeziehung spricht.*	**Täter:** Inhaber einer Kreditkarte mit Garantiezusage (im Drei- oder Vier-Partner-System) **und** Möglichkeit, durch Benutzung den Aussteller zu einer Zahlung zu veranlassen (muss unmittelbar vom ausstellenden Kreditkartenunternehmen durch Überlassung eingeräumt sein) **Tathandlung:** Missbrauch (wie bei § 266 ⇨ S. 109 f.) durch wirksame Begründung einer Zahlungsverpflichtung zwischen Kartenaussteller und dem die Karte akzeptierenden Vertragsunternehmen, obwohl im Innenverhältnis zwischen Kartenaussteller und -inhaber unzulässig, vor allem weil Vermögensverhältnisse des Karteninhabers Zahlungsausgleich im Abrechnungszeitpunkt ausschließen

dadurch Vermögensnachteil (wie Vermögensschaden bei § 263 ⇨ S. 99 f. beim Kartenaussteller

Subjektiver Tatbestand

Tatbestand · Vorsatz

Rechtswidrigkeit · Allgemeine Grundsätze

Schuld · Allgemeine Grundsätze

Verfolgbarkeit · Strafantrag/besonderes öffentliches Verfolgungsinteresse, II i.V.m. § 248 a ⇨ S. 63

111

D. Delikte gegen das Vermögen als Ganzes	VI. Vermögensschädigungsdelikte 3. Vorenthalten/Veruntreuen von Arbeitsentgelt

Vorenthalten und Veruntreuen von Arbeitsentgelt, § 266 a

	Objektiver Tatbestand
	Täter: ▪ Arbeitgeber (im faktischen Sinn) ▪ Für den Arbeitgeber gemäß § 14 verantwortlich Handelnde ▪ Nach V gleichgestellte Personen: Auftraggeber eines Heimarbeiters oder Hausgewerbetreibenden oder eine diesen gleichgestellte Person/Zwischenmeister (vgl. § 12 SGB IV) ▪ **I (Vorenthalten von Arbeitnehmeranteilen)** **Tatobjekt:** Tatsächlich geschuldete Gesamtsozialversicherungsbeiträge i.S.d. § 28 d SGB IV des Arbeitnehmers (Beiträge für Renten-, Kranken-, Arbeitslosen- und Pflegeversicherung sowie Beiträge zur Arbeitsförderung), für deren Zahlung gegenüber der Einzugsstelle allein der Arbeitgeber haftet (vgl. § 28 e SGB IV) **Tathandlung:** Vorenthalten = Nichtzahlung der Arbeitnehmeranteile bei Fälligkeit, unabhängig davon, ob der Arbeitgeber Arbeitsentgelt (Lohn) gezahlt hat ▪ **II (Vorenthalten von Arbeitgeberanteilen)** **Tatobjekt:** Tatsächlich geschuldete Sozialversicherungsbeiträge, die vom Arbeitgeber zu tragen sind (auch solche, die er allein schuldet, z.B. Unfallversicherung i.S.d. § 150 I 1 SGB VII) ⌈ Aber ausdrücklicher Anwendungsausschluss für die Fälle geringfügiger ⌉ ⌊ Beschäftigung in Privathaushalten gem. § 111 I 2 SGB IV und § 209 I 2 SGB VII ⌋ **Tathandlung:** – Nr. 1: Unrichtige/unvollständige Angaben über sozialversicherungsrechtlich erhebliche Tatsachen gegenüber der für den Einzug der Beiträge zuständigen Stelle – Nr. 2: Pflichtwidriges In-Unkenntnis-Lassen der für den Einzug der Beiträge zuständigen Stelle über sozialversicherungsrechtlich erhebliche Tatsachen **und** dadurch Vorenthalten (= Nichtzahlung der Arbeitgeberbeiträge bei Fälligkeit), unabhängig davon, ob der Arbeitgeber Arbeitsentgelt (Lohn) gezahlt hat ▪ **III (Nichtabführen von Entgeltteilen):** **Tatobjekt:** Teile des Arbeitsentgelts, die der Arbeitgeber für den Arbeitnehmer abzuführen hat und die nicht unter Abs. 1 fallen und nicht als Lohnsteuer einbehalten werden (z.B. vermögenswirksame Leistungen zur Arbeitnehmer-Sparzulage) **Tathandlung:** einbehalten **und** nicht zahlen = Nichtabführen an den Gläubiger bei Fälligkeit **und** nicht unverzügliche Unterrichtung des Arbeitnehmers über die Nichtzahlung

Der Zeilenbeschriftung links zu den Zeilen: **Tatbestand**

Subjektiver Tatbestand
Vorsatz

D. Delikte gegen das Vermögen als Ganzes	VI. Vermögensschädigungsdelikte 3. Vorenthalten/Veruntreuen von Arbeitsentgelt (Fortsetzung)

Vorenthalten und Veruntreuen von Arbeitsentgelt, § 266 a (Fortsetzung)

Rechts- widrigkeit	Allgemeine Grundsätze

Schuld	Allgemeine Grundsätze

Besonders schwerer Fall mit Regelbeispielskatalog, IV 2

Benannte
Straf-
erschwerung
	• Nr. 1:
	Objektiv und subjektiv: Vorenthalten von Beiträgen in großem Ausmaß **und** nur subjektiv: Handeln aus grobem Eigennutz
	
	• Nr. 2:
	Objektiv und subjektiv: Fortgesetztes Vorenthalten von Beiträgen unter Verwendung nachgemachter oder verfälschter Belege
	
	• Nr. 3
	Objektiv und subjektiv: Fortgesetztes Vorenthalten von Beiträgen **und** Verschaffen unrichtiger, nachgemachter oder verfälschter Belege von Drittem, der diese gewerbsmäßig anbietet **und** nur subjektiv: um tatsächliche Beschäftigungsverhältnisse zu verschleiern
	
	• Nr. 4
	Objektiv und subjektiv:
	
	  – Bande = Zusammenschluss von mind. drei Personen zum fortgesetzten Vorenthalten von Beiträgen
	
	  – Bande hält zur Verschleierung der tatsächlichen Beschäftigungsverhältnisse unrichtige, nachgemachte oder verfälschte Belege vor
	
	  – Täter = Bandenmitglied
	
	• Nr. 5:
	Objektiv und subjektiv: Ausnutzen der Mithilfe eines Amtsträgers, der seine Befugnisse oder seine Stellung missbraucht

Fakultatives Absehen von Strafe	VI 1: Schriftliche Offenbarung der Höhe und Gründe der Nichtzahlung ggü. der Einzugsstelle bei Fälligkeit/unverzüglich danach und Darlegung der ernsthaften Zahlungsbemühungen

Obligatorisches Absehen von Strafe	VI 2: Voraussetzungen des § 266 a VI 1 und zusätzlich fristgemäße Nachzahlung

113

D. Delikte gegen das Vermögen als Ganzes	**VII. Vermögensgefährdungsdelikte** **1. Unerlaubtes Entfernen vom Unfallort**

Unerlaubtes Entfernen vom Unfallort, § 142 I

<table>
<tr>
<td rowspan="8">Tatbestand</td>
<td colspan="2" align="center">Objektiver Tatbestand</td>
</tr>
<tr>
<td colspan="2">Tatsituation: Unfall im Straßenverkehr = Jedes plötzliche Ereignis im Straßenverkehr, das einen nicht ganz unerheblichen, beweissicherungsbedürftigen Personen- oder Sachschaden (mind. 25 €) zur Folge hat und das mit den typischen Gefahren des Straßenverkehrs in innerem Zusammenhang steht</td>
</tr>
<tr>
<td colspan="2">Täter: Unfallbeteiligter = Legaldefinition in V</td>
</tr>
<tr>
<td colspan="2">Tathandlung: (räumliches) Sichentfernen vom Unfallort (auch als Letzter)</td>
</tr>
<tr>
<td>Bei Anwesenheit feststellungsbereiter Personen Nr. 1</td>
<td>Bei Nichtanwesenheit feststellungsbereiter Personen Nr. 2</td>
</tr>
<tr>
<td>Unter (ggf. vorheriger) Verletzung der Vorstellungs- und passiven Feststellungsduldungspflicht hinsichtlich der Person, des Fahrzeugs und der Art der Beteiligung durch

angemessen lange Anwesenheit am Unfallort und

Angabe der Tatsache der Unfallbeteiligung</td>
<td>Unter Verletzung der Wartepflicht für eine dem Grad des Feststellungsbedürfnisses und der Zumutbarkeit angemessene Zeit</td>
</tr>
<tr>
<td colspan="2">⚠ Tatbestand nicht erfüllt, wenn alle Berechtigten auf die Feststellungen verzichten (h.M.; a.A.: Rechtfertigungsgrund)</td>
</tr>
<tr>
<td colspan="2" align="center">Subjektiver Tatbestand
Vorsatz, insbesondere bzgl. des Unfallereignisses</td>
</tr>
</table>

Rechtswidrigkeit	Allgemeine Grundsätze

Schuld	Allgemeine Grundsätze

Obligatorische Strafmilderung/ fakultatives Absehen von Strafe	Tätige Reue bei „Parkunfällen", IV Unfall außerhalb des fließenden Verkehrs **und** Ausschließlich nicht bedeutender Sachschaden (Schadenssumme unter 1.300 €, h.M.) **und** Nachträgliche Ermöglichung nach III, also mit Wahlrecht, ob gegenüber dem Berechtigten oder der Polizei, innerhalb von 24 Stunden nach dem Unfall **und** Freiwilligkeit

D. Delikte gegen das Vermögen als Ganzes	**VII. Vermögensgefährdungsdelikte** **1. Unerlaubtes Entfernen vom Unfallort** (Fortsetzung)

Unerlaubtes Entfernen vom Unfallort, § 142 II
(Nichtermöglichung nachträglicher Feststellung der Unfallbeteiligung)

<table>
<tr><td rowspan="1">Tatbestand</td><td>

Objektiver Tatbestand

Täter: Unfallbeteiligter = Legaldefinition in § 142 V

Tatsituation:

In der Vergangenheit liegender Unfall im Straßenverkehr,

bei dem sich der Täter vom Unfallort entfernt hatte, ohne nach § 142 I strafbar zu sein (Exklusivität zwischen § 142 I/II)

- II Nr. 1: Weil er sich nach Ablauf der Wartefrist i.S.v. § 142 I Nr. 2 entfernt hatte

- II Nr. 2: Weil er sich berechtigt (gerechtfertigt) oder entschuldigt (außer bei Schuldunfähigkeit, str.) vom Unfallort entfernt hatte

  – Berechtigt = gerechtfertigt

⚠ *Nach BVerfG keine Gleichstellung mehr zwischen berechtigtem/entschuldigtem und unvorsätzlichem Sichentfernen!*

⚠ *Nach h.M. Nachholpflicht auch bei Erlaubnistatbestandsirrtum*

Tathandlung: Verletzung der Nachholungspflicht durch

nicht unverzügliches Handeln, das die Mindestfeststellungen i.S.v. § 142 III 1 erfüllt

Trotz formaler Ermöglichung der Feststellungen Tatbestand erfüllt bei absichtlicher Vereitelung der Feststellungen, § 142 III 2

Subjektiver Tatbestand

Vorsatz, insbesondere bzgl. des Unfallereignisses

</td></tr>
<tr><td>Rechtswidrigkeit</td><td>Allgemeine Grundsätze</td></tr>
<tr><td>Schuld</td><td>Allgemeine Grundsätze</td></tr>
<tr><td>Obligatorische Strafmilderung/ fakultatives Absehen von Strafe</td><td>

Tätige Reue bei „Parkunfällen", IV:

Unfall außerhalb des fließenden Verkehrs **und**

ausschließlich nicht bedeutender Sachschaden (also unter 1.300 € Schadenssumme, h.M.) **und**

nachträgliche Ermöglichung nach § 142 III, also mit Wahlrecht, ob gegenüber dem Berechtigten oder der Polizei, innerhalb von 24 Stunden nach dem Unfall **und**

Freiwilligkeit

</td></tr>
</table>

115

D. Delikte gegen das Vermögen als Ganzes

VII. Vermögensgefährdungsdelikte
2. Vollstreckungsvereitelung

Vereiteln der Zwangsvollstreckung, § 288

Tatbestand	Objektiver Tatbestand
	Täter: Vollstreckungsschuldner (einschl. Personenkreis aus § 14)
	Tatsituation: Drohende Zwangsvollstreckung
	Ungeschriebenes Tatbestandsmerkmal: Materiell-rechtlich begründeter und durchsetzbarer Anspruch vermögensrechtlicher Natur
	Tatobjekte: Bestandteile des Tätervermögens = alle körperlichen und unkörperlichen Gegenstände, in die der Gläubiger die Vollstreckung betreiben darf
	Tathandlungen: ▪ Veräußern ▪ Beiseiteschaffen
	Subjektiver Tatbestand
	Vorsatz **und**
	Absicht (dolus directus I oder II), die Befriedigung des Gläubigers zu vereiteln

Rechtswidrigkeit	Allgemeine Grundsätze

Schuld	Allgemeine Grundsätze

Verfolgbarkeit	Strafantrag erforderlich, II ⚠ *Absolutes Antragsdelikt!*

D. Delikte gegen das Vermögen als Ganzes	VII. Vermögensgefährdungsdelikte 3. Verletzung der Unterhaltspflicht

Verletzung der Unterhaltspflicht, § 170 I

	Objektiver Tatbestand
Tatbestand	**Täter:** Schuldner (oder dessen gesetzlicher Vertreter, § 14 I Nr. 3) einer gesetzlichen Unterhaltspflicht
	Ungeschriebenes Tatbestandsmerkmal: Leistungsfähigkeit
	Tathandlung: Sichentziehen der Unterhaltspflicht = Nichtgewährung des vollen (gesetzlichen) Unterhalts/Herbeiführung der eigenen Leistungsunfähigkeit
	Taterfolg: Gefährdung des Lebensbedarfs des Berechtigten/hypothetische Gefährdung, wenn Hilfe Dritter nicht vorliegen würde
	Subjektiver Tatbestand
	Vorsatz
Rechtswidrigkeit	Allgemeine Grundsätze
Schuld	Allgemeine Grundsätze

Verletzung der Unterhaltspflicht gegenüber einer Schwangeren, § 170 II
(Vorsatzbedürftige Qualifikation)

	Objektiver Tatbestand
Tatbestand	**Täter:** Schuldner (oder dessen gesetzlicher Vertreter, § 14 I Nr. 3) einer gesetzlichen Unterhaltspflicht gegenüber einer Schwangeren
	Ungeschriebenes Tatbestandsmerkmal: Leistungsfähigkeit
	Tathandlung: Vorenthalten des Unterhalts in verwerflicher Weise
	Taterfolg:
	Bewirken des Schwangerschaftsabbruchs
	durch Vorenthaltung des Unterhalts
	Subjektiver Tatbestand
	Vorsatz
Rechtswidrigkeit	Allgemeine Grundsätze
Schuld	Allgemeine Grundsätze

D. Delikte gegen das Vermögen als Ganzes	VII. Vermögensgefährdungsdelikte 4. Wucher

Wucher, § 291

Tatbestand	**Objektiver Tatbestand** **Bezugsvorgang:** Gegenseitiges Rechtsgeschäft Geschäftsgegenstand: ▪ I 1 Nr. 1: Vermietung von Wohnraum oder damit verbundene Neben- leistungen ▪ I 1 Nr. 2: Gewährung eines Kredits ▪ I 1 Nr. 3: Sonstige Leistung ▪ I 1 Nr. 4: Vermittlung einer der Leistungen i.s.v. I 1 Nr. 1–3 – Gegenleistung in auffälligem Missverhältnis zur Leistung (i.S.d. Nr. 1–3)/der Vermittlung (i.S.d. Nr. 4), zugunsten des Leistenden/Vermittelnden **Additionsklausel, § 291 I 2:** Bei einheitlichem Geschäftsvorgang, an dem verschiedene Personen als Nebentäter selbständig mitwirken, ergibt erst die Summe aller Leistungen und Gegenleistungen ein auffälliges Missverhältnis **Tathandlung:** Vermögensvorteil sich/Drittem versprechen/gewähren lassen **dadurch** Ausbeutung ▪ der Zwangslage ▪ der Unerfahrenheit ▪ des Mangels an Urteilsvermögen ▪ erheblicher Willensschwäche **Tathandlung:** Übermäßigen Vermögensvorteil sich/Drittem versprechen/gewähren lassen **dadurch** Ausnutzung der Zwangslage/der Schwäche **Subjektiver Tatbestand** Vorsatz
Rechtswidrigkeit	Allgemeine Grundsätze
Schuld	Allgemeine Grundsätze
Benannte Straf-erschwerung	**Besonders schwerer Fall mit Regelbeispielskatalog, § 291 II 2:** ▪ Nr. 1: Objektiv und subjektiv: durch die Tat Schuldner in wirtschaftliche Not gebracht ▪ Nr. 2: Nur subjektiv: Gewerbsmäßigkeit ▪ Nr. 3: Objektiv und subjektiv: Sichversprechenlassen wucherischer Vermögensvorteile durch Wechsel

D. Delikte gegen das Vermögen als Ganzes	**VII. Vermögensgefährdungsdelikte** **5. Unerlaubtes Glücksspiel**

Unerlaubte Veranstaltung eines Glücksspiels, § 284 I

Tatbestand	**Objektiver Tatbestand**
	Tatgegenstand: Glücksspiel, öffentlich (mit Erweiterung § 284 II) **Tathandlungen:** Veranstalten/Halten/Bereitstellen von Einrichtungen **und** Nichtvorliegen einer behördlichen Erlaubnis
	Subjektiver Tatbestand
	Vorsatz
Rechtswidrigkeit	Allgemeine Grundsätze
Schuld	Allgemeine Grundsätze

Schweres unerlaubtes Glücksspiel, § 284 III (Vorsatzbedürftige Qualifikation)
Als Grunddelikt § 284 I prüfen. Zusätzlich:

- Nr. 1: Nur **subjektiv:** Gewerbsmäßigkeit
- Nr. 2: **Objektiv und subjektiv:** Tatbegehung als Mitglied einer Bande, die sich zur fortgesetzten Begehung solcher Taten verbunden hat; Vorsatz bzgl. der qualifizierenden Umstände

Werben für unerlaubtes Glücksspiel, § 284 IV
Aufbau wie § 284 I; anstelle der dort genannten Tathandlungen im **objektiven Tatbestand:** Werben; im **subjektiven Tatbestand:** Vorsatz hierzu

Beteiligung am unerlaubten Glücksspiel, § 285

Tatbestand	**Objektiver Tatbestand**
	Tatgegenstand: Glücksspiel, öffentlich, ohne behördliche Erlaubnis (i.S.v. § 284) **Tathandlung:** Sich beteiligen = selbst spielen (nicht nur zum Schein)
	Subjektiver Tatbestand
	Vorsatz
Rechtswidrigkeit	Allgemeine Grundsätze
Schuld	Allgemeine Grundsätze

D. Delikte gegen das Vermögen als Ganzes	**VII. Vermögensgefährdungsdelikte** **6. Unerlaubte Lotterie und Ausspielung** **7. Kreditgefährdung**

Unerlaubte Veranstaltung einer Lotterie oder einer Ausspielung, § 287 I

	Objektiver Tatbestand
Tatbestand	**Tatgegenstand:** • Lotterie, öffentlich • Ausspielung beweglicher/unbeweglicher Sachen, öffentlich **Tathandlung:** Veranstalten, insbesondere: • Abschluss von Spielverträgen anbieten ⎫ Erfasst vor allem Handlungen • Auf den Abschluss von Spielverträgen ⎬ bei ausländischem Veranstalter gerichtete Angebote annehmen ⎭ ohne Spieleinrichtungen im Inland ⚠ *Bloßes Auffordern oder Sicherbieten zur Vermittlung bleibt straflos!* Nichtvorliegen einer behördlichen Genehmigung
	Subjektiver Tatbestand
	Vorsatz

Rechts- widrigkeit	Allgemeine Grundsätze

Schuld	Allgemeine Grundsätze

Werben für unerlaubte Lotterien und Ausspielungen, § 287 II

Aufbau wie § 287 I; anstelle der dort genannten Tathandlungen im **objektiven Tatbestand:** Werben; im **subjektiven Tatbestand:** Vorsatz hierzu

Kreditgefährdung, § 187 Hs. 1

Aufbau wie Verleumdung ⇨ S. 44; im **objektiven Tatbestand** statt der Eignung zur Herabwürdigung die Eignung zur Kreditgefährdung prüfen; im **subjektiven Tatbestand** Vorsatz in Bezug auf die Eignung zur Kreditgefährdung

Öffentliche Kreditgefährdung, § 187 Hs. 2 (Qualifikation)

Aufbau wie öffentliche Verleumdung ⇨ S. 44; statt der dort vorausgesetzten Verleumdung die Kreditgefährdung als Grunddelikt prüfen

E. Delikte gegen kollektive Rechtsgüter

I. Straftaten gegen beweiserhebliche Informationsträger
1. Schutzrichtungen der Urkundsdelikte i.w.S.

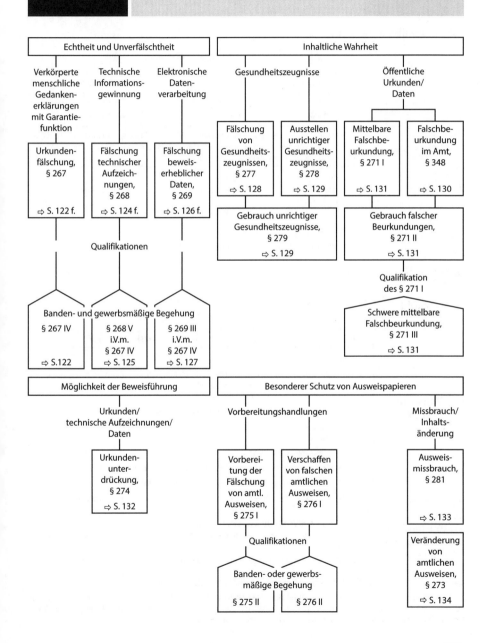

E. Delikte gegen kollektive Rechtsgüter	I. Straftaten gegen beweiserhebliche Informationsträger 2. Urkundenfälschung

Urkundenfälschung, § 267

	Objektiver Tatbestand		
Tatbestand	Herstellen, I Mod. 1	Verfälschen, I Mod. 2	Gebrauchen, I Mod. 3
	Tatprodukt:	**Tatobjekt:**	**Tatobjekt:**
	Urkunde = Jede verkörperte menschliche Gedankenerklärung, die bestimmt und geeignet ist, eine außerhalb ihrer selbst liegende Tatsache im Rechtsverkehr zu beweisen, und die einen Aussteller erkennen lässt		
	Unecht ▪ Herstellen	Echt ▪ Verfälschen	Unecht/verfälscht ▪ Gebrauchen
	Subjektiver Tatbestand		
	Vorsatz **und**		
	Täuschungswille im Rechtsverkehr (mind. dolus directus II); Gleichstellungsklausel, § 270		

Rechtswidrigkeit	Allgemeine Grundsätze

Schuld	Allgemeine Grundsätze

	Besonders schwerer Fall mit Regelbeispielskatalog, § 267 III 2:
Benannte Straf-erschwerung	▪ Nr. 1: – Objektiv und subjektiv: Tatbegehung durch Mitglied einer Bande, die sich zur fortgesetzten Begehung (= mehrere selbstständige Handlungen) von Betrug oder Urkundenfälschung verbunden hat – Nur subjektiv: gewerbsmäßiges Handeln ▪ Nr. 2: Objektiv und subjektiv: Vermögensverlust großen Ausmaßes herbeigeführt (ab ca. 50.000 €) ▪ Nr. 3: Objektiv und subjektiv: Große Anzahl von unechten/verfälschten Urkunden **und** dadurch Sicherheit des Rechtsverkehrs erheblich gefährdet ▪ Nr. 4: Objektiv und subjektiv: Befugnisse/Stellung als Amtsträger missbraucht

Tatbestandliche Bewertungs-einheit	Das Herstellen/Verfälschen und der Gebrauch verschmelzen zu einer einzigen zweiaktigen Tat, wenn der Täter schon bei der Manipulation den späteren Gebrauch geplant hatte. Bei Verwirklichung mehrerer Regelbeispiele nur eine Tat

Banden- und gewerbsmäßige Urkundenfälschung, § 267 IV (Vorsatzbedürftige Qualifikation)

Als Grunddelikt § 267 I prüfen. Zusätzlich: **Objektiver Tatbestand:** Tatbegehung durch Mitglied einer Bande, die sich zur fortgesetzten Begehung von Straftaten nach den §§ 263–264 oder §§ 267–269 verbunden hat; **subjektiver Tatbestand:** Vorsatz bzgl. der bandenmäßigen Begehung und Gewerbsmäßigkeit

E. Delikte gegen kollektive Rechtsgüter	I. Straftaten gegen beweiserhebliche Informationsträger 2. Urkundenfälschung; Vernetzung mit anderen Straftatbeständen

Urkundenfälschung, § 267

Prüfungsschema	Deliktsmangel:	weiterprüfen:

Tatbestand

Obj. Tatbestand

Tatprodukt (bei der 1. Mod.), **Tatobjekt** (bei der 2. u. 3. Mod.): Urkunde = verkörperte menschliche Gedankenerklärung; auch verkürzte oder wortvertretendes Symbol (h.M.) **und** Beweisbestimmung und -eignung für den Rechtsverkehr für eine außerhalb der Erklärung liegende Tatsache **und** Aussteller erkennbar **und**

→ Manipulation bezieht sich auf Augenscheinsobjekt
→ Sachbeschädigung, § 303 ⇨ S. 79
→ Verwahrungsbruch, § 133 ⇨ S. 185
→ Verstrickungsbruch, § 136 ⇨ S. 183

→ Tathandlung bezieht sich auf maschinell erstellte Information, ohne dass sich diese ein Mensch als seine Erklärung zu eigen gemacht hat
→ Fälschung technischer Aufzeichnungen, § 268 ⇨ S. 124 f.

→ Bezugsobjekt ist als elektronische Information nur auf einem Bildschirm wahrnehmbar
→ Flschung beweiserheblicher Daten, § 269 ⇨ S. 126 f.

→ Tatobjekt ist bloße Fotokopie und rückt auch nicht zur Scheinurkunde auf
→ Urkundsrechtlich nicht strafbar; häufig § 263 ⇨ S. 99

→ Verkörperte Erklärung ist lediglich Kennzeichen
→ Spezialtatbestände, z.B. § 22 StVG

Unecht (bei der 1./ 3. Mod.) = Identitätstäuschung über wahren Erklärungsgaranten
→ Tatobjekt ist lediglich Entwurf oder Aussteller ist anonym
→ Urkundsrechtlich nicht strafbar

→ Urkunde enthält nur schriftliche Lüge
→ §§ 271, 348 ⇨ S. 131
→ §§ 277–279 ⇨ S. 128 f.

Tathandlungen:
- Mod. 1: Herstellen
→ = Schaffung aller Urkundsvoraussetzungen in Bezug auf das Tatobjekt, auch durch nachträgliche Beweisbestimmung

- Mod. 2: Verfälschen
→ = Veränderung der Beweisrichtung ohne/ nach Verlust der Änderungsbefugnis

- Mod. 3: Gebrauchen
→ = Dem zu Täuschenden so zugänglich machen, dass Kenntnisnahme möglich ist

Subj. Tatbestand

Vorsatz **und** Täuschungswille im Rechtsverkehr (mit Gleichstellungsklausel in § 270)
→ Urkunde unter falschem Namen dient nur zur Täuschung im gesellschaftlichen Bereich
→ Ggf. Verleumdung/Beleidigung, §§ 185 ff. ⇨ S. 44 ff.

→ Keine Absicht oder sicheres Wisssen bzgl. Täuschung im Rechtsverkehr
→ Urkundsrechtlich i.d.R. nicht strafbar, ggf. § 274 bei Verfälschung

Rechtswidrigkeit
Allgemeine Grundsätze

Schuld
Allgemeine Grundsätze

123

E. Delikte gegen kollektive Rechtsgüter	I. Straftaten gegen beweiserhebliche Informationsträger 3. Fälschung technischer Aufzeichnungen

Fälschung technischer Aufzeichnungen, § 268

	Objektiver Tatbestand	

Herstellen, I Nr. 1 Alt. 1	Verfälschen, I Nr. 1 Alt. 2	Gebrauchen, I Nr. 2
Tatprodukt:	**Tatobjekt:**	**Tatobjekt:**

Tatbestand

Technische Aufzeichnung = Legaldefinition in II:

Darstellung von Daten-/Mess-/Rechenwerten/Zuständen/Geschehensabläufen (jeweils auf einem vom Gerät abtrennbaren Stück, str.) **und**

durch ein technisches Gerät ganz/zum Teil selbsttätig (= i.S.d. selbstständigen Schaffung neuer Informationen) bewirkt **und**

Gegenstand der Aufzeichnung erkennbar (nicht notwendig unmittelbar visuell wahrnehmbar wie bei § 267) **und**

Beweisbestimmung und -eignung (wie bei § 267 ⇨ S. 122 f.)

Unecht	Echt	Unecht/Verfälscht
Tathandlung: • Herstellen • Gleichgestellt gem. III: Durch störende Einwirkung auf den Aufzeichnungsvorgang Ergebnis der Aufzeichnung beeinflussen	**Tathandlung:** Verfälschen (= nachträgliche Veränderung des Inhalts)	**Tathandlung:** Gebrauchen (wie bei § 267 I Mod. 3 ⇨ S. 122 f.)

	Subjektiver Tatbestand	

Vorsatz **und**

Täuschungswille im Rechtsverkehr (mit Gleichstellungsklausel in § 270)

Rechtswidrigkeit

Allgemeine Grundsätze

Schuld

Allgemeine Grundsätze

E. Delikte gegen kollektive Rechtsgüter	I. Straftaten gegen beweiserhebliche Informationsträger 3. Fälschung technischer Aufzeichnungen (Fortsetzung)

Fälschung technischer Aufzeichnungen, § 268 (Fortsetzung)

	Besonders schwerer Fall mit Regelbeispielskatalog, V i.V.m. § 267 III 2:

Benannte Straferschwerung	• Nr. 1:
	  – Objektiv und subjektiv: Tatbegehung durch Mitglied einer Bande, die sich zur fortgesetzten Begehung (= mehrere selbstständige Handlungen) von Betrug oder Urkundenfälschung (bzw. Fälschung technischer Aufzeichnungen) verbunden hat
	  – Nur subjektiv: gewerbsmäßiges Handeln
	• Nr. 2:
	  Objektiv und subjektiv: Vermögensverlust großen Ausmaßes herbeigeführt (ab ca. 50.000 €)
	• Nr. 3:
	  Objektiv und subjektiv:
	  Große Anzahl von unechten/verfälschten Urkunden/technischen Aufzeichnungen **und**
	  dadurch Sicherheit des Rechtsverkehrs erheblich gefährdet
	• Nr. 4:
	  Objektiv und subjektiv: Befugnisse/Stellung als Amtsträger missbraucht

Banden- und gewerbsmäßige Fälschung tech. Aufzeichnungen, § 268 V i.V.m. § 267 IV
(Vorsatzbedürftige Qualifikation)

Als Grunddelikt § 268 I prüfen. Zusätzlich: **Objektiver Tatbestand:** Tatbegehung durch Mitglied einer Bande, die sich zur fortgesetzten Begehung von Straftaten nach den §§ 263–264 oder §§ 267–269 verbunden hat; **subjektiver Tatbestand:** Vorsatz bzgl. der bandenmäßigen Begehung und Gewerbsmäßigkeit

E. Delikte gegen kollektive Rechtsgüter	I. Straftaten gegen beweiserhebliche Informationsträger 4. Fälschung beweiserheblicher Daten

Fälschung beweiserheblicher Daten, § 269

	Objektiver Tatbestand		
Tatbestand	Herstellen, I Mod. 1	Verfälschen, I Mod. 2	Gebrauchen, I Mod. 3
	Tatprodukt:	**Tatobjekt:**	**Tatobjekt:**
	Beweiserhebliche Daten: Daten = alle (auch noch nicht gespeicherten) Informationen, die Gegenstand eines Datenverarbeitungsvorgangs sind **und** Beweiserheblichkeit = die Daten müssen dazu bestimmt sein, bei einer Verarbeitung im Rechtsverkehr als Beweisdaten für rechtserhebliche Tatsachen benutzt zu werden		
	Tathandlung: Speichern (= Erfassen, Kopieren, Aufnehmen oder Aufbewahren der Daten auf einem Datenträger zum Zwecke ihrer weiteren Verwendung) sodass bei (visueller) Wahrnehmung eine unechte Urkunde vorläge ⚠ *Ausgrenzung der bloßen „Datenlüge"*	**Tathandlung:** Verändern (= inhaltliches Umgestalten der Daten) sodass bei (visueller) Wahrnehmung eine verfälschte Urkunde vorläge	Falsch gespeicherte (i.S.d. Mod. 1)/ veränderte (i.S.d. Mod. 2) Daten **Tathandlung:** Gebrauchen (= der Wahrnehmung zugänglich machen)
	Subjektiver Tatbestand		
	Vorsatz **und** Täuschungswille im Rechtsverkehr (mit Gleichstellungsklausel in § 270)		

Rechts-widrigkeit	Allgemeine Grundsätze

Schuld	Allgemeine Grundsätze

E. Delikte gegen kollektive Rechtsgüter	I. Straftaten gegen beweiserhebliche Informationsträger
	4. Fälschung beweiserheblicher Daten (Fortsetzung)

Fälschung beweiserheblicher Daten, § 269 (Fortsetzung)

	Besonders schwerer Fall mit Regelbeispielskatalog, III i.V.m. § 267 III 2:
Benannte Straf-erschwerung	▪ Nr. 1: – Objektiv und subjektiv: Tatbegehung durch Mitglied einer Bande, die sich zur fortgesetzten Begehung (= mehrere selbstständige Handlungen) von Betrug oder Urkundenfälschung (bzw. Datenfälschung) verbunden hat – Nur subjektiv: gewerbsmäßiges Handeln ▪ Nr. 2: Objektiv und subjektiv: Vermögensverlust großen Ausmaßes herbeigeführt (ab ca. 50.000 €) ▪ Nr. 3: Objektiv und subjektiv: Große Anzahl von unechten/verfälschten Urkunden/Daten **und** dadurch Sicherheit des Rechtsverkehrs erheblich gefährdet ▪ Nr. 4: Objektiv und subjektiv: Befugnisse/Stellung als Amtsträger missbraucht

Banden- und gewerbsmäßige Datenfälschung, § 269 III i.V.m. § 267 IV
(Vorsatzbedürftige Qualifikation)

Als Grunddelikt § 269 I prüfen. Zusätzlich: **Objektiver Tatbestand:** Tatbegehung durch Mitglied einer Bande, die sich zur fortgesetzten Begehung von Straftaten nach den §§ 263–264 oder §§ 267–269 verbunden hat; **subjektiver Tatbestand:** Vorsatz bzgl. der bandenmäßigen Begehung und Gewerbsmäßigkeit

127

E. Delikte gegen kollektive Rechtsgüter	**I.** Straftaten gegen beweiserhebliche Informationsträger **5.** Fälschung von Gesundheitszeugnissen; Ausstellen unrichtiger Gesundheitszeugnisse; Gebrauch unrichtiger Gesundheitszeugnisse

Fälschung von Gesundheitszeugnissen, § 277

Tatbestand	**Objektiver Tatbestand**	
	Herstellen Alt. 1	Verfälschen, Alt. 2
	Tatprodukt:	**Tatobjekt:**
	Gesundheitszeugnis = Bescheinigung über frühere Krankheiten/gegenwärtigen Gesundheitszustand/zukünftige Gesundheitsaussichten	
	Tathandlung 1. Akt: Ausstellen = Körperliches/elektronisches Herstellen des Zeugnisses **und** die nach außen kenntlich gemachte Übernahme der Verantwortung für den Inhalt • Unter dem richtigen Namen, aber einer dem Täter nicht zustehenden Bezeichnung als Arzt/als andere approbierte Medizinalperson • Unberechtigt unter dem Namen eines Arztes/einer anderen approbierten Medizinalperson	Von einem Arzt oder einer anderen approbierten Medizinalperson ausgestellt **und** Echt **Tathandlung 1. Akt:** Verfälschen (wie bei § 267 ⇨ S. 122)
	zweiaktiges Delikt	
	Tathandlung 2. Akt: Gebrauchen (wie bei § 267 ⇨ S. 122 f.)	
	Subjektiver Tatbestand	
	Vorsatz **und** Täuschungswille in Bezug auf Behörde/Versicherungsgesellschaft	

Rechts-widrigkeit	Allgemeine Grundsätze

Schuld	Allgemeine Grundsätze

128

E. Delikte gegen kollektive Rechtsgüter	I. Straftaten gegen beweiserhebliche Informationsträger 5. Fälschung von Gesundheitszeugnissen; Ausstellen unrichtiger Gesundheitszeugnisse; Gebrauch unrichtiger Gesundheitszeugnisse (Fortsetzung)

Ausstellen unrichtiger Gesundheitszeugnisse, § 278

	Objektiver Tatbestand
Tatbestand	**Täter:** Arzt/andere approbierte Medizinalperson **Tatprodukt:** Gesundheitszeugnis (wie in § 277 ⇨ S. 128) **und** Zweckbestimmung zum Gebrauch bei einer Behörde/Versicherungsgesellschaft **und** inhaltlich unrichtig **Tathandlung:** Ausstellen (§ 277 ⇨ S. 128)
	Subjektiver Tatbestand
	Vorsatz; sicheres Wissen bzgl. der inhaltlichen Unrichtigkeit
Rechts-widrigkeit	Allgemeine Grundsätze
Schuld	Allgemeine Grundsätze

Gebrauch unrichtiger Gesundheitszeugnisse, § 279

	Objektiver Tatbestand
Tatbestand	**Tatobjekt:** Gesundheitszeugnis (wie in § 277 ⇨ S. 128) **und** objektiv falsch (i.S.v. § 277)/objektiv unrichtig (i.S.v. § 278) [nicht notwendig aus einer strafbaren Tat gem. §§ 277/278] **Tathandlung:** Gebrauchen (wie bei § 267 ⇨ S. 128)
	Subjektiver Tatbestand
	Vorsatz **und** Täuschungswille in Bezug auf Behörde/Versicherungsgesellschaft
Rechts-widrigkeit	Allgemeine Grundsätze
Schuld	Allgemeine Grundsätze

129

E. Delikte gegen kollektive Rechtsgüter	I. Straftaten gegen beweiserhebliche Informationsträger
	6. Falschbeurkundung im Amt; mittelbare Falschbeurkundung; Gebrauch falscher Beurkundungen

Falschbeurkundung im Amt, § 348

	Objektiver Tatbestand
Tatbestand	**Täter:** Amtsträger (i.S.v. § 11 I Nr. 2; § 48 I, II WStG) **und** zur Aufnahme öffentlicher Urkunden befugt **und** sachlich/örtlich zuständig
	Tatprodukte/Tatobjekte:
	• Öffentliche Urkunde i.S.v. § 415 ZPO mit Beweiskraft für/gegen jedermann
	• Öffentliche Bücher/Register/Dateien
	Taterfolg und Tathandlung:
	Falschbeurkundung/Falscheintragung/Falscheingabe:
	Fixierung einer inhaltlich unwahren Tatsache mit Rechtserheblichkeit in der öffentlichen Urkunde (etc.) **und** **erhöhte Beweiskraft der öffentlichen Urkunde (etc.) muss sich gerade auf die unwahre Tatsache beziehen**
	Subjektiver Tatbestand
	Vorsatz
Rechtswidrigkeit	Allgemeine Grundsätze
Schuld	Allgemeine Grundsätze

130

E. Delikte gegen kollektive Rechtsgüter	I. Straftaten gegen beweiserhebliche Informationsträger 6. Falschbeurkundung im Amt; mittelbare Falschbeurkundung; Gebrauch falscher Beurkundungen (Fortsetzung)

Mittelbare Falschbeurkundung, § 271

	Objektiver Tatbestand	
	Herstellen, I	**Gebrauchen,** II
	Tatprodukt:	**Tatobjekt:**
Tatbestand	Öffentliche Urkunde i.S.v. § 415 ZPO mit Beweiskraft für und gegen jedermann/öffentliche Bücher/Register/Dateien **und** Falschbeurkundung/Falscheintragung/Falscheingabe (wie bei § 348 ⇨ S. 130, nicht notwendig mit Vorsatz der Beurkundungsperson) ⚠ *Der öffentliche Gedanke muss sich gerade auf die unrichtige Tatsache usw. beziehen.*	
	Tathandlung: Bewirken = zurechenbare Verursachung der Beurkundung **und** Tatherrschaft (str.)	**Tathandlung:** Gebrauchen (wie bei § 267 I Mod. 3 ⇨ S. 122 f.)
	Subjektiver Tatbestand	
	Vorsatz (nach m.M. auch bzgl. Gutgläubigkeit des Beurkundenden)	**und** Täuschungswille im Rechtsverkehr (mit Gleichstellungsklausel in § 270)

Rechtswidrigkeit	Allgemeine Grundsätze

Schuld	Allgemeine Grundsätze

Schwere mittelbare Falschbeurkundung, § 271 III (Vorsatzbedürftige Qualifikation)

Als Grunddelikt § 271 I/II prüfen. Zusätzlich:

- Objektiv und subjektiv: Handeln gegen Entgelt (§ 11 I Nr. 9);
- nur subjektiv: Absicht, sich/einen Dritten zu bereichern/eine andere Person zu schädigen

E. Delikte gegen kollektive Rechtsgüter	I. Straftaten gegen beweiserhebliche Informationsträger
	7. Urkundenunterdrückung

Urkundenunterdrückung, § 274

	Objektiver Tatbestand
Tatbestand	▪ I Nr. 1: **Tatobjekte:** Urkunde i.S.v. § 267 (⇨ S. 122 f.)/technische Aufzeichnung i.S.v. § 268 (⇨ S. 124 f.) **und** **ungeschriebenes Tatbestandsmerkmal: echt und** nicht/nicht ausschließlich dem Täter gehörend = kein alleiniges Beweisführungsrecht des Täters **Tathandlungen:** – Vernichten = Zerstören ⎫ – Beschädigen ⎬ wie bei § 303 (⇨ S. 79) – Unterdrücken = zumindest zeitweiliges Vorenthalten der Urkunde als Beweismittel ▪ I Nr. 2: **Tatobjekte:** Beweiserhebliche Daten i.S.v. § 269 (⇨ S. 126), aber mit Beschränkung auf bereits i.S.v. § 202 a II gespeicherte bzw. übermittelte Daten **und** **ungeschriebenes Tatbestandsmerkmal: echt und** nicht/nicht ausschließlich in der Verfügungsbefugnis des Täters **Tathandlungen:** – Löschen ⎫ – Unterdrücken ⎬ wie bei § 303 a (⇨ S. 86) – Unbrauchbarmachen ⎪ – Verändern ⎭ ▪ I Nr. 3: **Tatobjekte:** – Speziell: Grenzstein – Anderes zur Bezeichnung einer Grenze/eines Wasserstandes bestimmtes (künstliches oder natürliches) Merkmal **Tathandlungen:** wegnehmen/vernichten/unkenntlich machen/verrücken/fälschlich setzen
	Subjektiver Tatbestand
	Vorsatz **und** Absicht (dolus directus I oder II), einem anderen (△ *Nicht: dem Staat in Bezug auf Bußgeld-, Verwarnungsgeld- oder Strafansprüche*) einen beliebigen Nachteil zuzufügen, indem die Nutzung des Inhalts der Urkunde in einer aktuellen Beweissituation vereitelt wird
Rechtswidrigkeit	Allgemeine Grundsätze
Schuld	Allgemeine Grundsätze

E. Delikte gegen kollektive Rechtsgüter	I. Straftaten gegen beweiserhebliche Informationsträger
	8. Ausweismissbrauch; Verändern von amtlichen Ausweisen

Missbrauch von Ausweispapieren, § 281

	Objektiver Tatbestand		

Tatbestand

	Gebrauchen, I 1 Alt. 1		Überlassen, I 1 Alt. 2
	Tatobjekt:		**Tatobjekt:**

	– Ausweispapiere = Amtliche Ausweise: ausschließlich oder neben anderen Zwecken zur Ermöglichung des Identitätsnachweises ausgestellte amtliche Urkunden, insbesondere Pässe, Dienst- und Studentenausweise, auch Führerscheine
	– Gleichgestellt gem. II: Im Rechtsverkehr als Ausweis verwendete amtliche Urkunden, z.B. Schulzeugnisse

Echt (ungeschriebenes Abgrenzungsmerkmal zu § 267 I Mod. 3) **und**	Echt **und**
für einen anderen (als den Täter) ausgestellt	für einen anderen als den Übernehmer ausgestellt
Tathandlung: Gebrauchen (wie bei § 267 ⇨ S. 122 f.)	**Tathandlung:** Überlassen = wenigstens vorübergehende Übertragung der Verfügungsgewalt, sodass Gebrauch möglich

	Subjektiver Tatbestand	

Vorsatz **und**

Täuschungswille im Rechtsverkehr (mit Gleichstellungsklausel in § 270)

Rechtswidrigkeit

Allgemeine Grundsätze

Schuld

Allgemeine Grundsätze

E. Delikte gegen kollektive Rechtsgüter	I. Straftaten gegen beweiserhebliche Informationsträger 8. Ausweismissbrauch; Verändern von amtlichen Ausweisen (Fortsetzung)

Verändern von amtlichen Ausweisen, § 273

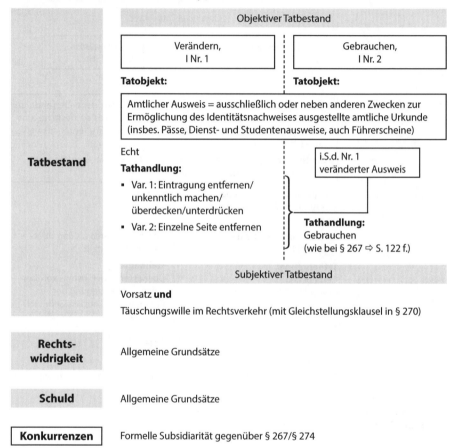

Tatbestand	*Objektiver Tatbestand* **Verändern, I Nr. 1** — Tatobjekt: **Gebrauchen, I Nr. 2** — Tatobjekt: Amtlicher Ausweis = ausschließlich oder neben anderen Zwecken zur Ermöglichung des Identitätsnachweises ausgestellte amtliche Urkunde (insbes. Pässe, Dienst- und Studentenausweise, auch Führerscheine) Echt i.S.d. Nr. 1 veränderter Ausweis **Tathandlung:** • Var. 1: Eintragung entfernen/ unkenntlich machen/ überdecken/unterdrücken • Var. 2: Einzelne Seite entfernen **Tathandlung:** Gebrauchen (wie bei § 267 ⇨ S. 122 f.) *Subjektiver Tatbestand* Vorsatz **und** Täuschungswille im Rechtsverkehr (mit Gleichstellungsklausel in § 270)
Rechtswidrigkeit	Allgemeine Grundsätze
Schuld	Allgemeine Grundsätze
Konkurrenzen	Formelle Subsidiarität gegenüber § 267/§ 274

E. Delikte gegen kollektive Rechtsgüter	I. Straftaten gegen beweiserhebliche Informationsträger 9. Konkurrenzen	

Verhältnis	zu anderen Urkundsdelikten	zu anderen Tatbeständen
§ 267	Mit § 268 Tateinheit auch bzgl. gleichem Objekt und Zeichenbestand möglich, soweit der Aussteller die technische Aufzeichnung zugleich als eigene Gedankenerklärung autorisiert	Tateinheit, häufig sogar Verklammerung zur Tateinheit bei Delikten, die durch dieselbe Handlung zusammen mit der Manipulation bzw. dem anschließenden absichtsgemäßen Gebrauch verwirklicht werden
	Mit § 269 wegen tatbestandlicher Exklusivität von Urkunde und Daten bzgl. gleichem Zeichenbestand Tateinheit (–)	
	Wird von § 277 Alt. 1 Fall 2 und Alt. 2 als gesetzeskonkurrierend verdrängt (Spezialität)	
	Mit §§ 271, 348 hinsichtlich derselben Gedankenerklärung kein Zusammentreffen möglich	Wird in Bezug auf Geld und Wertzeichen von den §§ 146 ff., auch § 152 a, b, als gesetzeskonkurrierend verdrängt (Spezialität)
	§ 274 I Nr. 1 tritt zurück, soweit die Manipulation als typische Begleittat die Vernichtung, Beschädigung oder Unterdrückung einer vorher existenten echten Urkunde zur Folge hatte (Konsumtion)	§ 303 tritt zurück, soweit die Manipulation als typische Begleittat die Beschädigung, Zerstörung oder Veränderung des Erscheinungsbildes des Urkundenkörpers zur Folge hatte (Konsumtion)

E. Delikte gegen kollektive Rechtsgüter

II. Straftaten gegen den Geld- und Wertzeichenverkehr
1. System der Geld- und Wertzeichendelikte

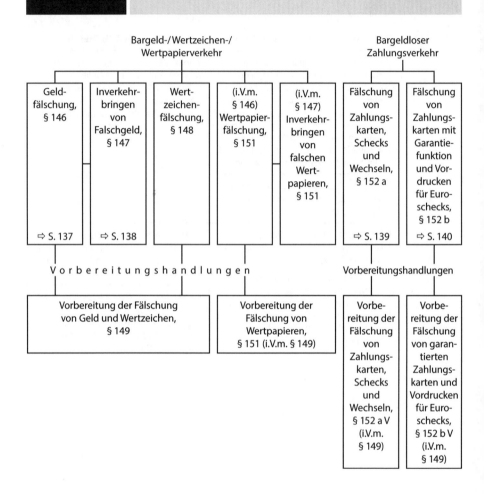

E. Delikte gegen kollektive Rechtsgüter

II. Straftaten gegen den Geld- und Wertzeichenverkehr
2. Geldfälschung

Geldfälschung, § 146 I

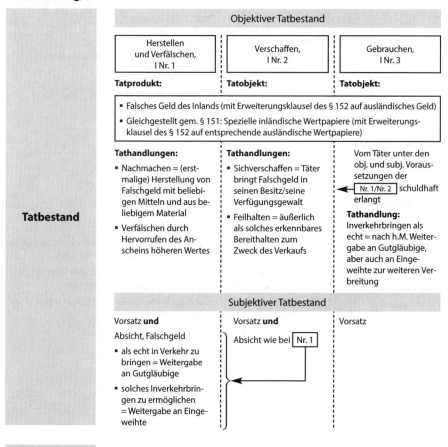

Banden- oder gewerbsmäßige Geldfälschung, § 146 II (Vorsatzbedürftige Qualifikation)
Als Grunddelikt § 146 I prüfen. Zusätzlich:
- Objektiv und subjektiv: Tatbegehung durch Mitglied einer Bande, die sich zur fortgesetzten Begehung einer Geldfälschung (= mehrere selbstständige Handlungen) verbunden hat
- Nur subjektiv: Gewerbsmäßigkeit

E. Delikte gegen kollektive Rechtsgüter	II. Straftaten gegen den Geld- und Wertzeichenverkehr 3. Inverkehrbringen von Falschgeld

Inverkehrbringen von Falschgeld, § 147

Tatbestand	Objektiver Tatbestand
	Tatobjekt: Falsches Geld (wie bei § 146 ⇨ S. 137)
	Tathandlung: Inverkehrbringen als echt = nach h.M. Weitergabe an Gutgläubige, aber auch an Eingeweihte
	Subjektiver Tatbestand
	Vorsatz

Rechts-widrigkeit	Allgemeine Grundsätze

Schuld	Allgemeine Grundsätze

Konkurrenzen	Klarstellung „abgesehen von den Fällen des § 146" verdeutlicht Subsidiarität des § 147; selbstständige Strafbarkeit hieraus in folgenden Fällen: • Täter hat objektiven Tatbestand des § 146 I Nr. 2 erfüllt, aber beim Sichverschaffen keinen Vorsatz bzgl. Falschgeldeigenschaft besessen • Täter hat objektiven Tatbestand des § 146 I Nr. 1/2 vorsätzlich erfüllt, aber Absicht des Inverkehrbringens erst später gefasst • Täter hat § 146 I Nr. 1/2 nicht schuldhaft begangen

E. Delikte gegen kollektive Rechtsgüter	II. Straftaten gegen den Geld- und Wertzeichenverkehr
	4. Fälschung von Zahlungskarten, Schecks und Wechseln

Fälschung von Zahlungskarten, Schecks und Wechseln, § 152 a I, IV

<table>
<tr><td colspan="2" align="center">Objektiver Tatbestand</td></tr>
<tr><td>Herstellen und Verfälschen, I Nr. 1</td><td>Gebrauchen und Überlassen, I Nr. 2</td></tr>
<tr><td>Tatprodukt:</td><td>Tatobjekt:</td></tr>
<tr><td colspan="2">

- Inländische/ausländische Zahlungskarten (= Legaldefinition in IV), die von einem Kredit-/Finanzdienstleistungsinstitut (i.S.d. § 1 I, I a KWG) herausgegeben wurden (IV Nr. 1) und durch Ausgestaltung/Codierung besonders gegen Nachahmung gesichert sind (IV Nr. 2).

  ⚠ *Erfasst werden auch Zahlungskarten ohne Garantiefunktion, z.B. Kunden- oder Bankkarten im „Zwei-Partner-System"; für Karten mit Garantiefunktion ist der speziellere § 152 b ⇨ S. 140 einschlägig.*
- Schecks (str., ob auch Scheckvordrucke erfasst werden)
- Wechsel
</td></tr>
<tr><td>

Tathandlungen:
- Nachmachen (wie bei § 146 ⇨ S. 137)
- Verfälschen (wie bei §§ 267–269 ⇨ S. 122 ff.; auch wenn die Verfälschung nur auf elektronischen Zahlungsverkehr gerichtet ist)
</td><td>

Tathandlungen:
- Sichverschaffen/einem anderen verschaffen
- Feilhalten (wie bei § 146 ⇨ S. 137)
- Einem anderen überlassen
- Gebrauchen (wie bei § 146 ⇨ S. 137)
</td></tr>
<tr><td colspan="2" align="center">Subjektiver Tatbestand</td></tr>
<tr><td colspan="2">

Vorsatz **und**

Absicht
- eigener Täuschung im Rechtsverkehr
- Täuschung im Rechtsverkehr zu ermöglichen = durch Weitergabe an Eingeweihte   } mit Gleichstellungsklausel in § 270
</td></tr>
</table>

Die linke Spalte enthält:
- **Tatbestand**
- **Rechtswidrigkeit** — Allgemeine Grundsätze
- **Schuld** — Allgemeine Grundsätze

Banden- oder gewerbsmäßige Fälschung von Zahlungskarten, Schecks und Wechseln, § 152 a III
(Vorsatzbedürftige Qualifikation)
Als Grunddelikt § 152 a I prüfen. Zusätzlich:

- Objektiv und subjektiv: Tatbegehung durch Mitglied einer Bande, die sich zur fortgesetzten Begehung (= mehrere selbstständige Handlungen) von Straftaten nach § 152 a I verbunden hat;

- Nur subjektiv: Gewerbsmäßigkeit

Vorbereitung der Fälschung von Zahlungskarten, Schecks und Wechseln, § 152 a V:
Spezielle Vorbereitungshandlungen i.S.d. § 149 auch für die Tatobjekte des § 152 a IV

139

E. Delikte gegen kollektive Rechtsgüter	II. Straftaten gegen den Geld- und Wertzeichenverkehr
	5. Fälschung von Zahlungskarten mit Garantiefunktion und Vordrucken für Euroschecks

Fälschung von Zahlungskarten mit Garantiefunktion und Vordrucken für Euroschecks, § 152 b I, IV

Tatbestand

Objektiver Tatbestand	
Herstellen und Verfälschen, I i.V.m. § 152 a Nr. 1	Gebrauchen und Überlassen, i.V.m. § 152 a I Nr. 2
Tatprodukte:	**Tatobjekte:**

* Inländische/ausländische Zahlungskarten mit Garantiefunktion (= Legaldefinition in IV): Kreditkarten/Euroscheckkarten/sonstige Karten (die z.B. durch das Maestro-System eine Garantiefunktion besitzen), die
  ermöglichen, den Aussteller im Zahlungsverkehr zu einer garantierten Zahlung zu veranlassen, **und**
  durch Ausgestaltung/Codierung besonders gegen Nachahmung gesichert sind
* Vordrucke für Euroschecks (wegen Auslaufens des EC-Systems zum 31.12.2001 überholt)

Tathandlungen:	**Tathandlungen:**
* Nachmachen (wie bei § 146 ⇨ S. 137)	* Sichverschaffen/einem anderen verschaffen
* Verfälschen (wie bei §§ 267–269 ⇨ S. 122 ff.; auch wenn die Verfälschung nur auf elektronischen Zahlungsverkehr gerichtet ist)	* Feilhalten (wie bei § 146 ⇨ S. 137)
	* Einem anderen überlassen
	* Gebrauchen (wie bei § 146 ⇨ S. 137)

Subjektiver Tatbestand

Vorsatz **und**
Absicht
* eigener Täuschung im Rechtsverkehr
* Täuschung im Rechtsverkehr zu ermöglichen
= durch Weitergabe an Eingeweihte

} mit Gleichstellungs-klausel in § 270

Rechtswidrigkeit

Allgemeine Grundsätze

Schuld

Allgemeine Grundsätze

Banden- oder gewerbsmäßige Fälschung von Zahlungskarten mit Garantiefunktion und Vordrucken für Euroschecks, § 152 b II (Vorsatzbedürftige Qualifikation)
Als Grunddelikt § 152 b I prüfen. Zusätzlich:
* Objektiv und subjektiv: Tatbegehung durch Mitglied einer Bande, die sich zur fortgesetzten Begehung (= mehrere selbstständige Handlungen) von Straftaten nach § 152 b I verbunden hat;
* Nur subjektiv: Gewerbsmäßigkeit

Vorbereitung der Fälschung von Zahlungskarten mit Garantiefunktion und Vordrucken für Euroschecks, § 152 b V: spezielle Vorbereitungshandlungen i.S.d. §149 auch für die Tatobjekte des § 152 b IV

140

E. Delikte gegen kollektive Rechtsgüter

III. Brandstiftungsdelikte
1. System der Brandstiftungsdelikte

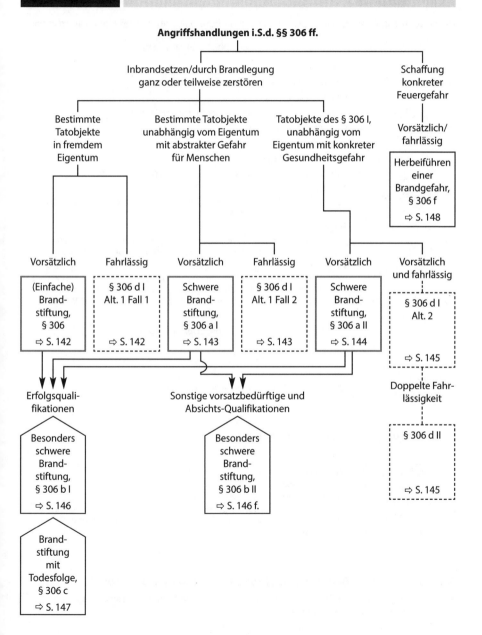

E. Delikte gegen kollektive Rechtsgüter	**III. Brandstiftungsdelikte** **2. Vorsätzliche und fahrlässige (einfache) Brandstiftung**

Brandstiftung, § 306 (qualifiziertes Sachbeschädigungs- u. abstraktes Gefährdungsdelikt)

	Objektiver Tatbestand
	Tatobjekt:
	Sache aus dem Katalog des § 306 I:
	▪ Nr. 1: Gebäude/Hütte
	▪ Nr. 2: Betriebsstätte/technische Einrichtung (speziell Maschinen)
	▪ Nr. 3: Warenlager/-vorrat
	▪ Nr. 4: Kraft-/Schienen-/Luft-/Wasserfahrzeug
	▪ Nr. 5: Wald/Heide/Moor
	▪ Nr. 6: Anlage oder Erzeugnis der Land-/Ernährungs-/Forstwirtschaft
Tatbestand	**Fremdheit** der jeweiligen Sache
	⚠ *Teleologischer Ausschluss solcher Objekte, die nur unerheblichen Wert (unter 750 €) verkörpern/von denen im Brandfall keinerlei Gemeingefahr ausgeht (str.)*
	Tathandlungen:
	▪ I Alt. 1: Inbrandsetzen = Sache/deren wesentliche Bestandteile derart vom Feuer erfassen lassen, dass sie auch ohne den Zündstoff selbstständig weiterbrennen können
	▪ I Alt. 2: Durch Brandlegung ganz oder teilweise zerstören = Jede durch typische Gefahren des Versuchs der Brandstiftung bewirkte Unbrauchbarmachung der ganzen Sache/ihrer funktionell selbstständigen Teile, d.h. Zerstörung nicht nur durch helle Flamme, sondern z.B. auch durch Explosion, Verpuffung, Schwelbrand, Verrußung
	Subjektiver Tatbestand
	Vorsatz
Rechtswidrigkeit	⚠ *Einwilligung des Eigentümers ist Rechtfertigungsgrund!*
Schuld	Allgemeine Grundsätze
Fakultative Strafmilderung/ Absehen von Strafe	Tätige Reue, § 306 e I, III: Vollendete Brandstiftung (bei Versuch: § 24) **und** noch kein erheblicher Schaden entstanden **und** Täter muss Löschung des Brandes bewirkt haben (bei fehlender Kausalität des Täters für das Löschen genügen ernsthafte Löschbemühungen, § 306 e III) **und** Freiwilligkeit

Fahrlässige einfache Brandstiftung, § 306 d I Mod. 1 Fall 1 i.V.m. § 306 I

Aufbau wie § 306; objektive und subjektive Fahrlässigkeit in Bezug auf die Tatbestandsmerkmale des § 306 I; persönlicher Strafaufhebungsgrund: § 306 e II, III

E. Delikte gegen kollektive Rechtsgüter	**III. Brandstiftungsdelikte** **3. Vorsätzliche und fahrlässige schwere Brandstiftung**

Schwere Brandstiftung, § 306 a I (abstrakt-gefährliches Vorsatzdelikt)

Objektiver Tatbestand

	Nr. 1	**Nr. 2**	**Nr. 3**
Tatbestand	**Tatobjekt:**	**Tatobjekt:** ⚠ *Unabhängig von den Eigentumsverhältnissen!*	**Tatobjekt:**
	• Räumlichkeit, die der Wohnung von Menschen dient, speziell: Gebäude/Schiff/Hütte • Im Tatzeitpunkt noch nicht durch den/die Bewohner entwidmet • Bei einräumigen Objekten abstrakte Gefahr für Menschen nicht durch Überschaubarkeit und Größe absolut ausgeschlossen	• Der Religionsausübung dienendes Gebäude (speziell: Kirche)	• Räumlichkeit • Zeitweise zum Aufenthalt von Menschen dienend
	Tathandlungen:	**Tathandlungen:**	**Tathandlungen:**
	• I Alt. 1: Inbrandsetzen = Sache/deren wesentliche Bestandteile derart vom Feuer erfassen lassen, dass sie auch ohne den Zündstoff selbstständig weiterbrennen können • I Alt. 2: durch Brandlegung ganz oder teilweise zerstören = Jede durch typische Gefahren des Versuchs der Brandstiftung bewirkte Unbrauchbarmachung der ganzen Sache/ihrer funktionell selbstständigen Teile, d.h. Zerstörung nicht nur durch helle Flamme, sondern z.B. auch durch Explosion, Verpuffung, Schwelbrand, Verrußung ⚠ *Funktionsbeeinträchtigung von Gewicht erforderlich (z.B. eine Wohnung in einem Mehrfamilienhaus)!*		
			Ausbruch des Brandes/Eintritt der Zerstörung zu einer Zeit, während der sich üblicherweise Menschen in den Räumlichkeiten aufhalten

Subjektiver Tatbestand

Vorsatz (nicht bzgl. der Gefährdung von Menschen erforderlich; dann ggf. § 306 b II Nr. 1!)

Rechtswidrigkeit	Allgemeine Grundsätze ⚠ *Einwilligung des Eigentümers des Tatobjekts wirkt nicht rechtfertigend, da gemeingefährliches Delikt!*
Schuld	Allgemeine Grundsätze
Fakultative Strafmilderung/ Absehen von Strafe	Tätige Reue, § 306 e I, III: Vollendete Brandstiftung (bei Versuch: § 24) **und** noch kein erheblicher Schaden entstanden **und** Täter muss Löschung des Brandes bewirkt haben (bei fehlender Kausalität des Täters für das Löschen genügen ernsthafte Löschbemühungen, § 306 e II) **und** Freiwilligkeit

Fahrlässige schwere Brandstiftung, § 306 d I Mod. 1 Fall 2 i.V.m. § 306 a I

Aufbau wie § 306 a; objektive und subjektive Fahrlässigkeit in Bezug auf die Tatbestandsmerkmale des § 306 a I; persönlicher Strafaufhebungsgrund: § 306 e II, III

E. Delikte gegen kollektive Rechtsgüter	**III. Brandstiftungsdelikte** **3. Vorsätzliche und fahrlässige schwere Brandstiftung** (Fortsetzung)

Schwere Brandstiftung, § 306 a II
(Konkretes Gefährdungs- und Vorsatzdelikt mit Individualschutzcharakter)

Tatbestand	**Objektiver Tatbestand**
	Tatobjekt: ⚠ *Unabhängig von Eigentumsverhältnissen, also auch tätereigene/herrenlose Objekte oder bei Handeln mit Einwilligung des Eigentümers des Tatobjekts* Sache aus dem Katalog des § 306 I: • Nr. 1: Gebäude/Hütte • Nr. 2: Betriebsstätte/technische Einrichtung, speziell Maschinen • Nr. 3: Warenlager/-vorrat • Nr. 4: Kraft-/Schienen-/Luft-/Wasserfahrzeug • Nr. 5: Wald/Heide/Moor • Nr. 6: Anlage oder Erzeugnis der Land-/Ernährungs-/Forstwirtschaft
	Tathandlungen: ▪ II Alt. 1: Inbrandsetzen = Sache/deren wesentliche Bestandteile derart vom Feuer erfassen lassen, dass sie auch ohne den Zündstoff selbstständig weiterbrennen können ▪ II Alt. 2: durch Brandlegung ganz oder teilweise zerstören = Jede durch typische Gefahren des Versuchs der Brandstiftung bewirkte Unbrauchbarmachung der ganzen Sache/ihrer funktionell selbstständigen Teile, d.h. Zerstörung nicht nur durch helle Flamme, sondern z.B. auch durch Explosion, Verpuffung, Schwelbrand, Verrußung ⚠ *Funktionsbeeinträchtigung von Gewicht erforderlich! Erfüllt, wenn funktionaler Gebäudeteil für nicht unerhebliche Zeit nicht bestimmungsgemäß genutzt werden kann.* Eintritt einer konkreten Gefahr der Gesundheitsschädigung eines anderen = vom Täter verschiedenen Menschen **und** ⚠ *Nach h.M. sind auch Tatbeteiligte und sogar Mittäter „andere" Menschen, wobei eine eigenverantwortliche Selbstgefährdung dann den Tatbestand ausschließen kann.* spezifischer Risikozusammenhang zwischen Tathandlung und konkreter Gefährdung
	Subjektiver Tatbestand
	Vorsatz sowohl in Bezug auf die Tathandlung als auch auf den Eintritt der konkreten Gefahr
Rechts-widrigkeit	Allgemeine Grundsätze ⚠ *Einwilligung des Gefährdeten in die Gefährdung wirkt nach h.M. rechtfertigend, da Individualschutzdelikt!*
Schuld	Allgemeine Grundsätze
Fakultative Straf-milderung/ Absehen von Strafe	Tätige Reue, § 306 e I, III: Vollendete Brandstiftung (bei Versuch: § 24) **und** noch kein erheblicher Schaden entstanden **und** Täter muss Löschung des Brandes bewirkt haben (bei fehlender Kausalität des Täters für das Löschen genügen ernsthafte Löschbemühungen, § 306 e III) **und** Freiwilligkeit

E. Delikte gegen kollektive Rechtsgüter	III. Brandstiftungsdelikte 3. Vorsätzliche und fahrlässige schwere Brandstiftung (Fortsetzung)

Vorsätzlich-fahrlässige (konkret gefährliche) schwere Brandstiftung, § 306 d I Mod. 2 i.V.m. § 306 a II

Aufbau wie § 306 a II;
objektiver Tatbestand: objektive Fahrlässigkeit bzgl. Gefährdung;
subjektiver Tatbestand: Vorsatz nur bzgl. Tathandlung des § 306 a II; **Schuld:** subjektive Fahrlässigkeit bzgl. Gefährdung; **persönlicher Straufaufhebungsgrund:** tätige Reue gemäß § 306 e II, III

Fahrlässige (konkret gefährliche) schwere Brandstiftung, § 306 d II i.V.m. § 306 a II

Aufbau grds. wie § 306 a II;
Tatbestand: objektive Fahrlässigkeit bzgl. Tatbestand des § 306 a II inkl. Gefährdung;
Schuld: subjektive Fahrlässigkeit; **persönlicher Strafaufhebungsgrund:** tätige Reue gemäß § 306 e II, III

E. Delikte gegen kollektive Rechtsgüter	III. Brandstiftungsdelikte 4. Besonders schwere Brandstiftung; Brandstiftung mit Todesfolge

Besonders schwere Brandstiftung, § 306 b I (Erfolgsqualifikation zu §§ 306, 306 a)

Tatbestand	Objektiver und subjektiver Tatbestand einer Tat nach ▪ § 306 I (⇨ S. 142) ▪ § 306 a I (⇨ S. 143) ▪ § 306 a II (⇨ S. 144) Eintritt der schweren Folge: ▪ Schwere Gesundheitsschädigung eines anderen Menschen ▪ (Einfache) Gesundheitsschädigung einer großen Zahl von Menschen (Rspr.: jedenfalls bei 14 Personen; Lit.: ab 10 Personen) Kausaler und tatbestandsspezifischer Zusammenhang zwischen Grunddelikt und schwerer Folge nach § 306/§ 306 a **und** Objektiv (wenigstens, § 18) einfache Fahrlässigkeit hinsichtlich der schweren Folge ⚠ *Aber auch bei Vorsatz!*
Rechts-widrigkeit	Allgemeine Grundsätze ⚠ *Eine Einwilligung des Eigentümers des Tatobjekts ist unbeachtlich; die Einwilligung des/der Verletzten kann die Tat rechtfertigen!*
Schuld	Allgemeine Grundsätze **und** Subjektive Fahrlässigkeit bzgl. der schweren Folge; entfällt bei Vorsatz bzgl. der schweren Folge
Fakultative Straf-milderung/ Absehen von Strafe	Tätige Reue, § 306 e I, III: Vollendete Brandstiftung (bei Versuch: § 24) **und** noch kein erheblicher Schaden entstanden (ab Körperverletzung mit erheblicher Verletzungsgefahr ausgeschlossen) **und** Täter muss Löschung des Brandes bewirkt haben (bei fehlender Kausalität des Täters für das Löschen genügen ernsthafte Löschbemühungen des Täters, § 306 e III) **und** Freiwilligkeit

E. Delikte gegen kollektive Rechtsgüter	**III. Brandstiftungsdelikte** **4. Besonders schwere Brandstiftung;** **Brandstiftung mit Todesfolge** (Fortsetzung)

Besonders schwere Brandstiftung, § 306 b II Nr. 1
(Vorsatzbedürftige Gefährdungsqualifikation zu § 306 a)

Als Grunddelikt § 306 a I / II prüfen, zusätzlich: **Objektiver Tatbestand:** Tatobjekt Sache i.S.d. § 306 a II/i.S.d. § 306 I; anstelle der Gefährdung i.S.d. § 306 b I konkrete Todesgefahr für einen anderen Menschen; **subjektiver Tatbestand:** Vorsatz bzgl. der konkreten Todesgefahr; **fakultatives Absehen von Strafe/Strafmilderung:** Tätige Reue gemäß § 306 e I, III

Besonders schwere Brandstiftung, § 306 b II Nr. 2
(Absichtsqualifikation zu § 306 a)

Als Grunddelikt § 306 a I/II prüfen. Zusätzlich: **Subjektiver Tatbestand:** Absicht, eine andere Straftat zu ermöglichen/zu verdecken (wie bei § 211 ⇨ S. 4);

⚠ *Str., ob die Absicht genügt, einen Betrug zum Nachteil der Brandversicherung zu begehen (so Rspr.) oder ob der Täter darauf abzielen muss, brandspezifische Gefahren zur Tatbegehung zu nutzen (so die wohl h.Lit.).*

fakultatives Absehen von Strafe/Strafmilderung: Tätige Reue gemäß § 306 e I, III

Besonders schwere Brandstiftung, § 306 b II Nr. 3
(Vorsatzbedürftige Qualifikation zu § 306 a)

Als Grunddelikt § 306 a I/II prüfen. Zusätzlich: **Objektiver Tatbestand:** Löschen des Brandes verhindern/erschweren; **subjektiver Tatbestand:** Vorsatz bzgl. der qualifizierenden Umstände; **fakultatives Absehen von Strafe/Strafmilderung:** Tätige Reue gemäß § 306 e I, III

Brandstiftung mit Todesfolge, § 306 c
(Erfolgsqualifikation zu §§ 306–306 b; allg. ⇨ S. 218)

Als Grunddelikt § 306/§ 306 a/§ 306 b prüfen. Zusätzlich: **Tatbestand:** Tod eines anderen Menschen; diesbzgl. wenigstens objektiv leichtfertiges Handeln des Täters (einfache Fahrlässigkeit, § 18, genügt nicht); tatbestandsspezifischer Gefahrzusammenhang; **Schuld:** Subjektive Leichtfertigkeit

147

E. Delikte gegen kollektive Rechtsgüter	**III. Brandstiftungsdelikte** **5. Herbeiführen einer Brandgefahr**

(Vorsätzliches) Herbeiführen einer Brandgefahr, § 306 f I, II

	Objektiver Tatbestand	
	I:	**II:**
	Tatobjekt:	**Tatobjekt:**
	• Nr. 1: Feuergefährdeter Betrieb/ Anlage	
	• Nr. 2: Anlage/Betrieb der Land-/ Ernährungswirtschaft, in dem sich deren Erzeugnisse befinden	
	• Nr. 3: Wald/Heide/Moor	Sache aus dem Katalog des § 306 f I
	• Nr. 4: Bestelltes Feld/leicht entzünd- liches Erzeugnis der Landwirt- schaft, das auf Feldern lagert	
	Fremdheit der jeweiligen Sache	Unabängig von Eigentumsverhältnissen am Tatobjekt
Tatbestand	**Taterfolg:** Konkrete Brandgefahr	**Taterfolg:** Konkrete Brandgefahr
	Tathandlung:	**Tathandlung:**
	Jede zurechenbare Verursachung, speziell durch: Rauchen/offenes Feuer/ Licht/Weg- werfen brennender oder glimmender Gegenstände	
		Tatfolge: Eintritt einer konkreten Gefahr • Für Leib/Leben eines anderen Menschen • Für fremde Sachen von bedeutendem Wert (Rspr.: 750 €; Lit.: 1.300 €) Spezifischer Risikozusammenhang zwischen Tathandlung und weiterer Gefährdung
	Subjektiver Tatbestand	
	Vorsatz	Vorsatz, auch bzgl. der weitergehenden Gefährdung
Rechtswidrigkeit	Einwilligung möglich	Allgemeine Grundsätze
Schuld	Allgemeine Grundsätze	Allgemeine Grundsätze

(Fahrlässiges) Herbeiführen einer Brandgefahr, § 306 f I i.V.m. III Alt. 1
Aufbau grds. wie § 306 f I; zusätzlich: **Tatbestand:** Objektive Fahrlässigkeit bzgl. Tatbestandsmerkmalen; **Schuld:** Subjektive Fahrlässigkeit bzgl. Tatbestandsmerkmalen

(Vorsätzlich-fahrlässiges) Herbeiführen einer Brandgefahr, § 306 f II i.V.m. III Alt. 2
Aufbau grds. wie § 306 f II; Änderungen: **Tatbestand:** Vorsatz nur bzgl. Herbeiführung der Brandgefahr (z.B. durch Rauchen, offenes Feuer etc.; vor der Gefährdung prüfen); Eintritt des weiteren konkreten Gefahrerfolges (Leibes-/ Lebensgefahr etc.); objektive Fahrlässigkeit bzgl. Eintritt des Gefahrerfolges; **Schuld:** Subjektive Fahrlässigkeit bzgl. des Eintritts des Gefahrerfolges

E. Delikte gegen kollektive Rechtsgüter	III. Brandstiftungsdelikte 6. Konkurrenzen

Verhältnis	zu anderen Brandstiftungsdelikten	zu anderen Tatbeständen
§ 306	Wird von § 306 a I Nr. 1 als gesetzes-konkurrierend verdrängt (Konsumtion) Wird von § 306 b, c als gesetzeskon-kurrierend verdrängt Zu § 306 a II und § 306 d I Alt. 2 Tateinheit	Verdrängt als gesetzeskonkurrierend §§ 303, 305 am Tatobjekt des § 306 (Spezialität) Sonst (insbesondere §§ 304, 305 a, 265) Tateinheit
§ 306 a I	Zu § 306 a II Tateinheit Wird von §§ 306 b I, II Nr. 1, 306 c als gesetzeskonkurrierend verdrängt	Zu §§ 223 ff. Tateinheit
§ 306 b I	Zu § 306 b II Tateinheit möglich	
§ 306 c	Verdrängt als gesetzeskonkurrierend die §§ 306–306 b I, II Nr. 1, 222 Zu § 306 b II Nr. 2, 3 Tateinheit	Zu §§ 212, 211 Tateinheit

E. Delikte gegen kollektive Rechtsgüter

IV. Straftaten gegen die Verkehrssicherheit
1. System der Verkehrsdelikte

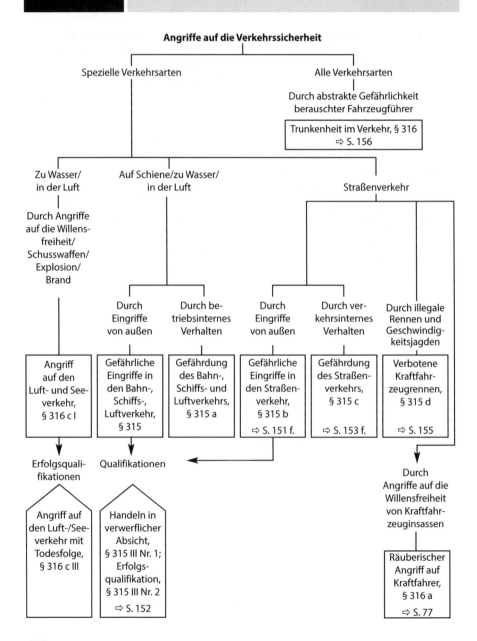

E. Delikte gegen kollektive Rechtsgüter	**IV. Straftaten gegen die Verkehrssicherheit** **2. Gefährlicher Eingriff in den Straßenverkehr**

Gefährlicher Eingriff in den Straßenverkehr, § 315 b I (Konkretes Gefährdungsdelikt)

<table>
<tr><td rowspan="1"></td><td colspan="1" align="center">Objektiver Tatbestand</td></tr>
<tr>
<td rowspan="2">Tatbestand</td>
<td>

Tathandlungen:
Eingriff = von außen in den Verkehr hineinwirkende Handlungen; grds. nicht bei verkehrsinternen Verhaltensweisen (dann § 315 c ⇨ S. 153 f.); Ausnahme: wenn Täter als Verkehrsteilnehmer einen Verkehrsvorgang zu einem Inneneingriff in den Straßenverkehr „pervertiert", d.h.

    objektiv: grobe Einwirkung von einigem Gewicht auf den Verkehrsablauf (z.b. zweckwidriger Einsatz eines Fahrzeugs als Waffe oder um einen Unfall zu provozieren) **und**

    subjektiv: Bewusstsein der Zweckentfremdung, verkehrsfeindliche Absicht und (zumindest bedingter) Schädigungsvorsatz

Tatmodalitäten:
- Nr. 1: Anlagen/Fahrzeuge zerstören/beschädigen (wie bei § 303 ⇨ S. 79)/beseitigen
- Nr. 2: Hindernisse bereiten (⚠ Auch durch Unterlassen!)
- Nr. 3: Vornehmen eines ähnlichen, ebenso gefährlichen Eingriffs (wie Nr. 1/2)

dadurch

Beeinträchtigung der Sicherheit des Straßenverkehrs (mit Erweiterungsklausel des § 315 e) = Eingriff muss im öffentlichen Verkehrsraum stattfinden und „normale" Verkehrsgefahr muss abstrakt gefährdet werden

dadurch

Eintritt einer konkreten Gefahr = kritische Verkehrssituation, in der es nur noch vom Zufall abhängt, ob eine Rechtsgutverletzung eintritt (sog. Beinahe-Unfall),

- für Leib/Leben eines anderen, der nicht Tatbeteiligter ist (h.M.),
- für eine (täter-)fremde Sache von bedeutendem Wert (= nach BGH ab 750 €, nicht aber das vom Täter geführte Fahrzeug, selbst wenn es in fremdem Eigentum steht [h.M.])

⚠ *„Dreistufiger" Tatbestand, der nach der Rspr. aber keine zeitlich abgestufte Reihenfolge voraussetzt (d.h. abstrakte und konkrete Gefährdung können zeitlich zusammenfallen), wenn dabei die konkrete Gefahr im Zusammenhang mit typischen Fortbewegungskräften im Verkehr steht!*

Kausalität und verkehrsspezifischer Zusammenhang zwischen Tathandlung und konkreter Gefährdung, d.h. innerer Zusammenhang mit Dynamik des Straßenverkehrs

</td></tr>
<tr><td colspan="1" align="center">Subjektiver Tatbestand</td></tr>
</table>

Vorsatz sowohl in Bezug auf die Tathandlung als auch auf den Eintritt der konkreten Gefahr

Rechtswidrigkeit	Allgemeine Grundsätze

Schuld	Allgemeine Grundsätze

Fakultative Strafmilderung/ Absehen von Strafe	Tätige Reue, § 320 II Nr. 2:
	    Vollendeter gefährlicher Eingriff in den Straßenverkehr **und**
	    noch kein erheblicher Schaden **und**
	    Täter muss Gefahr abgewendet haben (bei fehlender Kausalität des Täters für die Gefahrabwendung genügt ernsthaftes Bemühen, § 320 IV) **und**
	    Freiwilligkeit

151

E. Delikte gegen kollektive Rechtsgüter	IV. Straftaten gegen die Verkehrssicherheit 2. Gefährlicher Eingriff in den Straßenverkehr (Fortsetzung)

(Vorsätzlich-fahrlässiger) Eingriff in den Straßenverkehr, § 315 b I i.V.m. § 315 b IV

Aufbau grds. wie § 315 b I; Änderungen ($\triangle$ *Reihenfolge einhalten!*): **Tatbestand:** Tathandlung und Beeinträchtigung der Sicherheit des Straßenverkehrs wie bei § 315 b I; Vorsatz diesbezüglich; Eintritt der konkreten Gefahr; objektive Fahrlässigkeit bzgl. Gefährdung; **Schuld:** subjektive Fahrlässigkeit bzgl. Gefährdung; **fakultative Strafmilderung/Absehen von Strafe:** tätige Reue gemäß § 320 II Nr. 2, IV

$\triangle$ *Verkehrsfremder Inneneingriff nicht tatbestandsmäßig, da es am Schädigungsvorsatz fehlt!*

(Fahrlässiger) Eingriff in den Straßenverkehr, § 315 b I i.V.m. § 315 b V

Aufbau grds. wie § 315 b I; Änderungen: **Tatbestand:** Objektive Fahrlässigkeit bzgl. Tathandlung etc.; **Schuld:** subjektive Fahrlässigkeit bzgl. Tathandlung etc.; **persönlicher Strafaufhebungsgrund:** Tätige Reue gemäß § 320 III Nr. 1 b, IV

$\triangle$ *Verkehrsfremder Inneneingriff nicht tatbestandsmäßig, da es am Schädigungsvorsatz fehlt!*

Gefährlicher Eingriff in den Straßenverkehr in verwerflicher Absicht, § 315 b I i.V.m. III i.V.m. § 315 III Nr. 1 (Absichtsqualifikation)

Als Grunddelikt § 315 b I prüfen. Zusätzlich: **subjektiver Tatbestand:** Absicht,

- Nr. 1 a: einen Unglücksfall herbeizuführen

$\triangle$ *Anders als bei § 323 c I genügt nicht die Absicht zur Herbeiführung einer Gefahrenlage, sondern der Täter muss Absicht zur nicht unerheblichen Schädigung haben!*

- Nr. 1 b: eine andere Straftat zu ermöglichen/zu verdecken (wie bei § 211 ⇨ S. 4);

fakultative Strafmilderung/Absehen von Strafe: Tätige Reue gemäß § 320 II Nr. 2, IV

Gefährlicher Eingriff in den Straßenverkehr mit schwerer Folge, § 315 b I i.V.m. III i.V.m. § 315 III Nr. 2 (Erfolgsqualifikation; allg. ⇨ S. 218)

Als Grunddelikt § 315 b I prüfen; erfolgsqualifizierende Umstände als spezifische Tatfolge:

- Eintritt schwerer Gesundheitsschädigung eines anderen
- Eintritt (einfacher) Gesundheitsschädigung einer großen Zahl von Menschen

Diesbzgl. genügt objektiv und subjektiv einfache Fahrlässigkeit, § 18 (wegen Indizwirkung der vorsätzlichen Tathandlung reduziert auf objektive und subjektive Vorhersehbarkeit, str.); verkehrsspezifischer Gefahrzusammenhang

E. Delikte gegen kollektive Rechtsgüter	**IV. Straftaten gegen die Verkehrssicherheit** **3. Gefährdung des Straßenverkehrs**

Gefährdung des Straßenverkehrs, § 315 c I
(Eigenhändiges konkretes Gefährdungsdelikt)

Objektiver Tatbestand

Tathandlungen:
Tatausführung im Straßenverkehr (mit Erweiterungsklausel d. § 315 e) = im faktisch öffentlichen Verkehrsraum

Tatbestand

Nr. 1 a:	Fahrzeug führen = Bewegung oder Steuerung des Fahrzeugs mittels seiner technischen Funktionen **und**

absolute Fahruntüchtigkeit infolge Alkohols/anderer berauschender Mittel (= bei Kraftfahrzeugen 1,1 ‰ BAK; bei Fahrrädern 1,6 ‰ BAK)/relative Fahruntüchtigkeit (= Alkoholisierung ab 0,3 ‰ BAK und alkoholbedingter Fahrfehler)

} Es genügt entsprechende Alkoholmenge im Körper, auch wenn die BAK noch nicht im Tatzeitpunkt, sondern erst später erreicht wurde!

Nr. 1 b:	Fahrzeug führen (wie Nr. 1 a) **und** Fahruntüchtigkeit infolge geistiger/körperlicher Mängel

---

Nr. 2 a:	Nichtbeachten der Vorfahrt (§§ 8, 9, 18 StVO) **und** grob verkehrswidrig = besonders schwerer Verstoß gegen Verkehrsvorschrift **und** rücksichtslos = aus Eigensucht/Gleichgültigkeit

Nr. 2 b:	Falsch überholen/sonst bei Überholvorgängen falsch fahren (§ 5 StVO) **und** grob verkehrswidrig = besonders schwerer Verstoß gegen Verkehrsvorschrift **und** rücksichtslos = aus Eigensucht/Gleichgültigkeit

Nr. 2 c:	An Fußgängerüberwegen falsch fahren (§§ 26, 41 III 1 StVO) **und** grob verkehrswidrig = besonders schwerer Verstoß gegen Verkehrsvorschrift **und** rücksichtslos = aus Eigensucht/Gleichgültigkeit

Nr. 2 d:	An unübersichtl. Stellen/an Straßenkreuzungen/Straßeneinmündungen/Bahnübergängen zu schnell fahren (§ 3 StVO) **und** grob verkehrswidrig = besonders schwerer Verstoß gegen Verkehrsvorschrift **und** rücksichtslos = aus Eigensucht/Gleichgültigkeit

Nr. 2 e:	An unübersichtlichen Stellen gegen Rechtsfahrgebot verstoßen (§ 2 StVO) **und** grob verkehrswidrig = besonders schwerer Verstoß gegen Verkehrsvorschrift **und** rücksichtslos = aus Eigensucht/Gleichgültigkeit

Nr. 2 f:	Auf Autobahnen/Kraftfahrstraßen zumindest versuchen zu wenden/rückwärts zu fahren (§ 18 VII StVO)/entgegen der Fahrtrichtung zu fahren (= „Geisterfahrer" i.S.d. § 2 I 1 StVO) **und** grob verkehrswidrig = besonders schwerer Verstoß gegen Verkehrsvorschrift **und** rücksichtslos = aus Eigensucht/Gleichgültigkeit

Nr. 2 g:	Unterlassen von auf ausreichende Entfernung sichtbarer Kenntlichmachung haltender/liegen gebliebener Fahrzeuge **und** Erforderlichkeit der Kenntlichmachung zur Sicherung des Verkehrs **und** grob verkehrswidrig = besonders schwerer Verstoß gegen Verkehrsvorschrift **und** rücksichtslos = aus Eigensucht/Gleichgültigkeit

153

E. Delikte gegen kollektive Rechtsgüter	IV. Straftaten gegen die Verkehrssicherheit 3. Gefährdung des Straßenverkehrs (Fortsetzung)

Gefährdung des Straßenverkehrs, § 315 c I (Fortsetzung)

Tatbestand	**dadurch** Eintritt einer konkreten Gefahr (wie bei § 315 b ⇨ S. 151 f.) **und** spezifischer Risikozusammenhang zwischen Tathandlung und konkreter Gefahr
	Subjektiver Tatbestand
	Vorsatz sowohl in Bezug auf die Tathandlung als auch den Eintritt der konkreten Gefahr

Rechts-widrigkeit	Allgemeine Grundsätze ⚠ *Einwilligung des tatunbeteiligten Beifahrers wirkt nicht rechtfertigend, da gemein-gefährliches Delikt, str.!*

Schuld	Allgemeine Grundsätze

(Vorsätzlich-fahrlässige) Gefährdung des Straßenverkehrs, § 315 c I i.V.m. III Nr. 1
(Eigenhändiges konkretes Gefährdungsdelikt)
Aufbau grds. wie § 315 c I; Änderungen: **Tatbestand:** Tathandlung wie bei § 315 c I; Vorsatz nur bzgl. der Tathandlung; Eintritt der konkreten Gefahr; objektive Fahrlässigkeit bzgl. der Gefährdung; **Schuld:** subjektive Fahrlässigkeit bzgl. Gefährdung

(Fahrlässige) Gefährdung des Straßenverkehrs, § 315 c I i.V.m. III Nr. 2
(Eigenhändiges konkretes Gefährdungsdelikt)
Aufbau grds. wie § 315 c I; Änderungen: **Tatbestand:** Objektive Fahrlässigkeit bzgl. Tathandlung und Gefährdungs-erfolg; **Schuld:** Subjektive Fahrlässigkeit bzgl. Tathandlung und Gefährdungserfolg
⚠ *Die Fahrlässigkeits-Fahrlässigkeits-Kombination ist auch bei § 315 c I Nr. 2 denkbar.*

E. Delikte gegen kollektive Rechtsgüter	IV. Straftaten gegen die Verkehrssicherheit 4. Verbotene Kraftfahrzeugrennen

Verbotene Kraftfahrzeugrennen, § 315 d I (Abstraktes Gefährdungsdelikt)

	Objektiver Tatbestand
	Tatausführung im Straßenverkehr = im faktisch öffentlichen Verkehrsraum
Tatbestand	• Nr. 1: Nicht erlaubtes Kraftfahrzeugrennen (= Wettbewerb oder Wettbewerbsteil zur Erzielung von Höchstgeschwindigkeiten mit Kraftfahrzeugen, bei denen zwischen mindestens zwei Teilnehmern ein Sieger durch Erzielung einer möglichst hohen Geschwindigkeit ermittelt wird) ausrichten/durchführen
	• Nr. 2: Als Kraftfahrzeugführer an nicht erlaubtem Kraftfahrzeugrennen teilnehmen
	• Nr. 3: Sich als Kraftfahrzeugführer mit nicht angepasster Geschwindigkeit und grob verkehrswidrig und rücksichtslos (wie bei § 315 c ⇨ S. 153 f.) fortbewegen
	Subjektiver Tatbestand
	Vorsatz; bei Nr. 3 zusätzlich: Absicht, eine höchstmögliche Geschwindigkeit zu erreichen

Rechts-widrigkeit	Allgemeine Grundsätze

Schuld	Allgemeine Grundsätze

Verbotene gefährliche Kraftfahrzeugrennen, § 315 d I i.V.m. II (Vorsatzbedürftiges konkretes Gefährdungsdelikt)

Als Grunddelikt, § 315 d I Nr. 2/3 prüfen; zusätzlich im **objektiven Tatbestand** konkrete Gefährdung (wie bei § 315 b ⇨ S. 151 f.) und diesbezüglich im subjektiven Tatbestand Vorsatz

Verbotene Kraftfahrzeugrennen mit fahrlässiger konkreter Gefährdung, § 315 d I i.V.m. II i.V.m. § 315 d IV (Qualifikation)

Als Grunddelikt § 315 d I Nr. 2, 3 prüfen; zusätzlich im **objektiven Tatbestand** konkrete Gefährdung (wie bei § 315 b ⇨ S. 151 f.) und diesbezügliche **objektive Fahrlässigkeit**; in der Schuld diesbezügliche subjektive Fahrlässigkeit.

Verbotene Kraftfahrzeugrennen mit schwerer Folge, § 315 d I i.V.m. § 315 d II i.V.m. § 315 d V (Erfolgsqualifikation)

Als Grunddelikt § 315 d I i.V.m. § 315 d II prüfen; erfolgsqualifizierende Umstände als spezifische Tatfolge:

• Eintritt schwerer Gesundheitsschädigung eines anderen

• Eintritt (einfacher) Gesundheitsschädigung einer großen Zahl von Menschen

Diesbzgl. genügt objektiv und subjektiv einfache Fahrlässigkeit, § 18; außerdem verkehrsspezifischer Gefahrzusammenhang erforderlich

E. Delikte gegen kollektive Rechtsgüter	IV. **Straftaten gegen die Verkehrssicherheit** 5. **Trunkenheit im Verkehr**

Trunkenheit im Verkehr, § 316 I (Eigenhändiges abstraktes Gefährdungsdelikt)

	Objektiver Tatbestand
Tatbestand	**Tatausführung** im Bahn-/Schiffs-/Luft-/Straßenverkehr **Tathandlung:** Fahrzeug führen **und** ⎱ wie bei § 315 c I absolute/relative Fahruntüchtigkeit ⎰ Nr. 1 a (⇨ S. 153)
	Subjektiver Tatbestand
	Vorsatz

Rechts- widrigkeit	Allgemeine Grundsätze

Schuld	Allgemeine Grundsätze

Konkurrenzen	Formelle Subsidiarität des § 316 gegenüber § 315 a/§ 315 c

Fahrlässige Trunkenheit im Verkehr, § 316 II (Eigenhändiges abstraktes Gefährdungsdelikt)

Aufbau grds. wie § 316 I; Änderungen: **Tatbestand:** Objektive Fahrlässigkeit bzgl. Tathandlung; **Schuld:** subjektive Fahrlässigkeit bzgl. Tathandlung

E. Delikte gegen kollektive Rechtsgüter	IV. Straftaten gegen die Verkehrssicherheit 6. Konkurrenzen

Verhältnis	zu anderen Verkehrsdelikten	zu anderen Tatbeständen
§ 315 b	Verdrängt grds. § 315 c u.U. auch Tateinheit möglich Tateinheit mit § 316 möglich	Tateinheit mit Verletzungsdelikten (insbesondere §§ 211 ff., 223 ff.) möglich
§ 315 c	§ 316 tritt formell subsidiär hinter § 315 c I Nr. 1 zurück § 315 c wird grds. von § 315 b verdrängt (u.U. Tateinheit möglich)	Tateinheit mit Verletzungsdelikten (insbesondere §§ 211 ff., 223 ff.) möglich
§ 316	Formell subsidiär zu § 315 c I Nr. 1, mit § 315 c I Nr. 2 soll Tateinheit möglich sein (str.) Tateinheit zu § 315 b, § 315 c I Nr. 2 möglich	Tateinheit
§ 315 d	Tateinheit	Tateinheit

| **E. Delikte gegen kollektive Rechtsgüter** | **V. Straftatbestand zum Schutz vor Rauschtaten – Vollrausch** |

Vorsätzlicher Vollrausch, § 323 a I Alt. 1 (Eigenhändiges Delikt) s. auch ⇨ S. 238

	Objektiver Tatbestand
Tatbestand	Rausch = Zustand akuter Intoxikation durch Alkohol oder andere Rauschmittel, der nach h.M. so stark sein muss, dass sicher verminderte Schuldfähigkeit, möglicherweise sogar Schuldunfähigkeit gegeben ist **und** ⚠ *Teilweise wird vertreten, dass auch ein Rausch unterhalb der Schwelle von § 21 genügen könne.* **Tathandlung:** Sichversetzen in den Rausch
	Subjektiver Tatbestand
	Vorsatz

| **Objektive Strafbarkeitsbedingung** | Rauschtat = Verhalten, das den objektiven und subjektiven Tatbestand einer vollendeten/versuchten Straftat verwirklicht, rechtswidrig ist und schuldhaft gewesen wäre, wenn der Täter nicht, zumindest nicht ausschließbar, schuldunfähig gewesen wäre. Bei mehreren Rauschtaten während eines Rausches liegt nur eine Vollrauschtat vor.

 ⚠ *Teilweise wird vor dem Hintergrund des Schuldprinzips gefordert, dass der Täter die Begehung der Rauschtat hätte vorhersehen können.* |

| **Rechtswidrigkeit** | Des Sichberauschens, allgemeine Grundsätze |

| **Schuld** | Des Sichberauschens, allgemeine Grundsätze |

| **Verfolgbarkeit** | Strafantrag erforderlich, wenn Rauschtat Antragsdelikt ist, § 323 a III |

⚠ *Die Gesetzesformulierung „und ihretwegen nicht bestraft werden kann" enthält Hinweis auf Subsidiarität des § 323 a hinsichtlich der Rauschtaten, die i.V.m. actio libera in causa strafbar sind (sofern diese noch anwendbar ist). Dies gilt aber nur, wenn actio libera in causa-Tat und Rauschtat in Unrecht und Vorwerfbarkeitsform identisch sind.*

Fahrlässiger Vollrausch, § 323 a I Alt. 2

Aufbau grds. wie Vorsatztat; Änderungen: **Tatbestand:** Objektive Fahrlässigkeit bzgl. des Rausches; **Schuld:** Subjektive Fahrlässigkeit bzgl. des Rausches

E. Delikte gegen kollektive Rechtsgüter	**VI. Straftaten bei akuten Gefahrenlagen** **1. Unterlassene Hilfeleistung; Behinderung von hilfeleisten-den Personen**

Unterlassene Hilfeleistung, § 323 c I (Echtes Unterlassungsdelikt)

Tatbestand	**Objektiver Tatbestand** Gefahrensituation (bei objektiver ex post-Betrachtung): • Unglücksfall = Plötzliches Ereignis, das erhebliche Gefahren für Personen oder Sachen von bedeutendem Wert mit sich bringt oder zu bringen droht • Gemeine Gefahr = Konkrete Gefahr für eine unbestimmte Zahl von Menschen/zahlreiche Sachen von insgesamt hohem Wert • Gemeine Not = Eine die Allgemeinheit betreffende Notlage **Tathandlung:** Unterlassen von Hilfeleistung **und** Erforderlichkeit der Hilfeleistung (bei objektiver ex ante-Betrachtung) **und** Zumutbarkeit der Hilfeleistung nach den Umständen, insbesondere unter Berücksichtigung kollidierender Interessen **Subjektiver Tatbestand** Vorsatz
Rechtswidrigkeit	Allgemeine Grundsätze
Schuld	Allgemeine Grundsätze

Behinderung von hilfeleistenden Personen, § 323 c II

Tatbestand	**Objektiver Tatbestand** Gefahrensituation i.S.d. § 323 c I **Tatopfer:** Hilfeleistende Person oder hilfswillige Person **Tathandlung:** Behinderung dieser Person **Subjektiver Tatbestand** Vorsatz
Rechtswidrigkeit	Allgemeine Grundsätze
Schuld	Allgemeine Grundsätze

159

E. Delikte gegen kollektive Rechtsgüter	VI. Straftaten bei akuten Gefahrenlagen 2. Missbrauch von Notrufen

Missbrauch v. Notrufen u. Beeinträchtigung v. Unfallverhütungs- u. Nothilfemitteln, § 145

	Objektiver Tatbestand
Tatbestand	• I Nr. 1: **Tatobjekte:** Notrufe/Notzeichen **Tathandlung:** Missbrauch • I Nr. 2: **Tathandlung:** Täuschung über die Erforderlichkeit fremder Hilfe wegen eines Unglücksfalls/gemeiner Gefahr (wie bei § 323 c I; z.B. bei Bombenattrappe) • II Nr. 1: **Tatobjekte:** Warn-/Verbotszeichen, die zur Verhütung von Unglücksfällen/gemeiner Gefahr dienen **Tathandlungen:** Beseitigen/Unkenntlichmachen/in ihrem Sinn Entstellen • II Nr. 2: **Tatobjekte:** Zur Verhütung von Unglücksfällen/gemeiner Gefahr dienende Schutzvorrichtungen/Rettungsgeräte/andere Sachen, die zur Hilfeleistung bei Unglücksfällen oder gemeiner Gefahr dienen **Tathandlungen:** Beseitigen/Verändern/Unbrauchbarmachen
	Subjektiver Tatbestand
	Absicht (dolus directus I)/Wissentlichkeit (dolus directus II)

Rechtswidrigkeit	Allgemeine Grundsätze

Schuld	Allgemeine Grundsätze

Konkurrenzen	Formelle Subsidiarität gegenüber § 303/§ 304

E. Delikte gegen kollektive Rechtsgüter

VI. Straftaten bei akuten Gefahrenlagen
3. Nichtanzeige geplanter Straftaten

Nichtanzeige geplanter Straftaten, § 138 I/II
(echtes Unterlassungsdelikt) unter Berücksichtigung des § 139

Objektiver Tatbestand

Tatbestand

Bezugstat:
- Nr. 2: §§ 81–83 I
- Nr. 3: §§ 94–96/97 a/100
- Nr. 4: §§ 146/151/152/152 b I–III
- Nr. 5: §§ 211/212/6–13 VölkerStGB
- Nr. 6: §§ 232 III 2/232 a III-V/232 b III, IV/233 a III, IV/233 III/234/234 a/239 a/239 b
- Nr. 7: §§ 249–251/255
- Nr. 8: §§ 306–306 c/307 I–III/308 I–IV/309 I–V/310/313/314/315 III/ 315 b III/316 a/316 c

Stadium der Bezugstat:
- Vorhaben = Ernstlicher Plan der Tatbegehung/Beteiligung
- Ausführung = Versuchsbeginn bis Beendigung

⚠ *Nicht bei untauglichem Versuch!*

Tathandlung: Nichtanzeige trotz Anzeigepflicht
Entstehen der Anzeigepflicht: Glaubhafte Kenntniserlangung von der Bezugstat zu einer Zeit, zu der die Ausführung/der Erfolg noch abgewendet werden kann
Ausschluss der Anzeigepflicht:
- Für den Bedrohten der Bezugstat
- Für an der Straftat/an deren Vorbereitung/Planung Beteiligte ggf. auch durch Unterlassen

Nichtanzeige **und**
gegenüber der Behörde/dem Bedrohten **und**
Rechtzeitigkeit = Sodass Verhinderung der Straftat noch möglich wäre

Bezugstat:
- Nr. 1: Ausführung von § 89 a
- Nr. 2: Vorhaben/Ausführung von § 129 a, auch i.V.m. § 129 b I 1, 2

Tathandlung: Trotz Anzeigepflicht Nichtanzeige
Entstehen der Anzeigepflicht: glaubhafte Kenntniserlangung von der Bezugstat zu einer Zeit, zu welcher die Ausführung noch abgewendet werden kann = solange noch weiterer Schaden droht/rechtswidriger Zustand anhält
Persönliche Grenzen der Anzeigepflicht für Tatbeteiligte (wie I)
Nichtanzeige gegenüber der Behörde **und**
Unverzüglichkeit = Ohne schuldhaftes Zögern

Subjektiver Tatbestand

Vorsatz

E. Delikte gegen kollektive Rechtsgüter	**VI. Straftaten bei akuten Gefahrenlagen** **3. Nichtanzeige geplanter Straftaten** (Fortsetzung)

Nichtanzeige geplanter Straftaten, § 138 I/II
(Fortsetzung)

Rechts-widrigkeit	Allgemeine Grundsätze; spezielle Rechtfertigungsgründe • § 139 II: Uneingeschränkte Freistellung von Geistlichen = Zu gottes-dienstlichen Verrichtungen bestellter Religionsdiener, wenn die-ser Kenntnis von der Bezugstat durch Anvertrauung als Seelsor-ger erlangt hat • § 139 III 2: Eingeschränkte Freistellung von Rechtsanwälten/Verteidigern/ Ärzten/ Psychotherapeuten, wenn diese Kenntnis von einer Be-zugstat nach § 138 durch Anvertrauung in beruflicher Eigen-schaft erlangt haben außer für Bezugstaten gem. § 139 III 1: ▪ Nr. 1: § 211/§ 212 ▪ Nr. 2: § 6 I Nr. 1/§ 7 I Nr. 1/§ 8 I Nr. 1 VölkerStGB ▪ Nr. 3: § 239 a I/§ 239 b I/§ 316 c I durch eine terroristische Vereinigung (§ 129 a, auch i.V.m. § 129 b I) Ernsthafte Bemühung, Täter von der Tat abzuhalten/Erfolg ab-zuwenden

Schuld	Allgemeine Grundsätze

Verfolgbarkeit	Ermächtigung des Bundesministeriums der Justiz gem. § 138 II 2 i.V.m. § 129 b I 3–5 bei einer Tat nach § 129 a, auch i.V.m. § 129 b I 1, 2

Persönliche Straf-aufhebungs-gründe	• § 139 III 1: Eingeschränkte Freistellung zum Nachteil von Angehörigen i.S.v. § 11 I Nr. 1 außer für Bezugstaten gem. § 139 III 1 Nr. 1–3 (s.o.) Es darf sich nicht um Bezugstat gem. § 139 III 1 Nr. 1–3 handeln (s.o.) **und** ernsthafte Bemühung, Täter von der Tat abzuhalten/Erfolg abzuwenden • § 139 IV: Abwendung der Ausführung/des Erfolgs anders als durch Anzeige Bei unterbliebener Ausführung/Ausbleiben des Erfolgs ohne Zutun des Anzeigeverpflichteten genügt ernsthaftes Bemühen, Erfolg abzuwenden.

Fakultatives Absehen von Strafe	Anzeigepflichtige Tat ist nicht ins Versuchsstadium gelangt, § 139 I

Leichtfertige Nichtanzeige geplanter Straftaten, § 138 III
Aufbau wie § 138 I, II; anstelle des dort vorausgesetzten subjektiven Tatbestandes objektive Leicht-fertigkeit und anstelle der Vorsatzschuld subjektive Leichtfertigkeit.

E. Delikte gegen kollektive Rechtsgüter

VII. Straftaten gegen die Umwelt
1. System der §§ 324 ff.

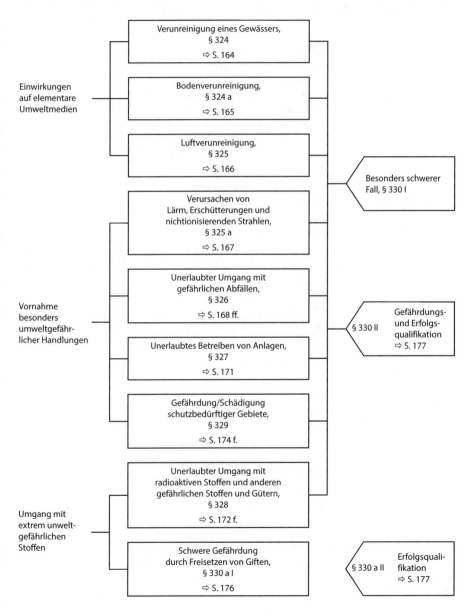

E. Delikte gegen kollektive Rechtsgüter	VII. Straftaten gegen die Umwelt 2. Gewässerverunreinigung

Gewässerverunreinigung, § 324 I (unter Berücksichtigung von § 330 I)

Tatbestand	Objektiver Tatbestand
	Tatobjekt: Gewässer (= Legaldefinition in § 330 d I Nr. 1)
	Taterfolg und Tathandlungen:
	▪ Alt. 1, speziell: Verunreinigen
	▪ Alt. 2, allgemein: Sonstige nachteilige Veränderung der Gewässereigenschaften = Jede nicht völlig unbedeutende Verschlechterung der physikalischen, chemischen, biologischen oder thermischen Beschaffenheit des Tatobjekts im Vergleich zum vorherigen Zustand
	Subjektiver Tatbestand
	Vorsatz
Rechtswidrigkeit	Allgemeine Grundsätze (deklaratorische Funktion des Merkmals „unbefugt")
Schuld	Allgemeine Grundsätze

Benannte Straferschwerung	Besonders schwerer Fall mit Regelbeispielskatalog, § 330 I 2:
	▪ Nr. 1: Objektiv:
	Gewässer/Boden/Schutzgebiet i.S.v. § 329 III **und**
	so stark beeinträchtigt, dass Beeinträchtigung nicht/nur mit außerordentlichem Aufwand/erst nach längerer Zeit zu beseitigen ist **und**
	Beeinträchtigung durch die Tat verursacht **und**
	subjektiv: Vorsatz (a.A.: § 18)
	▪ Nr. 2: Objektiv:
	Gefährdung der öffentlichen Wasserversorgung **und**
	durch die Tat verursacht **und**
	subjektiv: Vorsatz
	▪ Nr. 3: Objektiv:
	Nachhaltige Schädigung eines Bestandes von Tieren oder Pflanzen einer streng geschützten Art **und**
	durch die Tat **und**
	subjektiv: Vorsatz (a.A.: § 18)
	▪ Nr. 4: Nur subjektiv: Handeln aus Gewinnsucht

Fahrlässige Gewässerverunreinigung, § 324 III

Aufbau grds. wie § 324 I; Änderungen: **Tatbestand:** Objektive Fahrlässigkeit; **Schuld:** Subjektive Fahrlässigkeit

⚠ § 330 gilt nicht!

E. Delikte gegen kollektive Rechtsgüter	VII. Straftaten gegen die Umwelt 3. Bodenverunreinigung

Bodenverunreinigung, § 324 a I

Tatbestand	**Objektiver Tatbestand**
	Tatobjekt: Boden
	Tatmittel: Stoffe
	Tathandlungen:
	Einbringen/Eindringenlassen/Freisetzen **und**
	unter Verletzung verwaltungsrechtlicher Pflichten (= Legaldefinition in § 330 d I Nr. 4)
	⚠ *Gleichstellungsklausel in § 330 d II, wenn die Tat in einem anderen Mitgliedstaat der EU begangen worden ist.*
	Taterfolg:
	▪ Alt. 1, speziell: Verunreinigung
	▪ Alt. 2, allgemein: Sonstige nachteilige Veränderung
	Erheblichkeit des Taterfolges:
	▪ Nr. 1: Eignung zur Schädigung der Gesundheit eines anderen/von Tieren/Pflanzen/anderen Sachen von bedeutendem Wert/eines Gewässers (= Legaldefinition in § 330 d I Nr. 1)
	▪ Nr. 2: Beeinträchtigung in bedeutendem Umfang (= quantitativ/qualitativ)
	Subjektiver Tatbestand
	Vorsatz

Rechts-widrigkeit	Allgemeine Grundsätze

Schuld	Allgemeine Grundsätze

Benannte Straf-erschwerung	Besonders schwerer Fall mit Regelbeispielskatalog, § 330 I 2 (⇨ S. 164)

Fahrlässige Bodenverunreinigung, § 324 a III

Aufbau grds. wie § 324 a I; Änderungen: **Tatbestand:** Objektive Fahrlässigkeit;
Schuld: Subjektive Fahrlässigkeit

⚠ *§ 330 gilt nicht!*

E. Delikte gegen kollektive Rechtsgüter	**VII. Straftaten gegen die Umwelt** **4. Luftverunreinigung**

Luftverunreinigung, § 325 I, II, III

	Objektiver Tatbestand		
Tatbestand	**I:** **Tathandlung/-erfolg:** Verursachen von Veränderungen der Luft **und**	**II:** **Tathandlung/-erfolg:** Freisetzen von Schadstoffen (= Legaldefinition in § 325 VI) in die Luft **und** außerhalb des Betriebsgeländes	**III:** **Tathandlung/-erfolg:** Freisetzen von Schadstoffen (= Legaldefinition in § 325 VI) in die Luft **und**

beim Betrieb einer Anlage, speziell einer Betriebsstätte/Maschine (vgl. § 3 V BImSchG) **und**

⚠ *Tatbestandsausschluss für Kraft-/Schienen-/Luft-/Wasserfahrzeuge, § 325 VII!*

unter Verletzung verwaltungsrechtlicher Pflichten (= Legaldefinition in § 330 d I Nr. 4)

⚠ *Gleichstellungsklausel in § 330 d II, wenn die Tat in einem anderen Mitgliedstaat der EU begangen worden ist.*

Erheblichkeit des Taterfolgs: Eignung zur Schädigung der Gesundheit eines anderen/von Tieren/Pflanzen/anderen Sachen von bedeutendem Wert **und** außerhalb des zur Anlage gehörenden Bereichs	**Erheblichkeit des Taterfolgs:** Freisetzen in bedeutendem Umfang	**Erheblichkeit des Taterfolgs:** Freisetzen in bedeutendem Umfang

	Subjektiver Tatbestand
	Vorsatz
Rechtswidrigkeit	Allgemeine Grundsätze
Schuld	Allgemeine Grundsätze
Benannte Straferschwerung	Besonders schwerer Fall mit Regelbeispielskatalog, § 330 I 2 (⇨ S. 164)
Konkurrenzen	§ 325 III formell subsidiär ggü. § 325 II

Fahrlässige Luftverunreinigung, § 325 IV
Aufbau grds. wie § 325 I, II; Änderungen: **Tatbestand:** Objektive Fahrlässigkeit;
Schuld: Subjektive Fahrlässigkeit
⚠ *§ 330 gilt nicht! Tatbestandsausschluss nach § 325 VII gilt auch für § 325 IV i.V.m. I!*

Leichtfertige Luftverunreinigung, § 325 V
Aufbau grds. wie § 325 III; Änderungen: **Tatbestand:** Objektiv Leichtfertigkeit (einfache Fahrlässigkeit genügt nicht);
Schuld: Subjektiv Leichtfertigkeit
⚠ *§ 330 gilt nicht!*

166

E. Delikte gegen kollektive Rechtsgüter	**VII. Straftaten gegen die Umwelt** **5. Lärmverursachung**

Verursachen von Lärm, Erschütterungen und nichtionisierenden Strahlen, § 325 a I, II

<table>
<tr>
<td rowspan="3">Tatbestand</td>
<td colspan="2" align="center">Objektiver Tatbestand</td>
</tr>
<tr>
<td colspan="2">Tathandlung: Betrieb einer Anlage, speziell einer Betriebsstätte/Maschine (vgl. § 3 V BImSchG)
⚠ Tatbestandsausschluss f. Kraft-, Schienen-, Luft- u. Wasserfahrzeuge, IV!</td>
</tr>
<tr>
<td>

I:

Tathandlung und **Taterfolg:** Verursachen von Lärm unter Verletzung verwaltungsrechtlicher Pflichten (= Legaldefinition in § 330 d I Nr. 4) **und**
Erheblichkeit des Taterfolgs = Eignung zur Schädigung der Gesundheit eines anderen außerhalb des zur Anlage gehörenden Bereichs

</td>
<td>

II:

Tathandlung und **Taterfolg:** Verursachen einer konkreten Gefahr für die Gesundheit eines anderen/ täterfremde oder herrenlose Tiere/ fremde Sachen von bedeutendem Wert
unter Verletzung verwaltungsrechtl. Pflichten (= Legaldefinition in § 330 d I Nr. 4) mit bestimmten Schutzzwecken vor:
- Lärm
- Erschütterungen
- Nichtionisierenden Strahlen

</td>
</tr>
<tr>
<td colspan="2" align="center">Subjektiver Tatbestand</td>
</tr>
<tr>
<td colspan="2">Vorsatz</td>
</tr>
</table>

Rechtswidrigkeit	Allgemeine Grundsätze
Schuld	Allgemeine Grundsätze

Fakultative Strafmilderung/ Absehen von Strafe	Tätige Reue bei II unter den Voraussetzungen des § 330 b: Abwendung der Gefahr/Beseitigung des verursachten Zustands (oder ernsthaftes Bemühen nach Abs. 2) Vor Entstehung eines erheblichen Schadens Freiwilligkeit

Benannte Straferschwerung	Besonders schwerer Fall mit Regelbeispielskatalog, § 330 I 2 (⇨ S. 164)

Fahrlässige Verursachung von Lärm, Erschütterungen und nichtionisierenden Strahlen, § 325 a I i.V.m. III Nr. 1/§ 325 a II i.V.m. III Nr. 2
Aufbau wie § 325 a I/II; Änderungen: **Tatbestand:** Objektive Fahrlässigkeit;
Schuld: Subjektive Fahrlässigkeit; **persönlicher Strafaufhebungsgrund:** Tätige Reue bei § 325 a II i.V.m. III Nr. 2 unter den Voraussetzungen des § 330 b, s.o.
⚠ *§ 330 gilt nicht!*

167

E. Delikte gegen kollektive Rechtsgüter	VII. Straftaten gegen die Umwelt 6. Unerlaubte Abfallbeseitigung

Unerlaubter Umgang mit Abfällen, § 326 I

Tatbestand	**Objektiver Tatbestand**
	Tatgegenstand: Abfall = feste, flüssige oder in Behältern aufbewahrte gasförmige bewegliche Sachen, deren sich entweder ihr Besitzer entledigen will (sog. gewillkürter Abfall) oder deren geordnete Entsorgung zur Wahrung des Gemeinwohls, insbesondere zum Schutz der Umwelt geboten ist (sog. Zwangsabfall) **und**

	Gefährlichkeit des Abfalls:
	• Nr. 1: Gifte/Seuchenerreger enthaltend/hervorzubringen geeignet
	• Nr. 2: Für den Menschen krebserzeugend/fortpflanzungsgefährdend/erbgutverändernd
	• Nr. 3: Explosionsgefährlich/selbstentzündlich/nicht nur geringfügig radioaktiv
	• Nr. 4: Nach Art/Beschaffenheit/Menge geeignet,
	  – Lit. a): Nachhaltig Gewässer/Luft/Boden zu verunreinigen/sonst nachteilig zu verändern,
	  – Lit. b): Bestand von Pflanzen/Tieren zu gefährden

	Tathandlungen: Sammeln/Befördern/Behandeln/Verwerten/Lagern/Ablagern/Ablassen/Beseitigen/Handeln/Makeln/sonst Bewirtschaften **und** außerhalb einer für die Tathandlung zugelassenen Anlage/unter wesentl. Abweichung von einem vorgeschriebenen/zugelassenen Verfahren ⚠ *Gleichstellungsklausel in § 330 d II, wenn die Tat in einem anderen Mitgliedstaat der EU begangen worden ist.*
	Subjektiver Tatbestand
	Vorsatz

Rechtswidrigkeit	Allgemeine Grundsätze (deklaratorische Bedeutung des Merkmals „unbefugt")

Schuld	Allgemeine Grundsätze

Strafausschluss	Wenn schädliche Einwirkungen auf die Umwelt wegen der geringen Menge offensichtlich ausgeschlossen sind, VI

Fakultative Strafmilderung/ Absehen von Strafe	Tätige Reue unter den Voraussetzungen des § 330 b ⇨ S. 167

Benannte Straferschwerung	Besonders schwerer Fall mit Regelbeispielskatalog, § 330 I 2 ⇨ S. 164

E. Delikte gegen kollektive Rechtsgüter	VII. Straftaten gegen die Umwelt 6. Unerlaubte Abfallbeseitigung (Fortsetzung)

Ungenehmigter Abfalltransport, § 326 II

<table>
<tr>
<td rowspan="2">Tatbestand</td>
<td colspan="1" align="center">Objektiver Tatbestand</td>
</tr>
<tr>
<td>

Tatgegenstand: Abfälle i.S.d. § 326 I ⇨ S. 168

Tathandlung: Verbringen
- In den Geltungsbereich des StGB
- Aus dem Geltungsbereich des StGB
- Durch den Geltungsbereich des StGB **und**
- Entgegen einem Verbot oder ohne die erforderliche Genehmigung (= Legaldefinition in § 330 d I Nr. 5)

⚠ *Gleichstellungsklausel in § 330 d II, wenn die Tat in einem anderen Mitgliedstaat der EU begangen worden ist.*

</td>
</tr>
<tr>
<td colspan="1" align="center">Subjektiver Tatbestand</td>
</tr>
<tr>
<td>Vorsatz</td>
</tr>
</table>

Rechtswidrigkeit	Allgemeine Grundsätze

Schuld	Allgemeine Grundsätze

Straf-ausschluss	Wenn schädliche Einwirkungen auf die Umwelt wegen der geringen Menge offensichtlich ausgeschlossen sind, § 326 VI

Fakultative Strafmilderung/ Absehen von Strafe	Tätige Reue unter den Voraussetzungen des § 330 b ⇨ S. 167

Benannte Straf-erschwerung	Besonders schwerer Fall mit Regelbeispielskatalog, § 330 I 2 ⇨ S. 164

E. Delikte gegen kollektive Rechtsgüter	VII. Straftaten gegen die Umwelt 6. Unerlaubte Abfallbeseitigung (Fortsetzung)

Nichtablieferung radioaktiver Abfälle, § 326 III (Echtes Unterlassungsdelikt)

Tatbestand	**Objektiver Tatbestand** **Tatgegenstand:** Radioaktiver Abfall **Tathandlung:** Nichtabliefern **und** unter Verletzung verwaltungsrechtlicher Pflichten (= Legaldefinition in § 330 d I Nr. 4) ⚠ *Gleichstellungsklausel in § 330 d II, wenn die Tat in einem anderen Mitgliedstaat der EU begangen worden ist.* **Subjektiver Tatbestand** Vorsatz
Rechts-widrigkeit	Allgemeine Grundsätze
Schuld	Allgemeine Grundsätze
Straf-ausschluss	Wenn schädliche Einwirkungen auf die Umwelt wegen der geringen Menge offensichtlich ausgeschlossen sind, § 326 VI
Fakultative Straf-milderung/ Absehen von Strafe	Tätige Reue unter den Voraussetzungen des § 330 b ⇨ S. 167
Benannte Straf-erschwerung	Besonders schwerer Fall mit Regelbeispielskatalog, § 330 I 2 ⇨ S. 164

Fahrlässige Abfallbeseitigung, § 326 I/II/III i.V.m. V Nr. 1/2

Aufbau wie § 326 I/II/III; Änderungen: **Tatbestand:** Objektive Fahrlässigkeit;
Schuld: Subjektive Fahrlässigkeit; **persönlicher Strafaufhebungsgrund:** Tätige Reue unter den Voraussetzungen des § 330 b (I 2 i.V.m. I 1, II) ⇨ S. 167
⚠ *§ 330 gilt nicht!*

E. Delikte gegen kollektive Rechtsgüter

VII. Straftaten gegen die Umwelt
7. Unerlaubtes Betreiben von Anlagen

Unerlaubtes Betreiben von Anlagen, § 327

Objektiver Tatbestand

Tatbestand

I:

Tathandlungen:
- Nr. 1:
  - Kerntechnische Anlage (= Legaldefinition in § 330 d I Nr. 2) betreiben
  - Betriebsbereite/stillgelegte kerntechnische Anlage innehaben/ganz/teilweise abbauen
  - Kerntechnische Anlage/ihren Betrieb wesentlich ändern
- Nr. 2: Betriebsstätte, in der Kernbrennstoffe verwendet werden/deren Lage wesentlich ändern **und**
ohne die erforderliche Genehmigung/entgegen einer vollziehbaren Untersagung (= Legaldefinition in § 330 d I Nr. 5)

⚠ *Gleichstellungsklausel in § 330 d II, wenn die Tat in einem anderen Mitgliedstaat der EU begangen worden ist.*

II:

Tatgegenstände:
- S. 1 Nr. 1:
  - Genehmigungsbedürftige Anlage i.S.d. § 4 BImSchG
  - Sonstige Anlage i.S.d. §§ 22, 23 BImSchG, deren Betrieb zum Schutz vor Gefahren untersagt worden ist
- S. 1 Nr. 2: Genehmigungspflichtige Rohrleitungsanlage zum Befördern wassergefährdender Stoffe i.S.d. UVP-Gesetzes
- S. 1 Nr. 3: Abfallentsorgungsanlage i.s.d. KreislaufwirtschaftsG
- S. 1 Nr. 4: Abwasserbehandlungsanlage nach § 60 III WasserhaushaltsG
- S. 2: Anlage in einem Mitgliedstaat der Europäischen Union **und**
Eignung, außerhalb der Anlage Leib/Leben eines anderen Menschen zu schädigen/erhebliche Schäden an Tieren/Pflanzen/Gewässern/Luft/Boden herbeizuführen **und**
Betriebsgegenstand
  - Lagerung/Verwendung gefährlicher Stoffe/Gemische
  - Ausübung gefährlicher Tätigkeiten

Tathandlung: Betreiben
ohne die erforderliche Genehmigung/Planfeststellung/entgegen vollziehbarer Untersagung (= Legaldefinition in § 330 d I Nr. 5)

⚠ *Gleichstellungsklausel in § 330 d II, wenn die Tat in einem anderen Mitgliedstaat der EU begangen worden ist.*

Subjektiver Tatbestand

Vorsatz

Rechtswidrigkeit — Allgemeine Grundsätze

Schuld — Allgemeine Grundsätze

Benannte Strafschärfung — Besonders schwerer Fall mit Regelbeispielskatalog, § 330 I 2 ⇨ S. 164

Fahrlässiges unerlaubtes Betreiben von Anlagen, § 327 I/II i.V.m. III Nr. 1/2
Aufbau wie § 327 I/II; Änderungen: **Tatbestand:** Objektive Fahrlässigkeit;
Schuld: Subjektive Fahrlässigkeit
⚠ *§ 330 gilt nicht!*

171

E. Delikte gegen kollektive Rechtsgüter

VII. Straftaten gegen die Umwelt
8. Unerlaubter Umgang mit gefährlichen Stoffen

Unerlaubter Umgang mit radioaktiven Stoffen, § 328 I, II

Tatbestand

Objektiver Tatbestand

- Nr. 1: **Tatgegenstände:** Kernbrennstoffe = Spaltbares Material i.S.v. § 2 I 2 AtG

    Tathandlungen: Herstellen/Aufbewahren/Befördern/Bearbeiten/Verarbeiten/ sonst Verwenden/Einführen/Ausführen

- Nr. 2: **Tatgegenstände:** Sonstige radioaktive Stoffe i.S.v. § 2 I AtG, die nach Art/ Beschaffenheit/Menge geeignet sind, durch ionisierende Strahlen den Tod/schwere Gesundheitsschädigung eines anderen/erhebliche Schäden an Tieren/Pflanzen/Gewässern/Luft/Boden herbeizuführen

    Tathandlungen: Herstellen/Aufbewahren/Befördern/Bearbeiten/Verarbeiten/ sonst Verwenden/Einführen/Ausführen

ohne die erforderliche Genehmigung/entgegen einer vollziehbaren Untersagung (= Legaldefinition in § 330 d I Nr. 5)

⚠ Gleichstellungsklausel in § 330 d II, wenn die Tat in einem anderen Mitgliedstaat der EU begangen worden ist.

- Nr. 1: **Tatgegenstände:** Kernbrennstoffe mit Ablieferungspflicht d. Täters nach AtG

    Tathandlung: Nicht unverzüglich abliefern

- Nr. 2: **Tatgegenstände:**
    – Kernbrennstoffe
    – Sonstige Stoffe i.S.d. § 328 I Nr. 2

    Tathandlungen:
    Abgeben an Unberechtigte/Vermitteln der Abgabe an Unberechtigte

- Nr. 3: Verursachung einer nuklearen Explosion
- Nr. 4: Verleiten/Fördern eines anderen zu einer Handlung nach § 328 II Nr. 3

Subjektiver Tatbestand

Vorsatz

Rechtswidrigkeit Allgemeine Grundsätze

Schuld Allgemeine Grundsätze

Fakultative Strafmilderung/ Absehen von Strafe
Tätige Reue unter den Voraussetzungen des § 330 b ⇨ S. 167

Benannte Straferschwerung
Besonders schwerer Fall mit Regelbeispielskatalog, § 330 I 2 ⇨ S. 164

E. Delikte gegen kollektive Rechtsgüter	VII. Straftaten gegen die Umwelt 8. **Unerlaubter Umgang mit gefährlichen Stoffen** (Fortsetzung)

Unerlaubter Umgang mit anderen gefährlichen Stoffen und Gütern, § 328 III

	Objektiver Tatbestand	
	Nr. 1	**Nr. 2**
Tatbestand	**Tatbezug:** Betrieb einer Anlage, speziell einer Betriebsstätte/technischen Einrichtung **Tatgegenstände:** Radioaktive Stoffe/gefährliche Stoffe und Gemische nach Art. 3 der Verordnung (EG) Nr. 1272/2008 über die Einstufung, Kennzeichnung und Verpackung von Stoffen und Gemischen **Tathandlungen:** Lagern/Bearbeiten/ Verarbeiten/sonst Verwenden	**Tatgegenstände:** Gefährliche Güter (= Legaldefinition in § 330 d I Nr. 3) **Tathandlungen:** Befördern/ Versenden/Verpacken/Auspacken/ Verladen/Entladen/Entgegennehmen/anderen Überlassen

unter Verletzung verwaltungsrechtlicher Pflichten (= Legaldefinition in § 330 d I Nr. 4) **und**

⚠ *Gleichstellungsklausel in § 330 d II, wenn die Tat in einem anderen Mitgliedstaat der EU begangen worden ist.*

Konkrete Gefahr für Gesundheit eines anderen/Tiere/Pflanzen/Gewässer/ Luft/Boden/fremde Sachen von bedeutendem Wert

Risikozusammenhang zwischen Tathandlung und konkreter Gefahr

	Subjektiver Tatbestand
	Vorsatz
Rechtswidrigkeit	Allgemeine Grundsätze
Schuld	Allgemeine Grundsätze
Fakultative Strafmilderung/ Absehen von Strafe	Tätige Reue unter den Voraussetzungen des § 330 b ⇨ S. 167
Benannte Straferschwerung	Besonders schwerer Fall mit Regelbeispielskatalog, § 330 I 2 ⇨ S. 164

Fahrlässiger Umgang mit gefährlichen Stoffen und Gütern, § 328 I, II, III i.V.m. V
Aufbau grds. wie § 328 I, II, III; Änderungen: **Tatbestand:** Objektive Fahrlässigkeit bzgl. Tathandlung und ggf. Gefährdung; **Schuld:** Subjektive Fahrlässigkeit bzgl. Tathandlung und ggf. Gefährdung; **persönlicher Strafaufhebungsgrund:** Tätige Reue unter den Voraussetzungen des § 330 b (I 2 i.V.m. I 1, II) ⇨ S. 167
⚠ *Fahrlässige Begehung von § 328 Abs. 2 Nr. 4 ist nicht möglich (vgl. § 328 Abs. 6). § 330 gilt ebenfalls nicht.*

173

E. Delikte gegen kollektive Rechtsgüter

VII. Straftaten gegen die Umwelt
9. Gefährdung schutzbedürftiger Gebiete

Gefährdung/Schädigung schutzbedürftiger Gebiete, § 329

Objektiver Tatbestand

Tatbestand

Tatort: Gebiete nach § 49 I BImSchG/Smog-Gebiete nach § 49 II BImSchG
Tathandlung: Anlagen betreiben
⚠ *Tatbestandsausschluss für Kraft-, Schienen-, Luft- und Wasserfahrzeuge, § 329 I 3*
Verbotswidrigkeit des Handelns:
- I 1: entgegen einer aufgrund BImSchG erlassenen RechtsVO
- I 2: entgegen vollziehbarer Anordnung, ergangen aufgrund Rechtsverordnung i.S.v. S. 1

Tathandlungen:
- 1 Nr. 1: Betriebl. Anlagen (einschließlich solcher in öffentlichen Unternehmen, II 2) zum Umgang mit wassergefährdenden Stoffen betreiben
- 1 Nr. 2: Rohrleitungsanlagen (einschließlich solcher in öffentlichen Unternehmen, II 2) zum Befördern wassergefährdender Stoffe betreiben oder wassergefährdende Stoffe befördern
- 1 Nr. 3: Kies/Sand/Ton/andere feste Stoffe abbauen im Rahmen eines Gewerbebetriebes

Verbotswidrigkeit des Handelns:
- Entgegen einer zum Schutz eines Wasser-/Heilquellenschutzgebiets erlassenen Rechtsvorschrift
- Entgegen vollziehbarer Untersagung, zumindest auch mit Schutzwirkung für Wasser-/Heilquellengebiete erlassen

Tathandlungen:
- Nr. 1: Bodenschätze/and. Bodenbestandteile abbauen/gewinnen
- Nr. 2: Abgrabungen/Aufschüttungen vornehmen
- Nr. 3: Gewässer i.S.v. § 330 d I Nr. 1 schaffen/verändern/beseitigen
- Nr. 4: Moore/Sümpfe/Brüche/sonstige Feuchtgebiete entwässern
- Nr. 5: Wald roden
- Nr. 6: Tiere einer i.S.d. BNatSchG besonders geschützten Art töten/fangen/diesen nachstellen; Gelege ganz, teilweise zerstören/entfernen

E. Delikte gegen kollektive Rechtsgüter	VII. Straftaten gegen die Umwelt 9. Gefährdung schutzbedürftiger Gebiete (Fortsetzung)

Gefährdung/Schädigung schutzbedürftiger Gebiete, § 329 (Fortsetzung)

Tatbestand	▪ Nr. 7: Pflanzen einer i.S.d. BNatSchG besonders geschützten Art beschädigen/entfernen ▪ Nr. 8: Gebäude errichten **Verbotswidrigkeit des Handelns:** Entgegen einer zum Schutz eines Naturschutzgebiets/einer als Naturschutzgebiet einstweilig sichergestellten Fläche/eines Nationalparks erlassenen Rechtsvorschrift oder vollziehbaren Untersagung **dadurch** Schutzzweck (der Rechtsvorschrift/des Verbots) nicht unerheblich beeinträchtigt IV: **Tatort:** Natura 2000-Gebiet **Tathandlung:** Erhebliches Schädigen eines für die Erhaltungsziele/den Schutzzweck dieses Gebiets maßgeblichen ▪ Lebensraums einer Art, die in Art. 4 II/Anhang I der Richtlinie 2009/147/EG über die Erhaltung der wildlebenden Vogelarten/Anhang II der Richtlinie 92/43/EWG zur Erhaltung der natürlichen Lebensräume sowie der wildlebenden Tiere und Pflanzen aufgeführt ist ▪ Natürlichen Lebensraumtyps, der in Anhang I der Richtlinie 92/43/EG zur Erhaltung der natürlichen Lebensräume sowie der wildlebenden Tiere und Pflanzen aufgeführt ist unter Verletzung verwaltungsrechtlicher Pflichten (= Legaldefinition in § 330 d I Nr. 4) Subjektiver Tatbestand Vorsatz
Rechtswidrigkeit	Allgemeine Grundsätze
Schuld	Allgemeine Grundsätze
Benannte Straferschwerung	Besonders schwerer Fall mit Regelbeispielskatalog, § 330 I 2 ⇨ S. 164

Fahrlässige Gefährdung schutzbedürftiger Gebiete, § 329 I, II, III i.V.m. V Nr. 1, 2
Aufbau grds. wie § 329 I, II, III; Änderungen: **Tatbestand:** Objektive Fahrlässigkeit bzgl. Tathandlung und ggf. Beeinträchtigung; **Schuld:** Subjektive Fahrlässigkeit bzgl. Tathandlung und ggf. Beeinträchtigung
⚠ § 330 gilt nicht!

Leichtfertige Schädigung eines Natura 2000-Gebiets, § 329 IV i.V.m. VI
Aufbau grds. wie § 329 IV; Änderungen: **Tatbestand:** Objektiv Leichtfertigkeit (einfache Fahrlässigkeit genügt nicht); **Schuld:** Subjektiv Leichtfertigkeit

E. Delikte gegen kollektive Rechtsgüter	VII. Straftaten gegen die Umwelt 10. Schwere Gefährdung durch Freisetzen von Giften; Umweltstraftaten mit schwerer Folge

Schwere Gefährdung durch Freisetzen von Giften, § 330 a I

Tatbestand	**Objektiver Tatbestand**
	Tatgegenstände: Stoffe, Gift enthaltend/hervorzubringen geeignet **Tathandlungen:** ▪ Alt. 1: Verbreiten ▪ Alt. 1: Freisetzen **und** konkrete Gefahr ▪ des Todes/schwerer Gesundheitsschädigung eines anderen ▪ der Gesundheitsschädigung einer großen Zahl von Menschen Risikozusammenhang zwischen Tathandlung und Gefährdung
	Subjektiver Tatbestand
	Vorsatz
Rechts-widrigkeit	Allgemeine Grundsätze
Schuld	Allgemeine Grundsätze
Fakultative Straf-milderung/ Absehen von Strafe	Tätige Reue unter den Voraussetzungen des § 330 b ⇨ S. 167

Vorsätzlich-fahrlässige schwere Gefährdung durch Freisetzen von Giften, § 330 a I i.V.m. IV

Aufbau grds. wie § 330 a I; Änderungen: **Tatbestand:** Vorsatz nur bzgl. der Tathandlung; Objektive Fahrlässigkeit bzgl. der konkreten Gefahr; **Schuld:** Subjektive Fahrlässigkeit bzgl. der konkreten Gefährdung; **fakultative Strafmilderung/Absehen von Strafe:** Tätige Reue gemäß § 330 b ⇨ S. 167

Leichtfertige schwere Gefährdung durch Freisetzen von Giften, § 330 a I i.V.m. V

Aufbau grds. wie § 330 a I; Änderungen: **Tatbestand:** Objektive Leichtfertigkeit bzgl. der Tathandlung und objektive Fahrlässigkeit bzgl. der Gefährdung; **Schuld:** Subjektive Leichtfertigkeit bzgl. der Tathandlung und subjektive Fahrlässigkeit bzgl. der Gefährdung; **persönlicher Strafaufhebungsgrund:** Tätige Reue gemäß § 330 b I 2 i.V.m. I 1, II ⇨ S. 167

E. Delikte gegen kollektive Rechtsgüter	**VII. Straftaten gegen die Umwelt** **10. Schwere Gefährdung durch Freisetzen von Giften; Umweltstraftaten mit schwerer Folge** (Fortsetzung)

Schwere Gefährdung durch Freisetzen von Giften mit Todesfolge, § 330 a II
(Erfolgsqualifikation zu § 330 a I; allg. ⇨ S. 218)

Als Grunddelikt § 330 a I prüfen; zusätzlich: **Tatbestand:** Tod eines anderen Menschen; tatbestandsspezifischer Gefahrzusammenhang; objektive Fahrlässigkeit (wegen der Indizwirkung der vorsätzlichen Tathandlung reduziert auf objektive Vorhersehbarkeit, str.); **Schuld:** Subjektive Fahrlässigkeit

Gefährliche Umweltstraftat, § 330 II Nr. 1 (Vorsatzqualifikation)
Aufbau grds. wie Vorsatztat nach §§ 324–329; zusätzlich: **objektiver Tatbestand:** Konkrete Gefahr

- des Todes/einer schweren Gesundheitsschädigung für einen anderen Menschen

- einer (einfachen) Gesundheitsschädigung für eine große Anzahl von Menschen

und spezifischer Gefahrzusammenhang zwischen Tathandlung und Gefährdung
Subjektiver Tatbestand: Vorsatz bzgl. Gefährdung
Konkurrenzen: Formelle Subsidiarität ggü. § 330 a I–III

Umweltstraftat mit Todesfolge, § 330 II Nr. 2
(Erfolgsqualifikation; allg. ⇨ S. 218)

Als Grunddelikt Umweltstraftat nach §§ 324–329 prüfen. Zusätzlich: **Objektiver Tatbestand:** Tod eines anderen Menschen; tatbestandsspezifischer Gefahrzusammenhang; objektive Fahrlässigkeit (§ 18, wegen der Indizwirkung der vorsätzlichen Tathandlung reduziert auf objektive Vorhersehbarkeit, str.); **Schuld:** Subjektive Fahrlässigkeit; **Konkurrenzen:** Formelle Subsidiarität ggü. § 330 a I–III

E. Delikte gegen kollektive Rechtsgüter

VIII. Straftaten gegen Verwaltung und Amtsführung
1. Schutzrichtungen der Delikte gegen Verwaltung und Amtsführung

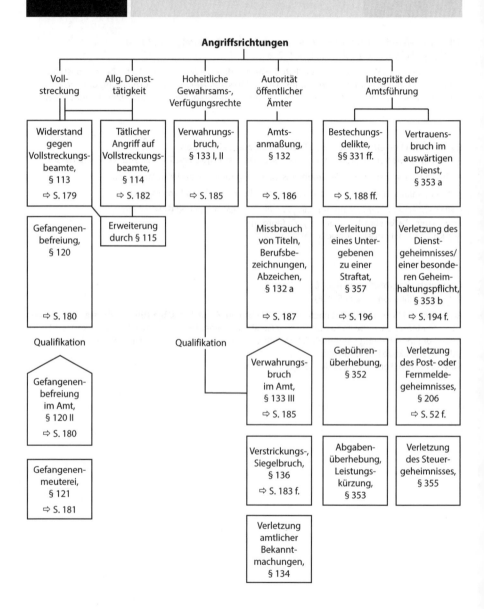

E. Delikte gegen kollektive Rechtsgüter	VIII. Straftaten gegen Verwaltung und Amtsführung 2. Delikte gegen die Vollstreckung a) Widerstand gegen Vollstreckungsbeamte

Widerstand gegen Vollstreckungsbeamte, § 113

Tatbestand	**Objektiver Tatbestand**
	
	Tatopfer:
	• Amtsträger, § 11 I Nr. 2/Soldat der Bundeswehr mit Vollstreckungsaufgaben für Gesetze/Rechtsverordnungen/Verfügungen/Urteile/Gerichtsbeschlüsse
	• Gleichgestellte Personen ohne Amtsträgereigenschaft:
	  – § 115 I Mod. 1: Personen mit Rechten und Pflichten von Polizeibeamten
	  – § 115 I Mod. 2: Ermittlungspersonen der StA
	  – § 115 II: Zur Unterstützung von Diensthandlungen zugezogene Personen
	  – § 115 III: Bei Unglücksfällen/gemeiner Gefahr/Not Hilfeleistende der Feuerwehr/ des Katastrophenschutzes/eines Rettungsdienstes
	
	Tatsituation: Opfer muss sich bei Vornahme einer Diensthandlung befunden haben = unmittelbar bevorstehende/bereits begonnene, aber noch nicht beendete konkrete Vollstreckungshandlung
	
	Tathandlungen: Widerstandleisten
	Alt. 1: Mit Gewalt
	Alt. 2: Durch Drohung mit Gewalt (deren Wirkung den Amtsträger treffen soll)
	
	Subjektiver Tatbestand
	
	Vorsatz

Vorsatzunabhängige Strafbarkeitsbedingung	III 1 Rechtmäßigkeit der Diensthandlung ⇨ S. 216
Rechtswidrigkeit (des Widerstandes)	Allgemeine Grundsätze
Schuld	Allgemeine Grundsätze Schuldausschluss gem. IV 2 Hs. 1 bei irriger Annahme der Rechtswidrigkeit der Diensthandlung, wenn Irrtum unvermeidbar **und** Unzumutbarkeit von Rechtsbehelfen nach den dem Täter bekannten Umständen
Fakultative Strafmilderung/ Absehen von Strafe	**Spezialregelungen der** IV 1/IV 2 Hs. 2 bei Vermeidbarkeit der irrigen Annahme der Rechtswidrigkeit der Diensthandlung/bei Zumutbarkeit von Rechtsbehelfen
Benannte Straf- erschwerung	**Besonders schwerer Fall mit Regelbeispielskatalog des § 113 II 2:** • Nr. 1: Objektiv: Waffe/anderes gefährliches Werkzeug **und** Beisichführen durch Täter/Tatbeteiligten (wie bei § 244 ⇨ S. 67) **und** subjektiv: Vorsatz bzgl. der Umstände des Regelbeispiels • Nr. 2: Objektiv: Gewalttätigkeit des Täters **und** dadurch konkrete Gefahr des Todes/ einer schweren Gesundheitsschädigung für den Angegriffenen **und** subjektiv: Vorsatz, Gefährdungsbewusstsein zumindest i.S.v. dolus eventualis • Nr. 3: Objektiv: Begehung mit einem anderen Beteiligten gemeinschaftlich **und** subjektiv: Vorsatz bzgl. der Umstände des Regelbeispiels

179

E. Delikte gegen kollektive Rechtsgüter	VIII. Straftaten gegen Verwaltung und Amtsführung 2. Delikte gegen die Vollstreckung b) Gefangenenbefreiung; Gefangenenmeuterei

Gefangenenbefreiung, § 120 I

Tatbestand	**Objektiver Tatbestand**
	Tatbegünstigter:
	▪ Gefangener = vom Täter verschiedene Person, der in Ausübung von Polizei- oder Strafgewalt aufgrund Haftrechts des Staates die persönliche Freiheit entzogen ist und die sich infolgedessen im Gewahrsam einer zuständigen Behörde oder eines Amtsträgers befindet
	▪ Gefangenen gleichgestellt gem. IV: auf behördliche Anordnung in Anstalt Verwahrte
	Tathandlungen/Tatererfolg:
	1. Mod.: Befreien
	2. Mod.: Zum Entweichen verleiten ⎫ Zur Täterschaft erhobene Beteiligung an der für den Gefangenen 3. Mod.: Beim Entweichen fördern ⎭ tatbestandslosen Selbstbefreiung
	Subjektiver Tatbestand
	Vorsatz

Rechtswidrigkeit	Allgemeine Grundsätze

Schuld	Allgemeine Grundsätze

Gefangenenbefreiung im Amt, § 120 II (Unechtes Amtsdelikt und Qualifikation)

Aufbau wie § 120 I; zusätzlich: **Objektiver Tatbestand:** bestimmte Tätereigenschaft: Amtsträger (§ 11 I Nr. 2; § 48 I, II WStG) oder für den öffentlichen Dienst besonders Verpflichteter (§ 11 I Nr. 4) **und** verpflichtet, das Entweichen des Gefangenen zu verhindern; **subjektiver Tatbestand:** Vorsatz bzgl. qualifizierender Umstände

E. Delikte gegen kollektive Rechtsgüter	**VIII. Straftaten gegen Verwaltung und Amtsführung** **2. Delikte gegen die Vollstreckung** **b) Gefangenenbefreiung; Gefangenenmeuterei** (Fortsetzung)

Gefangenenmeuterei, § 121

Tatbestand	Objektiver Tatbestand **Täter:** Gefangene (wie bei § 120 ⇨ S. 180)/ gleichgestellt gem. § 121 IV: in Sicherungsverwahrung Untergebrachte **Tathandlungen:** Zusammenrotten **und** ⎤ ⎬ zweiaktiger Begehung einer Meutereihandlung ⎤ Deliktscharakter mit vereinten Kräften, nämlich: ⎦ • Nr. 1: Nötigung i.S.v. § 240 oder tätlicher Angriff gegenüber einem Anstaltsbeamten/einem anderen Amtsträger/einem zur Beaufsichtigung, Betreuung, Untersuchung der Täter Beauftragten • Nr. 2: Gewaltsam ausbrechen • Nr. 3: Gewaltsam einem der Mitbeteiligten/einem anderen Gefangenen zum Ausbruch verhelfen Subjektiver Tatbestand Vorsatz
Rechtswidrigkeit	Allgemeine Grundsätze
Schuld	Allgemeine Grundsätze
Benannte Straferschwerung	Besonders schwerer Fall mit Regelbeispielen, § 121 III 2: • Nr. 1: Objektiv: Schusswaffe (einsatzbereit) **und** Beisichführen durch Täter/Tatbeteiligten **und** subjektiv: Vorsatz bzgl. der Merkmale des Regelbeispiels • Nr. 2: Objektiv: Andere Waffe/anderes gefährliches Werkzeug **und** ⎞ Beisichführen durch Täter/Tatbeteiligten **und** ⎟ subjektiv: Vorsatz bzgl. der Merkmale des ⎟ Regelbeispiels und Verwendungsabsicht ⎟ • Nr. 3: Objektiv: ⎬ wie bei § 113 Gewalttätigkeit des Täters/eines Tatbeteiligten **und** ⎟ ⇨ S. 179 dadurch konkrete Gefahr des Todes/einer schweren ⎟ Gesundheitsschädigung eines anderen **und** ⎟ subjektiv: Vorsatz, Gefährdungsbewusstsein zumindest ⎟ i.S.v. dolus eventualis ⎠

E. Delikte gegen kollektive Rechtsgüter	VIII. Straftaten gegen Verwaltung und Amtsführung 3. Delikte gegen die Vollstreckung und allg. Diensttätigkeit

Tätlicher Angriff auf Vollstreckungsbeamte, § 114

Tatbestand	**Objektiver Tatbestand**

	Tatopfer:
	▪ Amtsträger, § 11 I Nr. 2/Soldat der Bundeswehr mit Vollstreckungsaufgaben für Gesetze/Rechtsverordnungen/Verfügungen/Urteile/Gerichtsbeschlüsse
	▪ Gleichgestellte Personen ohne Amtsträgereigenschaft:
	  – § 115 I Mod. 1: Personen mit Rechten und Pflichten von Polizeibeamten
	  – § 115 I Mod. 2: Ermittlungspersonen der StA
	  – § 115 II: Zur Unterstützung von Diensthandlungen zugezogene Personen
	  – § 115 III: Bei Unglücksfällen/gemeiner Gefahr/Not Hilfeleistende der Feuerwehr/des Katastrophenschutzes/eines Rettungsdienstes
	
	Tatsituation: Opfer muss sich bei einer Diensthandlung (nicht unbedingt einer Vollstreckungshandlung) befunden haben
	
	Tathandlung: Tätlich angreifen = unmittelbar auf den Körper des Opfers abzielende feindselige Aktion ohne Rücksicht auf ihren Erfolg

	Subjektiver Tatbestand
	Vorsatz

Vorsatzunabhängige Strafbarkeits-bedingung (Arg. § 113 III 2, IV)	Rechtmäßigkeit der Diensthandlung, §§ 114 III, 113 III 1, wenn die Diensthandlung Vollstreckungshandlung ist ⇨ S. 216

Rechtswidrigkeit	Allgemeine Grundsätze

Schuld	Allgemeine Grundsätze Schuldausschluss gem. III i.V.m. 113 IV 2 Hs. 1, wenn die Diensthandlung Vollstreckungshandlung ist: bei irriger Annahme der Rechtswidrigkeit der Diensthandlung, wenn ▪ Irrtum unvermeidbar **und** ▪ Unzumutbarkeit von Rechtsbehelfen nach den dem Täter bekannten Umständen

Fakultative Strafmilderung/ Absehen von Strafe	**Spezialregelung** III i.V.m. 113 IV 1/IV 2 Hs. 2, wenn die Diensthandlung Vollstreckungshandlung ist: bei Vermeidbarkeit der irrigen Annahme der Rechtswidrigkeit der Diensthandlung/bei Zumutbarkeit von Rechtsbehelfen

Benannte Straf-erschwerung	**Besonders schwerer Fall mit Regelbeispielskatalog des § 113 II 2:**
	▪ Nr. 1: Objektiv: Waffe/anderes gefährliches Werkzeug **und** Beisichführen durch Täter/Tatbeteiligten (wie bei § 244 ⇨ S. 67) **und** subjektiv: Vorsatz bzgl. der Umstände des Regelbeispiels ▪ Nr. 2: Objektiv: Gewalttätigkeit des Täters **und** dadurch konkrete Gefahr des Todes/einer schweren Gesundheitsschädigung für den Angegriffenen **und** subjektiv: Vorsatz, Gefährdungsbewusstsein zumindest i.S.v. dolus eventualis ▪ Nr. 3: Objektiv: Begehung mit anderen Beteiligten gemeinschaftlich **und** subjektiv: Vorsatz bzgl. der Umstände des Regelbeispiels

E. Delikte gegen kollektive Rechtsgüter	VIII. Straftaten gegen Verwaltung und Amtsführung 4. Delikte gegen hoheitliche Gewahrsams- und Verfügungsrechte a) Verstrickungsbruch; Siegelbruch

Verstrickungsbruch, § 136 I

	Objektiver Tatbestand
Tatbestand	**Tatobjekte:** Sachen = Körperliche Gegenstände (nicht Forderungen)
	Tatsituationen: Verstrickung Speziell: durch Pfändung Allgemein: durch Beschlagnahme
	Tathandlungen: • Zerstören ⎫ • Beschädigen ⎬ wie bei § 303 ⇨ S. 79 • Unbrauchbarmachen • ganz/zum Teil (faktisch) der Verstrickung entziehen ⎭ Nicht durch den alleinigen Träger des öffentlichen Besitzwillens möglich, wenn diesem noch die Entscheidungsbefugnis über die Freigabe zusteht (str.)
	Subjektiver Tatbestand
	Vorsatz

Vorsatz-unabhängige Strafbarkeits-bedingung (Arg. § 136 III 2, IV)	Rechtmäßigkeit der die Verstrickung begründenden Diensthandlung, III 1 ⇨ S. 216

Rechts-widrigkeit	Allgemeine Grundsätze

Schuld	Allgemeine Grundsätze Schuldausschluss gem. IV i.V.m. § 113 IV 2 Hs. 1 ⇨ S. 179

Fakultative Straf-milderung/ Absehen von Strafe	IV i.V.m. § 113 IV 1/IV 2 Hs. 2 ⇨ S. 179

183

E. Delikte gegen kollektive Rechtsgüter	VIII. Straftaten gegen Verwaltung und Amtsführung 4. Delikte gegen hoheitliche Gewahrsams- und Verfügungsrechte a) Verstrickungsbruch; Siegelbruch (Fortsetzung)

Siegelbruch, § 136 II

<table>
<tr><td rowspan="2">Tatbestand</td><td>Objektiver Tatbestand</td></tr>
<tr><td>

Tatobjekt: Dienstliches Siegel **und**

angelegt zum Zweck

- der Beschlagnahme einer Sache
- des dienstlichen Verschlusses einer Sache
- der dienstlichen Bezeichnung einer Sache

Tathandlungen:

- Beschädigen
- Ablösen
- Unkenntlichmachen
- ganz/teilweise Unwirksammachen des durch das Siegel bewirkten Verschlusses

</td></tr>
<tr><td></td><td>Subjektiver Tatbestand</td></tr>
<tr><td></td><td>

Vorsatz

</td></tr>
</table>

Vorsatz- unabhängige Strafbarkeits- bedingung (Arg. § 136 III 2, IV)	Rechtmäßigkeit der Siegelanlegung, III 1 ⇨ S. 245

Rechts- widrigkeit	Allgemeine Grundsätze

Schuld	Allgemeine Grundsätze Schuldausschluss gem. IV i.V.m. § 113 IV 2 Hs. 1 ⇨ S. 179

Fakultative Straf- milderung/ Absehen von Strafe	§ 136 IV i.V.m. IV 1/IV 2 Hs. 2 ⇨ S. 179

E. Delikte gegen kollektive Rechtsgüter	VIII. Straftaten gegen Verwaltung und Amtsführung 4. Delikte gegen hoheitliche Gewahrsams- und Verfügungsrechte b) Verwahrungsbruch

Verwahrungsbruch, § 133 I

	Objektiver Tatbestand
Tatbestand	**Tatobjekte:** ▪ Speziell: Schriftstücke ▪ Allgemein: bewegliche Sachen **Tatsituationen:** ▪ Alt. 1: Tatobjekt befindet sich in dienstlicher Verwahrung = fürsorgliche Ingewahrsamnahme durch einen Amtsträger/eine Behörde, um das Tatobjekt für bestimmte, über das bloße Funktionsinteresse der Behörde hinausgehende Zwecke zu erhalten und vor unbefugtem Zugriff zu bewahren ▪ Alt. 2: Tatobjekt ist dem Täter/einem anderen in Verwahrung gegeben worden = Ausübung des fürsorglichen Gewahrsams, auch durch eine Privatperson, aber nach außen erkennbar kraft hoheitlicher Anordnung ▪ Gleichgestellt gemäß II: Amtlicher Verwahrungsbesitz einer Religionsgesellschaft des öffentlichen Rechts/von dieser veranlasste amtliche Inverwahrunggabe **Tathandlungen:** ▪ Zerstören ⎱ wie bei § 303 ⇨ S. 79 ▪ Beschädigen ⎰ ▪ Unbrauchbarmachen ▪ Dienstlicher Verfügung entziehen
	Subjektiver Tatbestand
	Vorsatz

Rechts-widrigkeit	Allgemeine Grundsätze

Schuld	Allgemeine Grundsätze

Verwahrungsbruch im Amt, § 133 III (Unechtes Amtsdelikt und Qualifikation)
Aufbau grds. wie § 133 I; zusätzlich: **objektiver Tatbestand: Tauglicher Täter:** Amtsträger (§ 11 I Nr. 2)/ für den öffentlichen Dienst besonders Verpflichteter (§ 11 I Nr. 4); Tatobjekt dem Täter anvertraut/ zugänglich geworden; **subjektiver Tatbestand:** Vorsatz bzgl. der qualifizierenden Umstände

185

E. Delikte gegen kollektive Rechtsgüter	VIII. Straftaten gegen Verwaltung und Amtsführung 5. Delikte gegen die Autorität öffentlicher Ämter a) Amtsanmaßung

Amtsanmaßung, § 132 (Alt. 1: eigenhändiges Delikt, str.)

	Objektiver Tatbestand

	Speziell: Alt. 1:	Allgemein: Alt. 2:
Tatbestand	Sichbefassen mit der Ausübung eines öffentlichen Amtes = Täter muss sich ausdrücklich/konkludent ▪ als Inhaber eines öffentlichen Amtes ▪ als Inhaber eines einem anderen zustehenden Amtes ausgeben **und** Vornahme einer Handlung, die dem angemaßten Amt entspricht	Vornahme einer Handlung, die nur kraft öffentlichen Amtes vorgenommen werden darf = Täter muss nicht als Urheber in Erscheinung treten, sondern nur eine Handlung vornehmen, die nach Begleitumständen bei einem objektiven Beobachter den Anschein einer Amtshandlung hervorruft und deshalb damit verwechselbar ist

Unbefugtes Handeln = Fehlende öffentlich-rechtliche Befugnis

⚠ *Tatbestandsmerkmal!*

	Subjektiver Tatbestand
	Vorsatz

Rechts-widrigkeit	Allgemeine Grundsätze

Schuld	Allgemeine Grundsätze

Missbrauch von Titeln, Berufsbezeichnungen und Abzeichen, § 132 a

Tatbestand

Objektiver Tatbestand

Tatobjekt:

- Nach I:
  - Nr. 1: Inländische/ausländische Amts-, Dienstbezeichnungen/akademische Grade/Titel/öffentliche Würden
  - Nr. 2: Bestimmte Berufsbezeichnungen, nämlich Arzt/Zahnarzt/Psychologischer Psychotherapeut/Kinder- und Jugendlichenpsychotherapeut/Psychotherapeut/Tierarzt/Apotheker/Rechtsanwalt/Patentanwalt/Wirtschaftsprüfer/vereidigter Buchprüfer/Steuerberater/Steuerbevollmächtigter
  - Nr. 3: Bezeichnung als öffentlich bestellter Sachverständiger
  - Nr. 4: Inländische/ausländische Uniformen/Amtskleidungen/Amtsabzeichen
- Gleichgestellt nach II: Zum Verwechseln ähnliche Amtsbezeichnungen, Titel, Uniformen etc.
- Gleichgestellt nach III: Tatsächliche und verwechselungsähnliche Amtsbezeichnungen, Titel, Würden, Amtskleidungen und Amtsabzeichen der Kirchen und anderen Religionsgesellschaften des öffentlichen Rechts

Tathandlungen:

Führen (Nr. 1–3) = Aktives Verhalten des Täters, mit dem er die Bezeichnung etc. in einer die geschützten Interessen berührenden Weise und Intensität in Anspruch nimmt

und

Tragen (Nr. 4) = Verwenden des Kleidungsstücks, sodass der Eindruck entstehen kann, der Träger übe eine durch die Uniform symbolisierte Funktion aus

Unbefugtes Handeln = Fehlende öffentlich-rechtliche Befugnis

⚠ *Tatbestandsmerkmal!*

Subjektiver Tatbestand

Vorsatz

Rechtswidrigkeit

Allgemeine Grundsätze

Schuld

Allgemeine Grundsätze

Tatbestandliche Bewertungseinheit

Beruht das Führen/Tragen auf einem einheitlichen Entschluss, sind mehrere Handlungen eine Tat

E. Delikte gegen kollektive Rechtsgüter	VIII. Straftaten gegen Verwaltung und Amtsführung 6. Korruptionsdelikte a) Vorteilsannahme; Bestechlichkeit

Vorteilsannahme, § 331 I

Tatbestand	**Objektiver Tatbestand**
	Täter: • Amtsträger = Legaldefinition in § 11 I Nr. 2 mit Erweiterung durch § 335 a II Nr. 2/§ 48 I, II WStG • Europäischer Amtsträger = Legaldefinition in § 11 I Nr. 2 a • Für den öffentlichen Dienst besonders Verpflichteter = Legaldefinition in § 11 I Nr. 4
	Tatgegenstand: Vorteil = Materielle/immaterielle Besserstellung über das Maß der Sozial-adäquanz (Anstand, Höflichkeit) hinaus Für den Täter/einen Dritten
	Tathandlungen: • Fordern = einseitiges Verlangen • Sichversprechenlassen = Annahme des Angebots • Annehmen = tatsächliche Inempfangnahme
	Tatbezug: „Für die Dienstausübung" Allgemeine (vergangene oder zukünftige, auch recht-mäßige, noch unbestimmte) Diensttätigkeit **und** Gegenleistungsbeziehung zum Vorteil

„Gelockerte" Unrechts-vereinbarung

	Subjektiver Tatbestand
	Vorsatz
Rechts-widrigkeit	Allgemeine Grundsätze Spezielle Rechtfertigungsgründe für vom Täter nicht geforderte Vorteile gem. III: • Alt. 1: Vor der Annahme erfolgte Genehmigung durch die zuständige Behörde • Alt. 2: Nach der Annahme und unverzüglicher Anzeige durch den Täter er-folgte Genehmigung seitens der zuständigen Behörde
Schuld	Allgemeine Grundsätze

Vorteilsannahme durch Richter, § 331 II (Vorsatzbedürftige Qualifikation)

Aufbau grds. wie § 331 I; zusätzlich: **Objektiver Tatbestand:** Tauglicher Täter: Richter (§§ 11 I Nr. 3, 335 a I Nr. 1)/EU-Richter/Schiedsrichter (insbesondere nach §§ 1025 ff. ZPO); Tatbezug: (Auch recht-mäßige) Richterliche Handlung/Unterlassung (§ 336); Auslegung für Vorteil bei Schiedsrichtern nach § 337; **subjektiver Tatbestand:** Vorsatz bzgl. der qualifizierenden Umstände

⚠ *§ 331 III gilt nicht!*

188

E. Delikte gegen kollektive Rechtsgüter	VIII. Straftaten gegen Verwaltung und Amtsführung 6. Korruptionsdelikte a) Vorteilsannahme; Bestechlichkeit (Fortsetzung)

Bestechlichkeit, § 332 I (Vorsatzbedürftige Qualifikation zu § 331 I)

<table>
<tr><td rowspan="4">Tatbestand</td><td colspan="2" align="center">Objektiver Tatbestand</td></tr>
<tr>
<td>

Täter:
- Amtsträger = Legaldefinition in § 11 I Nr. 2 mit Erweiterung durch § 335 a I Nr. 2/§ 48 I, II WStG
- Europäischer Amtsträger = Legaldefinition in § 11 I Nr. 2 a
- Für den öffentlichen Dienst besonders Verpflichteter = Legaldefinition in § 11 I Nr. 4

Tatgegenstand:
Vorteil = materielle oder immaterielle Besserstellung über das Maß der Sozialadäquanz (Anstand, Höflichkeit) hinaus **und** für den Täter/einen Dritten

Tathandlungen:
- Fordern
- Sichversprechenlassen ⎱ wie bei § 331 ⇨ S. 188
- Annehmen ⎰

Tatbezug:
Konkrete Diensthandlung (mit Gleichstellungsklausel des § 336 für dienstliche Unterlassungen):
- In der Vergangenheit tatsächlich vorgenommene
- In der Zukunft liegende

dadurch Verletzung der Dienstpflichten des Täters (mit Klarstellungsregel des III für zukünftige Diensthandlungen):
- Nr. 1: Bei gebundenem Handeln: Ausreichend ist, dass sich der Täter dem anderen gegenüber bereit gezeigt hat, bei der Handlung seine Pflichten zu verletzen
- Nr. 2: Bei Ermessenshandlungen: Ausreichend ist, dass sich der Täter dem anderen gegenüber bereit gezeigt hat, sich bei Ermessensausübung durch den Vorteil beeinflussen zu lassen

und Gegenleistungsbeziehung zwischen der zumindest in groben Umrissen erkennbaren Diensthandlung und dem Vorteil

</td>
<td>

Unrechtsvereinbarung

</td>
</tr>
<tr><td colspan="2" align="center">Subjektiver Tatbestand</td></tr>
<tr><td colspan="2">Vorsatz</td></tr>
</table>

Rechtswidrigkeit	Allgemeine Grundsätze

Schuld	Allgemeine Grundsätze

E. Delikte gegen kollektive Rechtsgüter	VIII. Straftaten gegen Verwaltung und Amtsführung 6. Korruptionsdelikte a) Vorteilsannahme; Bestechlichkeit (Fortsetzung)

Bestechlichkeit, § 332 I (Fortsetzung)

	Regelbeispielskatalog des § 335 I Nr. 1 a i.V.m. II:

Benannte Straferschwerung	▪ § 335 II Nr. 1: Objektiv und subjektiv: Tatbezug auf Vorteil großen Ausmaßes
	
	▪ § 335 II Nr. 2: Objektiv und subjektiv: fortgesetzte Annahme von Vorteilen, die Täter für zukünftige Diensthandlungen gefordert hat
	
	▪ § 335 II Nr. 3:
	  – Objektiv und subjektiv: Tatbegehung als Mitglied einer Bande, die sich zur fortgesetzten Begehung von Straftaten i.S.d. § 332 zusammengeschlossen hat
	  – Nur subjektiv: Gewerbsmäßigkeit

Richterbestechlichkeit, § 332 II (Qualifikation des § 332 I)

Aufbau grds. wie § 332 I; Änderungen: **Objektiver Tatbestand:** Tauglicher Täter: Richter (§§ 11 I Nr. 3, 335 a I Nr. 1)/EU-Richter/Schiedsrichter (insbesondere nach §§ 1025 ff. ZPO); Tatbezug: vergangene/ künftige richterliche Handlung, durch die der Täter seine richterlichen Pflichten verletzt hat oder verletzen wird; Auslegung für Vorteil bei Schiedsrichtern nach § 337; **subjektiver Tatbestand:** Vorsatz bzgl. der qualifizierenden Umstände; **benannte Straferschwerungen:** besonders schwerer Fall gemäß § 335 I Nr. 2 i.V.m. II

E. Delikte gegen kollektive Rechtsgüter	VIII. Straftaten gegen Verwaltung und Amtsführung 6. Korruptionsdelikte b) Vorteilsgewährung; Bestechung

Vorteilsgewährung, § 333 I

Tatbestand	**Objektiver Tatbestand**
	Täter: Jedermann
	Adressat:
	• Amtsträger = Legaldefinition in § 11 I Nr. 2 (Erweiterung durch § 335 a II Nr. 2, III Nr. 2)
	• Europäischer Amtsträger = Legaldefinition in § 11 I Nr. 2 a
	• Für den öffentlichen Dienst besonders Verpflichteter = Legaldefinition in § 11 I Nr. 4 (Erweiterung durch § 335 a IV Nr. 3)
	• Soldaten der Bundeswehr (Erweiterung durch § 335 a III Nr. 1)
	Tatgegenstand:
	Vorteil = materielle oder immaterielle Besserstellung über das Maß der Sozialadäquanz (Anstand, Höflichkeit) hinaus für den Täter/einen Dritten
	Tathandlungen:
	• Anbieten = Offerte auf Abschluss der Unrechtsvereinbarung — „Gelockerte" Unrechts-vereinbarung
	• Versprechen = Zusicherung des Vorteils
	• Gewähren = tatsächliche Zuwendung
	Tatbezug: „Für die Dienstausübung"
	Allgemeine (zukünftige oder vergangene, auch rechtmäßige, noch unbestimmte) Dienstausübung **und** Gegenleistungsbeziehung zum Vorteil
	Subjektiver Tatbestand
	Vorsatz
Rechts-widrigkeit	Allgemeine Grundsätze Spezielle Rechtfertigungsgründe gem. III:
	• Alt. 1: Vor der Annahme erfolgte Genehmigung durch die zuständige Behörde
	• Alt. 2: Nach der Annahme und unverzüglicher Anzeige durch den Empfänger erfolgte Genehmigung seitens der zuständigen Behörde
Schuld	Allgemeine Grundsätze

Vorteilsgewährung an Richter, § 333 II (Vorsatzbedürftige Qualifikation)

Aufbau grds. wie § 333 I; **Objektiver Tatbestand:** Richter (§§ 11 I Nr. 3, 335 a I Nr. 1)/EU-Richter/Schieds-richter (insbesondere nach §§ 1025 ff. ZPO); Tatbezug: Zukünftige/vergangene richterliche Handlung/Unterlassung (§ 336); für den Vorteil bei Schiedsrichtern gilt die Auslegungsregel des § 337; **subjektiver Tatbestand:** Vorsatz bzgl. der qualifizierenden Umstände

⚠ § 333 III gilt nicht!

E. Delikte gegen kollektive Rechtsgüter	**VIII. Straftaten gegen Verwaltung und Amtsführung** **6. Korruptionsdelikte** **b) Vorteilsgewährung; Bestechung** (Fortsetzung)

Bestechung, § 334 I (Vorsatzbedürftige Qualifikation zu § 333 I)

	Objektiver Tatbestand	
Tatbestand	**Täter:** Jedermann	
	Adressat:	
	• Amtsträger = Legaldefinition in § 11 I Nr. 2 mit Erweiterung durch § 335 a I Nr. 2 • Europäischer Amtsträger = Legaldefinition in § 11 I Nr. 2 a • Für den öffentlichen Dienst besonders Verpflichteter = Legaldefinition in § 11 I Nr. 4 • Soldaten der Bundeswehr	
	Tatgegenstand: Vorteil = materielle oder immaterielle Besserstellung über das Maß der Sozialadäquanz (Anstand, Höflichkeit) hinaus für den Täter/einen Dritten	⎫
	Tathandlungen: • Anbieten • Versprechen ⎱ wie bei § 333 ⇨ S. 191 • Gewähren ⎰	
	Tatbezug: Diensthandlung des Adressaten (mit Gleichstellungsklausel des § 336 für dienstliche Unterlassungen): • In der Vergangenheit tatsächlich vorgenommen • In der Zukunft liegend	⎬ Unrechtsvereinbarung

	dadurch Verletzung der Dienstpflichten des Tatadressaten (mit Klarstellungsregel des § 334 III für zukünftige Diensthandlungen):
	• Nr. 1: Bei gebundenem Handeln:
	    Ausreichend ist, dass der Täter den Amtsträger etc. zur Pflichtverletzung zu bestimmen versucht (wie bei § 30 ⇨ S. 219).
	• Nr. 2: Bei Ermessenshandlungen:
	    ausreichend ist, dass der Täter den Amtsträger etc. zu bestimmen versucht (wie bei § 30 ⇨ S. 214), sich bei Ermessensausübung durch den Vorteil beeinflussen zu lassen.	

	und Gegenleistungsbeziehung zwischen der zumindest in groben Umrissen erkennbaren Diensthandlung und dem Vorteil	⎭
	Subjektiver Tatbestand	
	Vorsatz	
Rechtswidrigkeit	Allgemeine Grundsätze	
Schuld	Allgemeine Grundsätze	

E. Delikte gegen kollektive Rechtsgüter	VIII. Straftaten gegen Verwaltung und Amtsführung 6. Korruptionsdelikte b) Vorteilsgewährung; Bestechung (Fortsetzung)

Bestechung, § 334 I (Fortsetzung)

	Regelbeispielskatalog des § 335 I Nr. 1 b i.V.m. II:

Benannte Straf-erschwerung	• § 335 II Nr. 1: Objektiv und subjektiv: Tatbezug auf Vorteil großen Aumaßes
	• § 335 II Nr. 2: Gilt nur für den bestechlichen Amtsträger etc.
	• § 335 II Nr. 3:
	  – Objektiv und subjektiv: Tatbegehung als Mitglied einer Bande, die sich zur fortgesetzten Begehung solcher Bestechungen verbunden hat
	  – Nur subjektiv: Gewerbsmäßigkeit

Richterbestechung, § 334 II (Vorsatzbedürftige Qualifikation des § 334 I)

Aufbau grds. wie § 334 I; Änderungen: **Objektiver Tatbestand:** Tatopfer: Richter (§§ 11 I Nr. 3, 335 a I Nr.1)/Richter eines EU-Staates/sonstiger ausländischer Richter/Schiedsrichter (insbesondere §§ 1025 ff. ZPO); Tatbezug: Richterliche Handlung oder Unterlassung (§ 336) in der Vergangenheit oder Zukunft, durch die der Adressat seine richterlichen Pflichten verletzt hat (Nr. 1)/verletzen wird (Nr. 2); Auslegung für Vorteil bei Schiedsrichtern gemäß § 337; **subjektiver Tatbestand:** Vorsatz bzgl. der qualifizierenden Umstände; **benannte Straferschwerung:** Besonders schwerer Fall gemäß § 335 I Nr. 1 b i.V.m. II

E. Delikte gegen kollektive Rechtsgüter	**VIII. Straftaten gegen Verwaltung und Amtsführung** **7. Verletzung des Dienstgeheimnisses; Verletzung einer besonderen Geheimhaltungspflicht**

Verletzung des Dienstgeheimnisses, § 353 b I 1, IV (Konkretes Gefährdungsdelikt)

Tatbestand	**Objektiver Tatbestand**
	Täter:
	▪ Nr. 1:
	– Amtsträger (§ 11 I Nr. 2)
	– Soldaten der Bundeswehr (gleichgestellt über § 48 I, II WStG)
	▪ Nr. 2: Für den öffentlichen Dienst besonders Verpflichteter (§ 11 I Nr. 4)
	▪ Nr. 3: Träger von Aufgaben und Befugnissen nach Personalvertretungsrecht
	▪ Nr. 4: Europäischer Amtsträger (§ 11 I Nr. 2 a)
	Tatgegenstand:
	Fremdes Geheimnis **und**
	dem Täter in seiner dienstlichen Eigenschaft anvertraut/bekannt geworden
	Tathandlung: Offenbaren
	dadurch (konkrete) Gefahr für wichtige öffentliche Interessen
	Subjektiver Tatbestand
	Vorsatz, auch bzgl. konkreter Gefährdung
Rechts- widrigkeit	▪ Allgemeine Grundsätze (deklaratorische Funktion des Merkmals „unbefugt")
	▪ Ausschluss der Rechtswidrigkeit bei Pressetätigkeit, die den Tatbestand der Beihilfe zur Verletzung des Dienstgeheimnisses erfüllt, gem. III a:
	Personenkreis: Personen, die bei der Vorbereitung/Herstellung/Verbreitung von Druckwerken/Rundfunksendungen/Filmberichten/der Unterrichtung oder Meinungsbildung dienenden Informations- und Kommunikations- diensten berufsmäßig mitwirken **und**
	Beihilfehandlung: Entgegennahme/Auswertung/Veröffentlichung des Ge- heimnisses/des Gegenstandes der Nachricht, zu deren Geheimhaltung eine besondere Verpflichtung besteht
Schuld	Allgemeine Grundsätze
Verfolgbarkeit	Ermächtigung unter den Voraussetzungen des IV i.V.m. § 77 e

Vorsätzlich-fahrlässige Verletzung des Dienstgeheimnisses, § 353 b I 2 i.V.m. I 1, IV
Aufbau grds. wie § 353 b I 1; Änderungen: **Tatbestand:** Vorsatz nur bzgl. Tätereigenschaft, Tatgegen-
stand und Tathandlung; Eintritt der konkreten Gefahr; objektive Fahrlässigkeit bzgl. Gefährdung;
Schuld: Subjektive Fahrlässigkeit bzgl. Gefährdung

E. Delikte gegen kollektive Rechtsgüter	**VIII. Straftaten gegen Verwaltung und Amtsführung** **7. Verletzung des Dienstgeheimnisses; Verletzung einer besonderen Geheimhaltungspflicht** (Fortsetzung)

Verletzung einer besonderen Geheimhaltungspflicht, § 353 b II, IV

Tatbestand	**Objektiver Tatbestand** „Abgesehen von den Fällen des I" = tatbestandliche Exklusivität zwischen I und II **Täter:** • Nr. 1: Förmlich Verpflichteter durch Beschluss eines Gesetzgebungsorgans des Bundes/eines Landes/eines Ausschusses der Genannten • Nr. 2: Von einer anderen amtlichen Stelle unter besonderem Hinweis auf die Strafbarkeit der Verletzung der Geheimhaltungspflicht förmlich Verpflichteter **Tatgegenstände:** Gegenstand/Nachricht, auf den/die sich die Geheimhaltungspflicht konkret beziehen muss **Tathandlungen:** an einen anderen gelangen lassen/öffentlich bekannt machen **dadurch** (konkrete) Gefahr für wichtige öffentliche Interessen **Subjektiver Tatbestand** Vorsatz, und zwar auch in Bezug auf die konkrete Gefährdung
Rechts-widrigkeit	• Allgemeine Grundsätze (deklaratorische Funktion des Merkmals „unbefugt") • Ausschluss der Rechtswidrigkeit bei Pressetätigkeit, die den Tatbestand der Beihilfe zur Verletzung der Geheimhaltungspflicht erfüllt, gem. III a: Personenkreis: Personen, die bei der Vorbereitung/Herstellung/Verbreitung von Druckwerken/Rundfunksendungen/Filmberichten/der Unterrichtung oder Meinungsbildung dienenden Informations- und Kommunikationsdiensten berufsmäßig mitwirken **und** Beihilfehandlung: Entgegennahme/Auswertung/Veröffentlichung des Geheimnisses/des Gegenstandes der Nachricht, zu deren Geheimhaltung eine besondere Verpflichtung besteht
Schuld	Allgemeine Grundsätze
Verfolgbarkeit	Ermächtigung unter den Voraussetzungen des IV i.V.m. § 77 e

195

E. Delikte gegen kollektive Rechtsgüter	VIII. Straftaten gegen Verwaltung und Amtsführung 8. Verleitung eines Untergebenen zu einer Straftat

Verleitung eines Untergebenen zu einer Straftat, § 357 (sog. Konnivenz)

	Objektiver Tatbestand
Tatbestand	**Täter:** ▪ I: Dienstvorgesetzter ▪ Gleichgestellt gem. II: Aufsichts-/Kontrollbeamter **Bezugstäter:** ▪ I: Untergebener ▪ Gleichgestellt gem. II: der Aufsicht/Kontrolle unterstehender Amtsträger **Bezugstat:** Rechtswidrige, nicht notwendig schuldhafte (Straf-)Tat des Bezugstäters **und** in Ausübung des Amtes **Tathandlungen:** ▪ I Mod. 1: Verleiten = Erfolgreiche Einwirkung zur Begehung ▪ I Mod. 2: Unternehmen der Verleitung = Erfolgloser Versuch der Anstiftung, vgl. § 11 I Nr. 6 ▪ I Mod. 3: Geschehenlassen = Nichthindern
	Subjektiver Tatbestand
	Vorsatz

Rechts- widrigkeit	Allgemeine Grundsätze

Schuld	Allgemeine Grundsätze

E. Delikte gegen kollektive Rechtsgüter

IX. Straftaten gegen die Rechtspflege
1. Schutzrichtungen der Rechtspflegedelikte

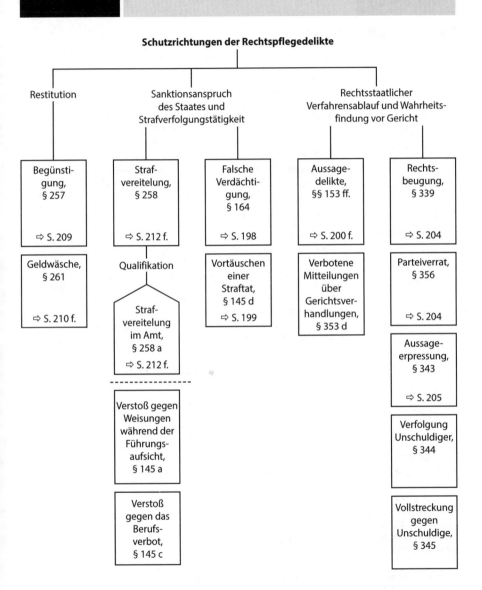

E. Delikte gegen kollektive Rechtsgüter

IX. Straftaten gegen die Rechtspflege
2. Falsche Verdächtigung; Vortäuschen einer Straftat

Falsche Verdächtigung, § 164

Tatbestand

Objektiver Tatbestand

I:

Tatadressat: Behörde = Legaldefinition in § 11 I Nr. 7/zur Entgegennahme von Anzeigen zuständiger Amtsträger = Legaldefinition in § 11 I Nr. 2, erweitert um die Befugnisse aus § 158 StPO/militärischer (Disziplinar-)Vorgesetzter/Öffentlichkeit

Tatopfer: Anderer = vom Täter verschiedener, individualisierbarer, tatsächlich existierender lebender Mensch

Tatgegenstand:
- Rechtswidrige Tat (§ 11 I Nr. 5)
- Dienstpflichtverletzung

Tathandlung: Verdächtigen (= Hervorrufen, Verstärken oder Umlenken eines Verdachts durch Behaupten von Tatsachen/Schaffen von Beweislagen)

Bei Überschreitung des aus dem nemo tenetur-Grundsatz abgeleiteten Rechts strafloser Verdachtsabwehr **und** objektive Unrichtigkeit der Verdächtigung:

Auch hinsichtlich des Vorwurfs (nicht nur hinsichtlich der diesen begründenden Tatsachen, str.)

II:

Tatgegenstand:
Sonstiger Vorwurf, der geeignet ist, ein behördliches Verfahren/andere behördliche Maßnahmen herbeizuführen/fortdauern zu lassen

Tathandlung:
Aufstellen von Behauptungen tatsächlicher Art

⚠ *Nicht ausreichend:*
Schaffen von kompromittierenden Beweislagen

Hinsichtlich der mitgeteilten Tatsachen

Subjektiver Tatbestand

Vorsatz **und**
positive Kenntnis bzgl. der Unwahrheit **und**
Absicht i.S.d. dolus directus I oder II (!), behördliches Verfahren etc. herbeizuführen/fortdauern zu lassen

Rechtswidrigkeit

Allgemeine Grundsätze
⚠ Nach h.M. keine Einwilligung des Verdächtigten möglich!

Schuld

Allgemeine Grundsätze

Strafmilderung/Absehen von Strafe

Analog § 158 (str.)

Falschverdächtigung zur Erlangung einer Strafmilderung, § 164 III
(rein subjektive Qualifikation)

Zusätzlich im subjektiven Tatbestand prüfen: Absicht der Erlangung einer Strafmilderung/des Absehens von Strafe gem. § 46 b / § 31 BtMG

E. Delikte gegen kollektive Rechtsgüter	IX. Straftaten gegen die Rechtspflege 2. Falsche Verdächtigung; Vortäuschen einer Straftat (Fortsetzung)

Vortäuschen einer Straftat, § 145 d

	Objektiver Tatbestand	

Tatbestand	**I:**	**II:**
	Tatadressat: Behörde (§ 11 I Nr. 7)/zur Entgegennahme von Anzeigen zuständiger Amtsträger (§ 11 I Nr. 2, § 158 StPO)	
	Tatbezug:	**Tatbezug:**
	▪ Nr. 1: Angeblich in der Vergangenheit liegende, tatsächlich nicht begangene (str.) rechtswidrige Tat (§ 11 I Nr. 5)	▪ Nr. 1: Beteiligte an einer tatsächlich begangenen (str.) rechtswidrigen Tat (§ 11 I Nr. 5)
	▪ Nr. 2: Angeblich in der Zukunft bevorstehende Verwirklichung einer Katalogtat i.S.v. § 126 I (z.B. Bombenattentat)	▪ Nr. 2: Beteiligte an einer tatsächlich (str.) bevorstehenden Katalogtat i.S.v. § 126 I
	Tathandlung: Vortäuschen = jede unzutreffende, über bloßes Aufbauschen hinausgehende Äußerung oder Schaffung einer Beweislage, die geeignet ist, eine nicht erforderliche Tätigkeit der Strafverfolgungsbehörde auszulösen	
	Subjektiver Tatbestand	
	Vorsatz **und** positive Kenntnis bzgl. der Unwahrheit	

Rechtswidrigkeit	Allgemeine Grundsätze

Schuld	Allgemeine Grundsätze

Strafmilderung/ Absehen von Strafe	Unter den Voraussetzungen des § 158 analog

Konkurrenzen	Formelle Subsidiarität, sofern eine Bestrafung des Täters aus § 164 (⇨ S. 198)/ § 258/§ 258 a (⇨ S. 212 f.) möglich ist

Vortäuschen einer Straftat zur Erlangung einer Strafmilderung, § 145 d III

(Vorsatzbedürftige Qualifikation)

Bei I Nr. 2/II Nr. 2 **objektiv** zusätzlich: Tatbezug Katalogtat i.S.v. § 46 b I 1 Nr. 2/§ 31 S. 1 Nr. 2 BtMG (III Nr. 2, 3); **subjektiv:** Vorsatz diesbzgl. **und** Absicht der Erlangung einer Strafmilderung/des Absehens von Strafe gem. § 46 b/§ 31 BtMG

E. Delikte gegen kollektive Rechtsgüter	IX. Straftaten gegen die Rechtspflege 3. Uneidliche Falschaussage; Meineid

Uneidliche Falschaussage, § 153 (Eigenhändiges Delikt)

Tatbestand	**Objektiver Tatbestand**
	Tatadressaten:
	▪ Gericht
	▪ Sonstige zur Eidesabnahme in dem fraglichen Verfahren zuständige Stelle ⚠ *Nicht: Polizei/Staatsanwaltschaft, arg. ex § 161 a I 3 StPO!*
	▪ Internationale Gerichte/Untersuchungsausschüsse, § 162
	Täter:
	▪ Zeugen (nicht: Partei im Zivilprozess/Beschuldigter im Strafprozess)
	▪ Sachverständige
	Tathandlung: Falsch aussagen
	Aussage = Nur mündliche Bekundung, auf die sich in der konkreten Verfahrenssituation die Wahrheitspflicht erstreckt **und**
	Falsch = Nach herrschender objektiver Theorie Widerspruch zwischen Erklärung und Wirklichkeit (unter Berücksichtigung von Richtigstellungen und Widerruf bis zum Abschluss der jeweiligen Aussage)
	Subjektiver Tatbestand
	Vorsatz
Rechtswidrigkeit	Allgemeine Grundsätze
Schuld	Allgemeine Grundsätze
Fakultative Strafmilderung/ Absehen von Strafe	▪ Unter den Voraussetzungen des Aussagenotstandes, § 157 I ▪ Bei uneidlicher Falschaussage eines Eidesunmündigen, § 157 II ▪ Bei tätiger Reue durch rechtzeitige Berichtigung nach Abschluss der Aussage, § 158

E. Delikte gegen kollektive Rechtsgüter	**IX. Straftaten gegen die Rechtspflege** **3. Uneidliche Falschaussage; Meineid** (Fortsetzung)

Meineid, § 154 (Eigenhändiges Delikt; als Zeugen-/Sachverständigenmeineid Vorsatz-qualifikation zu § 153)

Tatbestand	**Objektiver Tatbestand**

	Tatadressaten:
	▪ Gericht
	▪ Sonstige (staatliche) Stellen, z.B. Patentamt, § 46 I PatG } Zur Eidesabnahme (in dem fraglichen Verfahren und durch die fragliche Person) zuständig
	
	Tathandlung: Falsch schwören
	
	Falschaussage (auch durch Partei im Zivilprozess/Dolmetscher, § 189 GVG, str., möglich; im Übrigen wie bei § 153 ⇨ S. 200) **und**
	
	Schwören
	
	▪ (Beim Normalfall des Nacheides) vollständiges Nachsprechen der Eidesformel
	▪ Gleichgestellt gemäß § 155:
	  – Nr. 1: Eidesgleiche Bekräftigung
	  – Nr. 2: Berufung auf früheren Eid/frühere Bekräftigung

	Subjektiver Tatbestand
	Vorsatz
Rechts-widrigkeit	Allgemeine Grundsätze
Schuld	Allgemeine Grundsätze
Fakultative Straf-milderung/ Absehen von Strafe	▪ Strafmilderung unter den Voraussetzungen des Aussagenotstandes, § 157 I ▪ Strafmilderung/Absehen von Strafe bei tätiger Reue durch rechtzeitige Berichtigung unter den Voraussetzungen des § 158

E. Delikte gegen kollektive Rechtsgüter	IX. Straftaten gegen die Rechtspflege 4. Falsche eidesstattliche Versicherung; Verleiten zur Falschaussage; fahrlässige Aussagedelikte

Falsche Versicherung an Eides statt, § 156 (Eigenhändiges Delikt)

Tatbestand	Objektiver Tatbestand
	Tatadressaten: Behörde (§ 11 I Nr. 7) **und** zur Abnahme (nicht nur „Aufnahme") zuständig = allgemeine Zuständigkeit der Behörde **und** konkrete Zuständigkeit: für eidesstattliche Versicherungen zu dem inhaltlichen Gegenstand, in dem jeweiligen Verfahren und durch eine Person in der Verfahrensstellung des Täters ⚠ *Hauptfall: eidesstattliche Versicherung, §§ 802 c, 807 ZPO* **Tathandlungen:** ▪ Alt. 1: Falsche Versicherung an Eides statt = Eidesgleiche Bekräftigung der Wahrheit einer objektiv unwahren Bekundung, auf die sich die Wahrheitspflicht des Täters bezieht ▪ Alt. 2: Falschaussage unter Berufung auf frühere falsche Versicherung an Eides statt
	Subjektiver Tatbestand
	Vorsatz
Rechtswidrigkeit	Allgemeine Grundsätze
Schuld	Allgemeine Grundsätze
Fakultative Strafmilderung/ Absehen von Strafe	Bei tätiger Reue unter den Voraussetzungen des § 158

202

E. Delikte gegen kollektive Rechtsgüter	IX. Straftaten gegen die Rechtspflege 4. Falsche eidesstattliche Versicherung; Verleiten zur Falschaussage; fahrlässige Aussagedelikte (Fortsetzung)

Verleitung zur Falschaussage, § 160 I

Tatbestand	**Objektiver Tatbestand**
	Tatbezug: Objektive Tatbestandsverwirklichung • Eines Falscheides • Einer falschen Versicherung an Eides statt • Einer uneidlichen Falschaussage } Durch einen anderen (nach h.M. nicht notwendig unvorsätzlich Handelnden)
	Tathandlung: Verleiten = jede Einwirkung auf die Aussageperson, die dazu führt, dass diese die unwahre Erklärung abgibt
	Subjektiver Tatbestand
	Vorsatz **und** Rspr.: Verleiterwille = Annahme (auch nur irrtümliche), Aussageperson handele bzgl. der Unwahrheit unvorsätzlich ⚠ *Anderenfalls §§ 153 ff.; 26/§§ 153, 156, 159; 30 I/§§ 154; 30 I*
Rechts-widrigkeit	Allgemeine Grundsätze
Schuld	Allgemeine Grundsätze

Fahrlässiger Falscheid; fahrlässige falsche Versicherung an Eides statt, § 161

Aufbau grds. wie § 154/§ 156 (⇨ S. 201 f.); Änderungen: **Tatbestand:** Objektive Fahrlässigkeit statt Vorsatz; **Schuld:** Subjektive Fahrlässigkeit; **persönlicher Strafaufhebungsgrund:** Tätige Reue unter den Voraussetzungen des § 161 II i.V.m. § 158

E. Delikte gegen kollektive Rechtsgüter	IX. Straftaten gegen die Rechtspflege 5. Rechtsbeugung; Parteiverrat; Aussageerpressung

Rechtsbeugung, § 339 (Eigenhändiges Delikt)

Tatbestand	**Objektiver Tatbestand**
	Täter: • Richter = Legaldefinition in § 11 I Nr. 3/Schiedsrichter (§§ 1025 ff. ZPO, §§ 103–110 ArbGG) • Amtsträger = Legaldefinition in § 11 I Nr. 2 **und** die eine Rechtssache (wie ein Richter) zu leiten (zu entscheiden) haben **Tathandlung:** Rechtsbeugung = schwerwiegend fehlerhafte Anwendung des formellen/materiellen Rechts **und** zum Vorteil/zum Nachteil einer Partei
	Subjektiver Tatbestand
	Vorsatz **mit** Bewusstsein des Rechtsbruchs

Rechtswidrigkeit	Allgemeine Grundsätze

Schuld	Allgemeine Grundsätze

Konkurrenzen	Sperrwirkung des § 339 als Richterprivileg: Strafbarkeit aus anderen Strafnormen im Zusammenhang mit richterl. Tätigkeit bei Entscheidungen, Anordnungen und Maßnahmen der Verhandlungsleitung nur, wenn auch Rechtsbeugung i.S.v. § 339 vorliegt

Parteiverrat, § 356 I

Tatbestand	**Objektiver Tatbestand**
	Täter: • Anwälte • Andere Rechtsbeistände **Tatbezug:** • Angelegenheit, die dem Täter in seiner Eigenschaft als Rechtspflegeorgan anvertraut worden ist **Tathandlung:** Beiden Parteien derselben Rechtssache dienen (nicht notwendig zeitgleich) **und** Pflichtwidriges Handeln i.S.v. § 43 a IV BRAO = objektiver Interessengegensatz
	Subjektiver Tatbestand
	Vorsatz

Rechtswidrigkeit	Allgemeine Grundsätze (Einwilligung des Auftraggebers wirkt nicht rechtfertigend)

Schuld	Allgemeine Grundsätze

Schwerer Parteiverrat, § 356 II (Qualifikation): Aufbau wie § 356 I; zusätzlich: **Objektiver Tatbestand:** (nach der Tathandlung) gegenseitiges Einverständnis des Täters mit der Gegenpartei; **subjektiver Tatbestand:** (nach dem Vorsatz) Wille, zum Schaden der eigenen Partei zu handeln

204

E. Delikte gegen kollektive Rechtsgüter	**IX. Straftaten gegen die Rechtspflege** **5. Rechtsbeugung; Parteiverrat; Aussageerpressung** (Fortsetzung)

Aussageerpressung, § 343 I

Tatbestand	**Objektiver Tatbestand**
	Täter:
	Amtsträger (§ 11 I Nr. 2, § 48 I WStG)
	Zur Mitwirkung an repressiver Verfahrensart berufen, nämlich
	▪ Nr. 1: Strafverfahren/Verfahren zur Anordnung behördlicher Verwahrung (außerhalb eines Strafverfahrens, insbesondere Unterbringungsverfahren)
	▪ Nr. 2: Bußgeldverfahren (nach dem OWiG)
	▪ Nr. 3: Disziplinarverfahren/ehrengerichtliche Verfahren/berufsgerichtliche Verfahren
	Tathandlungen:
	▪ Körperliche Misshandlung eines anderen
	▪ Anwendung/Androhung von Gewalt
	▪ Seelisches Quälen
	Subjektiver Tatbestand
	Vorsatz **und**
	Absicht, den Betroffenen
	zu einer Aussage/Nichtaussage in dem jeweiligen Verfahren zu nötigen

Rechtswidrigkeit	Allgemeine Grundsätze ⚠ *Einwilligung des Betroffenen wirkt nicht rechtfertigend!*

Schuld	Allgemeine Grundsätze

F. Anschluss- delikte	I Hehlerei 1. Einzelschema

Hehlerei, § 259

	Objektiver Tatbestand
Tatbestand	**Tatobjekt:** Sache, von einem anderen (Vortäter) durch gegen fremdes Vermögen gerichtete Tat in der Vergangenheit (speziell: § 242 ⇨ S. 63) erlangt **Tathandlungen:** • Ankaufen = Abgeleiteter entgeltlicher Erwerb vom Vortäter in der Weise, dass der Vortäter sich der Sache entäußert und die Verfügungsgewalt auf den Erwerber übergeht, sodass dieser die Sache ihrem wirtschaftlichen Wert nach übernimmt • Sich/einem Dritten verschaffen = Einverständlicher, abgeleiteter Erwerb vom Vortäter, durch den dieser sich der Sache entäußert und die Verfügungsgewalt auf den Erwerber überträgt, damit dieser zu eigenen Zwecken damit verfahren kann und die Sache ihrem wirtschaftlichen Wert nach übernimmt ⚠ *Nach Rspr. einvernehmliches Zusammenwirken auch bei Täuschung des Vortäters (str.)!* • Absetzen = Wirtschaftliche Verwertung der Sache mit Willen und im Interesse des Vortäters durch entgeltliche und erfolgreiche Veräußerung an einen Dritten • Absatzhilfe = Jede unselbstständige, d.h. weisungsabhängige (noch str., ob erfolgreiche) Unterstützungshandlung, die dem Vortäter mit dessen Einverständnis und in seinem Interesse beim Verschieben der Beute geleistet wird ⚠ *Absatzerfolg bei Absetzen und Absatzhilfe erforderlich!*
	Subjektiver Tatbestand
	Vorsatz **und** Bereicherungsabsicht zu eigenen Gunsten/zugunsten Dritter ⚠ *Keine Rechtswidrigkeit oder Stoffgleichheit erforderlich*

Rechtswidrigkeit	Allgemeine Grundsätze

Schuld	Allgemeine Grundsätze

Verfolgbarkeit	• Strafantrag/besonderes öffentliches Verfolgungsinteresse bei Hehlerei einer geringwertigen Sache, II i.V.m. § 248 a ⇨ S. 63 • Strafantrag bei Hehlerei zum Nachteil von Haus- und Familienangehörigen, II i.V.m. § 247 ⇨ S. 63 ⚠ *In diesem Fall absolutes Antragsdelikt!*

Gewerbsmäßige Hehlerei; Bandenhehlerei, § 260 I (Qualifikation zu § 259)
Aufbau wie § 259; als qualifizierende Umstände zusätzlich:
• Nr. 1: (nur im **subjektiven Tatbestand** nach der Bereicherungsabsicht) Gewerbsmäßigkeit (wie bei § 243 I 2 Nr. 3 ⇨ S. 63)
• Nr. 2: Im **objektiven Tatbestand** Tatbegehung als Mitglied einer Bande, die sich zur fortgesetzten Begehung von Raub/Diebstahl/Hehlerei verbunden hat; im **subjektiven Tatbestand** nach der Bereicherungsabsicht Vorsatz bzgl. der qualifizierenden Umstände

Verfolgbarkeit: Strafantrag, wenn Tat zum Nachteil von Haus- und Familienangehörigen i.S.d. § 247 (str.); § 248 a gilt nicht.
⚠ *In diesem Fall absolutes Antragsdelikt!*

Gewerbsmäßige Bandenhehlerei, § 260 a (Qualifikation zu § 260)
Aufbau wie § 260 I Nr. 2; im **subjektiven Tatbestand** nach der Bereicherungsabsicht zusätzlich Gewerbsmäßigkeit (wie bei § 243 I 2 Nr. 3 ⇨ S. 63)

| F. Anschluss- delikte | I. Hehlerei |
| | 2. Vernetzung mit anderen Straftatbeständen |

Hehlerei, § 259 (Einzelschema ⇨ S. 206)

| Prüfungsschema | Deliktsmangel: | weiterprüfen: |

Tatbestand

Obj. Tatbestand

Tatobjekt:
Sache

Tatobjekt stammt nicht unmittelbar aus der Vortat, sondern ist Ersatzsache, die auch nicht ihrerseits durch Vermögensdelikt (insbesondere Betrug) erlangt worden ist, sog. Ersatzhehlerei.
→ ggf. § 257 ⇨ S. 209; § 261 ⇨ S. 210 f.

Von einem anderen durch Vermögensdelikt, speziell Diebstahl, erlangt

Vortat ist keine gegen fremdes Vermögen gerichtete Tat
→ § 261 ⇨ S. 210 f.

„Anschlusstäter" ist selbst täterschaftlich an der Vortat beteiligt
→ § 246 ⇨ S. 78 (Problem der Zweitzueignung)

Vortat und Hehlereihandlung fallen zeitlich zusammen
→ Beteiligung, ggf. sukzessive Beteiligung an der Vortat ⇨ S. 214 ff. ⇨ § 257 I, III ⇨ S. 209

Tathandlungen:

• Sich/Drittem verschaffen/ speziell Ankaufen

Eigenmächtige Sacherlangung
→ § 242 ⇨ S. 63 ff.; § 249 ⇨ S. 70 f.; § 246 ⇨ S. 78

Sacherlangung zur Rückverschaffung an den Eigentümer ohne Leugnung dessen Eigentums
→ § 257 ⇨ S. 209; § 253 ⇨ S. 107

Bloßes Einlösen gestohlener Scheckformulare nach deren Fälschung
→ § 152 a ⇨ S. 139; § 263 ⇨ S. 100 ff.

Sache ist lediglich in Verwahrung genommen worden
→ § 257 ⇨ S. 209; § 261 ⇨ S. 210 f.

• Absetzen/ Absatzhilfe

Anschlussbeteiligter ist nur an der Gegenleistung interessiert, ohne an dem Absatzvorgang des Tatobjekts gestaltend mitzuwirken
→ § 261 ⇨ S. 210 f.

Helfer unterstützt nur den Erwerber
→ §§ 259, 27 (Beihilfe zum Sichverschaffen etc.)

Helfer unterstützt nur den Absetzenden/Absatzhelfer
→ §§ 259, 27 (Beihilfe zum Absetzen bzw. zur Absatzhilfe)

207

F. Anschlussdelikte

I. Hehlerei
2. Vernetzung mit anderen Straftatbeständen (Fortsetzung)

Hehlerei, § 259 (Fortsetzung)

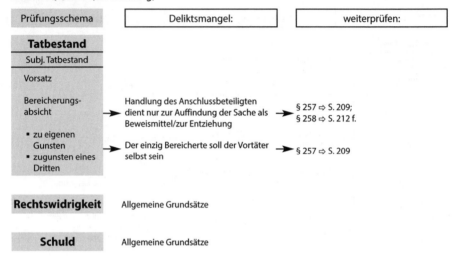

Prüfungsschema	Deliktsmangel:	weiterprüfen:

Tatbestand
Subj. Tatbestand
Vorsatz

Bereicherungsabsicht — Handlung des Anschlussbeteiligten dient nur zur Auffindung der Sache als Beweismittel/zur Entziehung → § 257 ⇨ S. 209; § 258 ⇨ S. 212 f.
- zu eigenen Gunsten
- zugunsten eines Dritten

Der einzig Bereicherte soll der Vortäter selbst sein → § 257 ⇨ S. 209

Rechtswidrigkeit Allgemeine Grundsätze

Schuld Allgemeine Grundsätze

F. Anschluss-delikte	II. Begünstigung

Begünstigung, § 257

	Objektiver Tatbestand
Tatbestand	**Vortat:** in der Vergangenheit liegende rechtswidrige Straftat (= Legaldefinition in § 11 I Nr. 5) eines anderen
	Tatbezug: Beim Täter noch vorhandene unmittelbare Tatvorteile = jede Besserstellung des Vortäters, die unmittelbar im Zusammenhang mit der Vortat erlangt worden ist und dem Täter nach privatem/öffentlichem Recht wieder entzogen werden kann
	Tathandlung: Hilfeleisten = jedes Verhalten, das objektiv geeignet ist, den Vortäter hinsichtlich der (unmittelbaren) Tatvorteile besser zu stellen (h.M.)
	⚠ *Bei Handlungen zwischen Vollendung und Beendigung der Vortat entscheidet die innere Willensrichtung, ob sukzessive Beihilfe oder Begünstigung vorliegt (str.)!*

	Subjektiver Tatbestand
	Vorsatz **und**
	Vorteilssicherungsabsicht = Absicht (i.S.v. dolus directus I),
	dem Vortäter die (unmittelbaren) Vortat-Vorteile zu sichern **und**
	die Wiederherstellung des gesetzmäßigen Zustandes zu vereiteln

Rechts-widrigkeit	Allgemeine Grundsätze

Schuld	Allgemeine Grundsätze

Persönlicher Strafaus-schließungs-grund	▪ Keine Strafbarkeit aus Begünstigung für Personen, die wegen Beteiligung an der Vortat (materiell) strafbar sind, III 1
	⚠ *Aber Rückausnahme, d.h. Strafausschluss aus III 1 gilt nicht für denjenigen (Vortatbeteiligten), der einen an der Vortat Unbeteiligten zur Begünstigung anstiftet, III 2!*
	▪ § 258 VI analog bei tateinheitlichem Zusammentreffen von § 257 und § 258, wenn aus Sicht des Anschlusstäters Strafvereitelung nicht ohne gleichzeitige Begünstigung zu erreichen ist (str.)

Verfolgbarkeit	▪ Strafantrag/Ermächtigung/Strafverlangen gelten auch für die Begünstigung, wenn Vortatverfolgung von einer entsprechenden Voraussetzung abhängig ist, IV 1
	▪ Strafantrag/besonderes öffentliches Verfolgungsinteresse bei Geringwertigkeit der zu sichernden Tatvorteile, IV 2 i.V.m. § 248 a ⇨ S. 63

209

F. Anschluss-delikte	III. Geldwäsche

Geldwäsche, Verschleierung unrechtmäßig erlangter Vermögenswerte, § 261

	Objektiver Tatbestand

Tatbestand	**Tatobjekt:**
	Gegenstand = jedes nicht notwendig körperliche Objekt **und** aus einer bestimmten rechtswidrigen Vortat, nämlich Katalog des I 2:
	
	• Nr. 1: Verbrechen (i.S.v. § 12 I)
	
	• Nr. 2: Vergehen:
	   – a) § 108 e/§ 332 I, III/§ 334/jeweils auch i.V.m. § 335 a
	   – b) § 29 I 1 Nr. 1 BtMG/§ 19 I Nr. 1 GrundstoffüberwachungsG
	
	• Nr. 3: Vergehen nach § 373 AO/§ 374 II AO/jeweils auch i.V.m. § 12 I DurchführungsG der gemeinsamen Marktorganisationen und der Direktzahlungen
	
	• Nr. 4: Vergehen:
	   – a) §§ 152 a/181 a/§ 232 I–III 1, IV/232 a I, II/232 b I, II/233 I–II/ 233 a I, II/242/246/253/259/ 263–264/265 c/266/267/269/271/ 284/299/326 I, II, IV/§ 328 I, II, IV/348
	   – b) § 96 AufenthaltG/§ 84 AsylG/§ 370 AO/§ 119 I–IV WpHG/ §§ 143, 143 a, 144 MarkenG/§§ 106–108 b UrhG/§ 25 GebrMG/ §§ 51, 65 DesignG/§ 142 PatG/§ 10 HalbLSchG/§ 39 SortSchG
	   nur wenn **gewerbsmäßig oder bandenmäßig** begangen
	
	• Nr. 5: Vergehen: § 89 a/§ 89 c/§ 129/§ 129 a III/V (jeweils auch i.V.m. § 129 b I)/ Vergehen von einem Mitglied einer kriminellen oder terroristischen Vereinigung (§§ 129, 129 a; jeweils auch i.V.m. § 129 b I) begangen
	
	⚠ *Gleichstellungsklausel des § 261 VIII für alle Gegenstände aus Auslandstaten i.S.d. I 2 Nr. 1–5, sofern die Tat am Tatort mit Strafe bedroht ist*
	
	Herrühren = Gegenstand muss – nicht notwendig in derselben Gestalt, sondern nur als vermögenswertes Surrogat – aus der Vortat stammen (mit Erweiterung auf Tatbezugsobjekte bei gewerbs- oder bandenmäßiger Steuerhinterziehung gem. § 370 AO und in den Fällen des I 2 Nr. 3, I 3)
	
	Tathandlungen:

I: Gefährdungs- und Vereitelungstatbestand	II: Isolierungstatbestand
• Verbergen • Herkunft verschleiern • Vereiteln/Gefährden der Ermittlung der Herkunft/des Auffindens/der Einziehung/der Sicherstellung	• Nr. 1: Sich-/einem Dritten verschaffen • Nr. 2: Verwahren/für sich oder einen Dritten verwenden Tatbestandsausschluss gem. § 261 VI bei vorheriger Erlangung des Gegenstandes durch Dritten, ohne dass dieser dabei eine Straftat begangen hat

F. Anschlussdelikte
III. Geldwäsche (Fortsetzung)

Geldwäsche, Verschleierung unrechtmäßig erlangter Vermögenswerte (Fortsetzung)

Tatbestand	Vorsatz	**Subjektiver Tatbestand**
	Vorsatz	Vorsatz auch bzgl. des Nichtvorliegens des Tatbestandsausschlusses
		Bei Nr. 2 Klarstellung des Vorsatzzeitpunkts bzgl. der bemakelten Herkunft: Sacherlangung
	⚠ Keine Strafbarkeit von Wahlverteidigern, wenn nur Eventualvorsatz bzgl. der bemakelten Herkunft des Geldes vorliegt.	
Rechtswidrigkeit	Allgemeine Grundsätze	
Schuld	Allgemeine Grundsätze	
Persönlicher Strafausschließungsgrund	IX 2: keine Strafbarkeit aus Geldwäsche für Personen, die wegen Beteiligung an der Vortat strafbar sind (Ausnahme: IX 3)	
Benannte Straferschwerung	IV 2: Besonders schwerer Fall mit Regelbeispielen	
	• Alt. 1: Nur subjektiv: Gewerbsmäßigkeit	
	• Alt. 2: Objektiv und subjektiv: Tatbegehung als Mitglied einer Bande, die sich zur fortgesetzten Begehung der Geldwäsche verbunden hat	
Strafaufhebung	IX 1: Tätige Reue	

Leichtfertige Geldwäsche, § 261 V

Aufbau wie vorsätzl. Geldwäsche; anstelle des dort auch bzgl. der bemakelten Herkunft des Gegenstandes vorausgesetzten subjektiven Tatbestandes objektive Leichtfertigkeit prüfen; in der Schuld entsprechende subjektive Leichtfertigkeit prüfen.

⚠ Eine Strafbarkeit von Wahlverteidigern gem. § 261 V i.V.m. II wegen der Annahme bemakelten Honorars ist wegen des vom BVerfG aufgestellten Erfordernisses der sicheren Kenntnis von der Herkunft des Geldes ausgeschlossen.

F. Anschluss-delikte	**IV. Strafvereitelung**

Strafverfolgungsvereitelung, § 258 I

<table>
<tr><td rowspan="1">Tatbestand</td><td>
Objektiver Tatbestand

Vortat:
Rechtswidrige Tat (= Legaldefinition in § 11 I Nr. 5) eines anderen aus der ein staatlicher Strafanspruch/ein Anspruch auf Verhängung von Maßnahmen (§ 11 I Nr. 8) entstanden ist

Taterfolg/Tathandlungen:

- Ganz vereiteln = zumindest für geraume Zeit (ab drei Wochen, str.) Verzögerung der Verhängung der Strafe/der Maßnahme

- Zum Teil vereiteln = unzulässige Verringerung der Strafe/der Maßregel

⚠ <i>Teleologische Reduktion bei verfahrensbezogenen Handlungen von Strafverteidigern, sofern die fragliche Handlung nicht der Rechtsordnung widerspricht und nicht der Tatsachenmanipulation dient!</i>

Subjektiver Tatbestand

Vorsatz bzgl. der Vortat (dolus eventualis genügt) und

Absicht/Wissentlichkeit bzgl. der Vereitelung (dolus directus I oder II)
</td></tr>
</table>

Rechts-widrigkeit	Allgemeine Grundsätze

Schuld	Allgemeine Grundsätze

Persönliche Strafaus-schließungs-gründe	• Vereitelungshandlungen, die zugleich der Strafverfolgungsvereitelung in Bezug auf die Person des Anschlusstäters dienen, V • Vereitelungshandlungen zugunsten von Angehörigen (§ 11 I Nr. 1), VI

Strafverfolgungsvereitelung im Amt, § 258 a
(Unechtes Amtsdelikt und vorsatzbedürftige Qualifikation)

Aufbau wie § 258 I; zusätzlich: **Objektiver Tatbestand:** Tauglicher Täter: Amtsträger = Legaldefinition in § 11 I Nr. 2/zur Mitwirkung bei dem Strafverfahren/dem Verfahren zur Anordnung der Maßnahme berufen; **subjektiver Tatbestand:** Zusätzlich Vorsatz bzgl. der qualifizierenden Umstände; § 258 VI gilt gem. § 258 a III nicht

Strafvollstreckungsvereitelung, § 258 II

Tatbestand	**Objektiver Tatbestand**
	Tatsituation: Vorliegen einer vollstreckbaren strafgerichtlichen Entscheidung, § 449 StPO, durch die gegen einen anderen eine Strafe/Maßnahme verhängt worden ist
	Taterfolg/Tathandlungen:
	• Ganz vereiteln = zumindest für geraume Zeit Verzögerung der Straf-/Maßnahmevollstreckung
	• Teilweise vereiteln = unzulässige Verkürzung der Straf-/Maßnahmevollstreckung
	⚠ Nicht bei Zahlung von Geldstrafe durch Dritte (str.)!
	Subjektiver Tatbestand
	Vorsatz bzgl. der vollstreckbaren Entscheidung (dolus eventualis genügt) **und** Absicht/Wissentlichkeit bzgl. der Vereitelung (dolus directus I oder II)
Rechtswidrigkeit	Allgemeine Grundsätze
Schuld	Allgemeine Grundsätze
Persönliche Strafausschließungsgründe	• Vereitelungshandlungen, die zugleich der Strafvollstreckungsvereitelung in Bezug auf die Person des Anschlusstäters dienen, V
	• Vereitelungshandlungen zugunsten von Angehörigen (§ 11 I Nr. 1), VI

Strafvollstreckungsvereitelung im Amt, § 258 a
(Unechtes Amtsdelikt und vorsatzbedürftige Qualifikation)
Aufbau wie § 258 II; zusätzlich: **Objektiver Tatbestand:** Tauglicher Täter: Amtsträger = Legaldefinition in § 11 I Nr. 2/zur Mitwirkung bei der Vollstreckung der Strafe/der Maßnahme berufen; **subjektiver Tatbestand:** Zusätzlich Vorsatz bzgl. der qualifizierenden Umstände; § 258 VI gilt gem. § 258 a III nicht

G. Allgemeiner Teil	I. Grundtypen: Vorsatz- und Fahrlässigkeitsdelikte; Deliktsvarianten; Mehrheit von Beteiligten

Anknüpfungs-merkmal bei der Prüfung der vollendeten Vorsatztat des Einzeltäters:	Deliktsmangel:	Weiterprüfen:

Tatbestand

Obj. Tatbestand:
Täter → Fehlende Sondereigenschaft des Ausführenden → Vollendetes vorsätzliches Begehungsdelikt in **mittelbarer Täterschaft** (⇨ S. 222) **durch Hintermann**

Tathandlung

→ Mindestvoraussetzungen strafrechtlicher Handlung fehlen → Vorverlagerung des strafrechtlichen Anknüpfungspunktes und Prüfung als **Fahrlässigkeitstat** ⇨ S. 217

→ Geschehenlassen des Erfolgseintritts → Täterschaftliches **unechtes Unterlassungsdelikt** ⇨ S. 220; **Beihilfe durch Unterlassen; echte Unterlassungsdelikte,** insbesondere **§ 323 c I** ⇨ S. 159

→ Mitwirkung anderer Beteiligter → Zurechnung des Fremdverhaltens nach Ausführungsherrschaft (= als **Alleintäter**); nach funktioneller Tatherrschaft = als **Mittäter** ⇨ S. 221; nach handlungssteuernder Tatherrschaft = als **mittelbarer Täter** ⇨ S. 222, sonst Teilnahme ⇨ S. 223

Taterfolg, Kausalität, objektive Zurechnung → Tatsächliches Ausbleiben des Erfolgseintritts oder fehlende Zurechenbarkeit aus tatsächlichen oder rechtlichen Gründen → **Versuch** ⇨ bei Rechtsirrtum zulasten des Täters: Abgrenzung zwischen untauglichem Versuch und straflosem Wahndelikt ⇨ S. 219

214

G. Allgemeiner Teil	I. Grundtypen: Vorsatz- und Fahrlässigkeitsdelikte; Deliktsvarianten; Mehrheit von Beteiligten (Fortsetzung)

Anknüpfungsmerkmal bei der Prüfung der vollendeten Vorsatztat des Einzeltäters:	Deliktsmangel:	Weiterprüfen:
Tatbestand **Subj. Tatbestand:**	Fehlende voluntative oder intellektuelle Vorsatzkomponente im Handlungszeitpunkt	Ggf. Erfolgszurechnung aus Erfolgsqualifikation ⇨ S. 218 ⇨ sonst: Fahrlässigkeitsdelikt, sofern strafbar, § 15 ⇨ S. 217
Vorsatz bzgl. Tathandlung und Erfolg	Zielverfehlung	Aberratio ictus; sonstige wesentliche Kausalabweichung; error in persona vel in obiecto ⇨ S. 230
Deliktsspezifische Absichten	Absichtslosigkeit des Vordermannes	**Mittelbare Täterschaft** des Tatveranlassers ⇨ S. 222, ggf. **Beihilfe** durch absichtslos-dolosen Vordermann ⇨ S. 223
Rechtswidrigkeit	Objektive Rechtfertigung ohne subjektives Rechtfertigungselement	Nach h.Lit. und nun auch Rspr. (h.M.) **Versuch** ⇨ S. 219
	Irrige Annahme objektiv nicht gegebener Rechtfertigung	Bei Erlaubnistatbestandsirrtum Wegfall der Vorsatztat ⇨ **Fahrlässigkeitsdelikt**, sofern strafbar, § 15, und sofern Irrtum sorgfaltswidrig ⇨ S. 217
Schuld	Schuldunfähigkeit im Tatzeitpunkt	Vorsatztat i.V.m. vorsätzlicher a.l.i.c. ⇨ sofern strafbar: Fahrlässigkeitsdelikt i.V.m. a.l.i.c. ⇨ Vollrausch, § 323 a ⇨ S. 238 f.
Benannter, fakultativer Grund zur Strafmilderung/ Absehen von Strafe	§ 46 a, Täter-Opfer-Ausgleich § 46 b, Hilfe zur Aufklärung oder Verhinderung schwerer Straftaten	

215

G. Allgemeiner Teil	I. Grundtypen: Vorsatz- und Fahrlässigkeitsdelikte; Deliktsvarianten; Mehrheit von Beteiligten
	1. Grundtypen: Vorsatz- und Fahrlässigkeitsdelikte
	a) Das vollendete vorsätzliche Begehungs-Erfolgsdelikt

Tatbestand	Objektiver Tatbestand
Typisierung besonders sozialschädlichen Verhaltens nach dem Bestimmtheitsgebot, Art. 103 Abs. 2 GG , § 1	Täter **und** Tathandlung **und** Taterfolg, ergänzt und modifiziert durch weitere deliktsspezifische äußere Merkmale **und** Kausalzusammenhang zwischen Handlung und Erfolg **und** Objektiver Zurechnungszusammenhang zwischen durch die Handlung gesetztem Risiko und Erfolg ⇨ S. 229
	Subjektiver Tatbestand
	Tatbestandsvorsatz im Zeitpunkt der Tathandlung ⇨ S. 230
	Deliktsspezifische subjektive Tatbestandsmerkmale, insbesondere Absichten

Als Tatbestandsannex nach dem subjektiven Tatbestand zu prüfen	Vorsatzunabhängige deliktsspezifische Strafbarkeitsbedingungen, z.B. § 113 III

Rechtswidrigkeit *Widerspruch der Tat zur Gesamtrechtsordnung*	Indiziert durch Tatbestandserfüllung (Ausnahme: bei §§ 240, 253 positive Feststellung erforderlich); entfällt bei Vorliegen von Rechtfertigungsgründen

Schuld *Individuelle Vorwerfbarkeit der Tat*	Schuldfähigkeit (§§ 19–21) **und** ggf. deliktsspezifische Schuldmerkmale (str. z.B. böswillig in § 225) **und** ggf. Vorsatzschuld (str., nur bei Erlaubnistatbestandsirrtum anzusprechen) **und** Fehlen spezieller Entschuldigungsgründe (z.B. §§ 33, 35) **und** Möglichkeit des Unrechtsbewusstseins, § 17

Strafausschließungs-/ Strafaufhebungsgründe	▪ Z.B. bei Strafvereitelung auch zu eigenen Gunsten/zugunsten eines Angehörigen, § 258 V, VI
	▪ Tätige Reue, z.B. § 306 e

Verfolgbarkeit	▪ Strafantrag (§§ 77 ff.), wenn angeordnet (z.B. § 123 II)
	▪ Andere Strafverfolgungsvoraussetzungen oder -hindernisse (z.B. Verjährung, §§ 78 ff.) ⇨ S. 240

G. Allgemeiner Teil	**I. Grundtypen: Vorsatz- und Fahrlässigkeitsdelikte; Deliktsvarianten; Mehrheit von Beteiligten** **1. Grundtypen: Vorsatz- und Fahrlässigkeitsdelikte** **b) Das fahrlässige Begehungs-Erfolgsdelikt**

Tatbestand

Täter **und** Taterfolg (und ggf. weitere deliktsspezifische Unrechtsmerkmale) **und**

Handlung des Täters **und**

Kausalzusammenhang (zwischen Handlung und Erfolg) **und**

Fahrlässigkeit = objektive Sorgfaltspflichtverletzung bei objektiver Voraussehbarkeit des Erfolges und des wesentlichen Kausalverlaufs

Maßstab: Objektiv anerkannte Verhaltensnormen eines durchschnittlichen Beteiligten des jeweiligen Verkehrskreises

⚠ *Begrenzung der Sorgfaltspflicht durch „erlaubtes Risiko" und (insbesondere im Straßenverkehr) durch „Vertrauensgrundsatz"*

und

„Durch" Fahrlässigkeit = Objektiver Zurechnungszusammenhang/Pflichtwidrigkeitszusammenhang zwischen Risikoschaffung durch fahrlässige Handlung und Erfolg, insbesondere:

- Schutzzweck der verletzten Norm

- Eigenverantwortliche Selbstgefährdung

- Zurechnungsausschluss, wenn Erfolg auch bei rechtmäßigem Alternativverhalten eingetreten wäre

Rechtswidrigkeit

Indiziert durch Tatbestandserfüllung; entfällt bei Vorliegen von objektiven Rechtfertigungsgründen

Schuld

Schuldfähigkeit, §§ 19–21 **und**

Spezielle Schuldmerkmale **und**

Subjektive Fahrlässigkeit = subjektiver Sorgfaltsverstoß bei subjektiver Voraussehbarkeit des Kausalverlaufs und Erfolges Maßstab: persönliche Fähigkeiten und Kenntnisse des Täters **und**

Fehlen von Entschuldigungsgründen, insbesondere Unzumutbarkeit normgemäßen Verhaltens **und**

Möglichkeit des Unrechtsbewusstseins, § 17

G. Allgemeiner Teil

I. Grundtypen: Vorsatz- und Fahrlässigkeitsdelikte; Deliktsvarianten; Mehrheit von Beteiligten
2. Deliktsvarianten
a) Das erfolgsqualifizierte Begehungsdelikt

= Straftatbestände, die ein selbstständig *strafbares Grunddelikt* durch die *Verwirklichung eines weitergehenden Erfolges* – meist schwere Körperverletzung oder Tod – qualifizieren (z.B. §§ 227, 251, 306 c)

Tatbestand

Vollendung des Grunddelikts: objektiver und subjektiver Unrechtstatbestand der jeweils erforderlichen Vorsatztat

Verwirklichung und objektive Vorwerfbarkeit des qualifizierenden Erfolges:

Eintritt des Erfolges **und**

Kausalzusammenhang zwischen Grunddelikt und Erfolg **und**

Fahrlässigkeit (aufgrund vorsätzlicher Verwirklichung des Grunddelikts objektive Sorgfaltspflichtverletzung indiziert; nur objektive Vorhersehbarkeit des qualifizierenden Erfolges prüfen, str.); sofern gesetzlich angeordnet, *Leichtfertigkeit* hinsichtlich des erschwerenden Erfolges nötig (z.B. § 239 a III); auch bei Vorsatz: § 18 **und**

Objektive Zurechnung des qualifizierenden Erfolges nach allgemeinen Kriterien (sofern nicht Gegenstand des nachfolgenden Prüfungspunktes)

Tatbestandsspezifischer Gefahrzusammenhang: Im qualifizierenden Erfolg muss sich die dem Grunddelikt spezifisch anhaftende Gefahr verwirklichen

Rechtswidrigkeit

Entfällt bei Rechtfertigung des Grunddelikts

Schuld

Schuldfähigkeit (§§ 19–21) **und**

ggf. spezielle Schuldmerkmale

Vorsatzschuld (in Bezug auf das Grunddelikt) **und**

Fahrlässigkeitsschuld (hinsichtlich der schweren Folge) **und**

- Subjektive Vorhersehbarkeit der schweren Folge; str., ob darüber hinaus subjektive Pflichtwidrigkeit

- Bei gesetzlichem Erfordernis der Leichtfertigkeit hinsichtlich der schweren Folge: Erkennbarkeit der die Leichtfertigkeit begründenden Umstände für den Täter

Fehlen von Entschuldigungsgründen **und**

Möglichkeit des Unrechtsbewusstseins, § 17

G. Allgemeiner Teil	**I. Grundtypen: Vorsatz- und Fahrlässigkeitsdelikte; Deliktsvarianten; Mehrheit von Beteiligten** **2. Deliktsvarianten** **b) Der Versuch des Begehungsdelikts**

Vorprüfung

Keine Strafbarkeit aus Vollendungstat (Fehlen eines objektiven Tatmerkmals oder fehlende Zurechenbarkeit des Unrechtserfolges) **und**
Strafbarkeit des Versuchs, §§ 23 I, 12 (auch bei Vorsatz-Fahrlässigkeitskombinationen, insbesondere Erfolgsqualifikationen, möglich, §§ 11 II, 18)

Tatbestand

Tatentschluss

Vorbehaltloser Handlungswille **und**
Tatvorsatz hinsichtlich aller objektiven Umstände des Tatbestands, ggf. einschließlich der nach Allg. Teil zusätzlich erforderlichen Tatumstände (§§ 13, 25 I Alt. 2, 25 II);
⚠ *Abgrenzung zum straflosen Wahndelikt und zum straflosen abergläubischen Versuch!*
und ggf. besondere subjektive Unrechtselemente, insbesondere etwaige Absichten

Versuchsbeginn, § 22

- i.d.R. bei Teilverwirklichung des jeweiligen Tatbestands
- Bei Handlungen im Vorfeld der Tatbestandsverwirklichung, durch die das Rechtsgut nach Tätervorstellung bereits konkret gefährdet wird
  – Sachverhaltsperspektive des Täters
  – Nach Tatplan keine notwendigen Zwischenakte mehr
- Bei abgeschlossenem Täterhandeln/Unterlassen/mittelbarer Täterschaft nach überwiegender Ansicht schon mit Entlassen des Kausalverlaufs zwecks zeitnaher Erfolgsverwirklichung

Rechtswidrigkeit

Entfällt bei Rechtfertigung der Versuchshandlung

Schuld

Allgemeine Grundsätze

Persönlicher Strafaufhebungsgrund: Rücktritt, § 24

Tat muss sich noch im **Versuchsstadium** befinden (nach h.M. ist dies auch noch zu bejahen, wenn im Versuchsstadium bereits eine schwere Folge i.S.e. Erfolgsqualifikation eingetreten ist) **und**

kein Fehlschlag = Tatvollendung aus Tätersicht möglich, d.h. Rücktrittsvoraussetzungen erfüllbar

Bei *Alleintäterschaft*, § 24 I (auch bei allein agierenden, aber von anderen angestifteten oder unterstützten Tätern)	Bei *Beteiligung mehrerer*, § 24 II
- **Bei unbeendetem Versuch** S. 1 Alt. 1: Aufgeben der weiteren Tatausführung - **Bei beendetem Versuch** S. 1 Alt. 2: Verhinderung der Tatvollendung - **Bei vermeintlich vollendbarem beendeten Versuch** S. 2: Ernsthaftes Bemühen des Täters um Vollendungsverhinderung	- **Bei unbeendetem/beendetem Versuch** S. 1: Verhinderung der Tatvollendung - **Bei vermeintlich vollendbarem Versuch** S. 2 Alt. 1: ernsthaftes Bemühen um Vollendungsverhinderung - **Bei beteiligungsunabhängiger Tatvollendung** S. 2 Alt. 2: ernsthaftes Bemühen um Vollendungsverhinderung

Subjektiv: Freiwilligkeit, d.h. autonome, nicht heteronome Motive;
⚠ *Bei Zweifeln in dubio pro reo Freiwilligkeit!*

G. Allgemeiner Teil	I. Grundtypen: Vorsatz- und Fahrlässigkeitsdelikte; Deliktsvarianten; Mehrheit von Beteiligten 2. Deliktsvarianten c) Das unechte Unterlassungsdelikt

Einschlägiges │Deliktsschema│ jeweils ergänzen um folgendes │Unterschema│ :

Vollendetes vorsätzliches Begehungs-Erfolgsdelikt
⇨ S. 216

Anknüpfungspunkte:
Im objektiven Tatbestand bei der **Tathandlung** nach Abgrenzung des aktiven Tuns von der Unterlassung, bei der **Kausalität** und beim **Vorsatz**

Fahrlässiges Begehungs-Erfolgsdelikt
⇨ S. 217

Anknüpfungspunkte:
Bei der **Tathandlung** nach Abgrenzung des aktiven Tuns von der Unterlassung und bei der **Kausalität**

Erfolgsqualifiziertes Begehungsdelikt
⇨ S. 218

Anknüpfungspunkte:
Beim Grunddelikt im **Tatbestand** nach Abgrenzung des aktiven Tuns von der Unterlassung, bei der **Kausalität** und ggf. beim **Vorsatz**

Versuch
⇨ S. 219

Anknüpfungspunkte:
Im **Tatentschluss** bei der Tathandlung nach Abgrenzung des aktiven Tuns von der Unterlassung; Sonderregeln auch beim unmittelbaren Ansetzen

Nichtvornahme der objektiv gebotenen Handlung bei **tatsächlicher Handlungsmöglichkeit** des Täters

Kausalität nach der abgewandelten conditio sine qua non-Formel

Rechtspflicht zur Erfolgsabwendung, d.h. **Garantenstellung**, § 13 I Hs. 1

- als **Beschützergarant** aus
  - speziellen Rechtssätzen
  - rechtlich fundierter, natürlicher Verbundenheit
  - besonderem Vertrauensverhältnis
  - tatsächlicher Übernahme von Schutzpflichten
  - Amtsträgerstellung

- als **Überwachergarant** aus
  - pflichtwidrigem und gefahrerhöhendem, nicht notwendig strafbarem Vorverhalten (Ingerenz)
  - Beherrschung einer in den eigenen Zuständigkeitsbereich fallenden Gefahrenquelle
  - Verantwortung für einen räumlich abgegrenzten Bereich
  - Pflicht zur Beaufsichtigung

Zumutbarkeit (z.T. auch als Entschuldigungsgrund)

Gleichwertigkeit des Unterlassens, § 13 I a.E.; nur bei verhaltensgebundenen Delikten

G. Allgemeiner Teil	I. Grundtypen: Vorsatz- und Fahrlässigkeitsdelikte; Deliktsvarianten; Mehrheit von Beteiligten
	3. Täterschaft und Teilnahme
	a) Mittäterschaft

Soweit möglich, getrennte Prüfung für jeden Beteiligten.

Nach Ausgrenzung der Delikte, für die der fragliche Beteiligte keine Täterqualität besitzt, einschlägiges `Deliktsschema` jeweils ergänzen um folgendes `Unterschema`:

Vollendetes vorsätzliches Begehungs-/Unterlassungsdelikt
⇨ S. 216/220

Anknüpfungspunkte:
Im objektiven Tatbestand bei der **Tathandlung** und beim **Vorsatz** zum gemeinschaftlichen Handeln

Zurechnung der erfolgsverwirklichenden Handlung des/der anderen beteiligten Täter über § 25 II:

Gemeinsamer Tatplan = Einigung zu gemeinsamer Tatverwirklichung **und**

Verursachungsbeiträge der Beteiligten zur Tatausführung

Erfolgsqualifiziertes Begehungs-/Unterlassungsdelikt
⇨ S. 218/220

Anknüpfungspunkte:
Bei vorsätzlichem Grunddelikt im objektiven Tatbestand bei der **Tathandlung** und beim **Vorsatz** zum gemeinschaftlichen Handeln

Täterschaftliche Gleichrangigkeit:

• Nach objektiver Theorie wegen funktioneller Tatherrschaft

• Nach subjektiver Theorie wegen Täterwillens (indiziert durch Art und Umfang der Mitwirkung/Tatherrschaft/Interesse am Taterfolg)

Versuch des Begehungs-/Unterlassungsdelikts
⇨ S. 219/220

Anknüpfungspunkte:
Im **Tatentschluss** beim Vorsatz zum gemeinschaftlichen Handeln, Sonderregeln auch beim **Versuchsbeginn**

Subjektiv: Tatvorsatz mit Willen zur gemeinschaftlichen Tatausführung und Tatherrschaftsbewusstsein
Anwendung des § 28 II:
Tatbestandsverschiebung (h.M.) wegen Fehlens oder Vorliegens strafändernder persönlicher Merkmale ⇨ S. 227

Gemeinsame Prüfung mehrerer als Mittäter geboten, wenn erst durch Zusammenschau der arbeitsteilig erbrachten Beiträge das Unrecht zu erfassen ist. Dann jedes Deliktsmerkmal auf jeden potenziellen Mittäter beziehen und bei der Tathandlung/den Tathandlungen o.g. Unterschema einarbeiten.

G. Allgemeiner Teil	**I. Grundtypen: Vorsatz- und Fahrlässigkeitsdelikte; Deliktsvarianten; Mehrheit von Beteiligten** **3. Täterschaft und Teilnahme** **b) Mittelbare Täterschaft**

Nach Vorprüfung des Tatnächsten als Tatmittler infrage kommenden Beteiligten suchen: Ausgrenzung der Delikte, für die Hintermann keine Täterqualität aufweist.

Einschlägiges Deliktsschema jeweils ergänzen um folgendes Unterschema für den mittelbaren Täter:

Vollendetes vorsätzliches Begehungs-/ Unterlassungsdelikt
⇨ S. 216/220

Anknüpfungspunkte:
Im objektiven Tatbestand bei der **Tathandlung** und beim **Vorsatz** zum mittelbar täterschaftlichen Handeln

Erfolgsqualifiziertes Begehungs-/ Unterlassungsdelikt
⇨ S. 218/220

Anknüpfungspunkte:
Bei vorsätzlichem Grunddelikt im objektiven Tatbestand bei der **Tathandlung** und beim **Vorsatz** zum mittelbar täterschaftlichen Handeln

Versuch des Begehungs-/ Unterlassungsdelikts
⇨ S. 219/220

Anknüpfungspunkte:
Im **Tatentschluss** beim Vorsatz zum mittelbar täterschaftlichen Handeln, Sonderregeln auch beim **Versuchsbeginn**

Zurechnung der erfolgsverwirklichenden Handlung eines anderen über § 25 I Alt. 2:

Eigener **Verursachungsbeitrag** (Veranlassung/ Förderung) der Fremdhandlung durch den Hintermann **und**

Mittelbar täterschaftliche **Steuerung** der Fremdhandlung:

- Nach objektiver Theorie wegen handlungssteuernder **Tatherrschaft**:

  – Grds. begründet durch **Verantwortungsprinzip**, d.h. wenn **Strafbarkeitsmangel** des Vordermannes und entsprechendes **überlegenes Wissen oder überlegener Wille** des Hintermannes vorliegt; das gilt auch, wenn Tat durch einen vorsätzlich handelnden Vordermann ohne Täterqualität/ ohne deliktsspezifische Absicht ausgeführt wird und Hintermann entspr. Täterqualität/ deliktsspezifische Absicht besitzt (str.)

  – Ausnahmsweise auch, wenn Fallgruppe „**Täter hinter dem Täter"** vorliegt, nämlich bei Ausnutzung eines Irrtums des Vordermannes über den konkreten Handlungssinn seiner Tat oder bei Organisationsherrschaft des Hintermannes

- Nach subjektiver Theorie wegen Täterwillens, indiziert vor allem durch Tatherrschaft (str., ob noch anwendbar bei mittelbarer Täterschaft)

Anwendung des § 28 II:
Tatbestandsverschiebung (h.M.) bei Fehlen oder Vorliegen strafändernder besonderer persönlicher Merkmale ⇨ S. 227

G. Allgemeiner Teil	I. Grundtypen: Vorsatz- und Fahrlässigkeitsdelikte; Deliktsvarianten; Mehrheit von Beteiligten
	3. Täterschaft und Teilnahme
	c) Teilnahme durch Anstiftung oder Beihilfe

Nach Ausgrenzung täterschaftlicher Beteiligung und nach Vorprüfung des Haupttäters

	Objektiver Tatbestand
Tatbestand	**Haupttat (limitiert akzessorisch)**
	Objektiver u. subjektiver Tatbestand eines Vorsatzdelikts **und**
	▪ Vollendete/versuchte Begehungs- oder Unterlassungstat ⇨ S. 216/219/220
	▪ Vollendeter oder versuchter Vorsatzteil eines Vorsatz-Fahrlässigkeitsdelikts, insbesondere Erfolgsqualifikation (vgl. § 11 II) ⇨ S. 217/218
	Rechtswidrigkeit der Haupttat
	Ggf. Verwirklichung vorsatzunabhängiger Tatbestandselemente
	Teilnehmerbeitrag
	▪ Anstiftung, § 26: „Bestimmen" = Hervorrufen des Tatentschlusses durch psychische Beeinflussung (h.M.); auch in „Mittäterschaft" oder „mittelbarer Täterschaft" (dann zusätzlich ⇨ S. 221/222)
	▪ Beihilfe, § 27: „Hilfeleisten" = Psychische oder physische Förderung der Haupttat; auch durch Unterlassen (dann zusätzlich ⇨ S. 220) oder in „Mittäterschaft" oder „mittelbarer Täterschaft" ⇨ S. 221/222
	Subjektiver Tatbestand („doppelter" Teilnehmervorsatz)
	Zumindest Eventualvorsatz bzgl. der Haupttat = Verwirklichung aller objektiven **und** subjektiven Tatbestandsmerkmale durch den Haupttäter **und** Rechtswidrigkeit der Haupttat; zusätzlich Vollendungswille und Konkretisierung der Haupttat als „umrisshaftes Geschehen"; **und** zumindest Eventualvorsatz bzgl. des eigenen Teilnehmerbeitrags
	Bei Vorsatz-Fahrlässigkeitskombinationen zusätzlich eigene Fahrlässigkeit

Tatbestands-verschiebung	Anwendung des **§ 28 II**: Akzessorietätsdurchbrechung bei Fehlen oder Vorliegen strafändernder besonderer persönlicher Merkmale (⇨ S. 227)

Rechts-widrigkeit	Entfällt bei Rechtfertigung der Teilnahmehandlung

Schuld	Allgemeine Grundsätze

Benannte Straf-milderungen	▪ Obligatorische Strafmilderung beim Gehilfen, § 27 II 2
	▪ Obligatorische Strafmilderung, wenn beim Teilnehmer besondere persönliche Merkmale fehlen, die die Strafbarkeit des Haupttäters begründen, § 28 I ⇨ S. 227
	⚠ *Doppelte Strafmilderung ist nach Rspr. ausgeschlossen, wenn Gehilfenstellung allein darauf gestützt wird, dass Beteiligter keine Täterqualität hat!*

223

G. Allgemeiner Teil	**I. Grundtypen: Vorsatz- und Fahrlässigkeitsdelikte; Deliktsvarianten; Mehrheit von Beteiligten** **3. Täterschaft und Teilnahme** **d) Strafbare Vorstufen der Tatbeteiligung** **aa) Versuchte (Ketten-)Anstiftung, § 30 I**

Vorprüfung	Keine Anstiftung zur vollendeten oder versuchten Haupttat **und** Strafbarkeit der versuchten Anstiftung nur, wenn angesonnene Straftat Verbrechen ist oder auf § 30 I gesetzlich verwiesen wird (z.B. § 159)

	Tatentschluss
Tatbestand	Vorsatz bzgl. geplanter Haupttat hinsichtlich objektiver und subjektiver Tatbestandsmerkmale der Haupttat, hinreichend konkretisiert **und** Rechtswidrigkeit der Haupttat **und** Erfolgswille **und** Vorsatz bzgl. der eigenen (Ketten-)Anstiftungshandlung ⚠ *Str., ob es für die Verbrechensqualität der Haupttat, auf die Person des ins Auge gefassten Haupttäters (so die Rspr.), die des versuchten Anstifters oder auf beide Personen ankommt!*
	Unmittelbares Ansetzen
	Nach h.M. mit der „Entäußerung" des Anstiftungsbeitrags

Rechts-widrigkeit	Entfällt bei Rechtfertigung der Anstiftungshandlung

Schuld	Allgemeine Grundsätze

Persönlicher Strafauf-hebungsgrund	Rücktritt, § 31, vgl. die Struktur nach § 24 ⇨ S. 219

Obligatorische Strafmilderung	§ 30 I 2

G. Allgemeiner Teil	**I.** **Grundtypen: Vorsatz- und Fahrlässigkeitsdelikte; Deliktsvarianten; Mehrheit von Beteiligten** **3.** **Täterschaft und Teilnahme** **d)** **Strafbare Vorstufen der Tatbeteiligung** **bb)** **Verabredung zum Verbrechen etc., § 30 II**

	Objektiver Tatbestand

Tatbestand	**Bezugstat:** Konkret geplantes Verbrechen (oder Anstiftung dazu) **und Vorstufen der Tatbeteiligung:**
	▪ Täterschaft:
	  – 1. Mod.: Sichbereiterklären
	    • Annahme der Anstiftung
	    • Sicherbieten
	  – 3. Mod.: Verabredung zur mittäterschaftlichen Begehung/ gemeinsamen Anstiftung
	▪ Anstiftung:
	  2. Mod.: Annahme des Erbietens desjenigen, der sich bereit erklärt hat

	Subjektiver Tatbestand
	Vorsatz und Erfolgswille hinsichtlich der Bezugstat **und** Vorsatz zur Beteiligung i.S.v. § 30 II ⚠ *Kenntnis der Identität des anderen Beteiligten nicht erforderlich!*

Rechts-widrigkeit	Entfällt bei Rechtfertigung der Vorbereitungshandlung

Schuld	Allgemeine Grundsätze

Persönlicher Strafauf-hebungsgrund	Rücktritt, § 31, vgl. die Struktur nach § 24 ⇨ S. 219

Obligatorische Strafmilderung	§ 30 II, I 2

Konkurrenzen	Tritt in Gesetzeskonkurrenz hinter Strafbarkeit wegen Beteiligung am Versuch oder an der vollendeten geplanten Tat zurück

<table>
<tr>
<td>

G. Allgemeiner Teil

</td>
<td>

I. Grundtypen: Vorsatz- und Fahrlässigkeitsdelikte; Deliktsvarianten; Mehrheit von Beteiligten
3. Täterschaft und Teilnahme
e) Strafbarkeitsausdehnung bei Sonderdelikten, § 14

</td>
</tr>
</table>

Einschlägiges Deliktsschema ergänzen um folgendes Unterschema :

Tatbestand eines Sonderdelikts	Vertretungsverhältnis nach § 14 I–III

I:

- Nr. 1: vertretungsberechtigte Organe (deren Mitglieder) einer juristischen Person

Sonder-
eigenschaft

- Nr. 2: vertretungsberechtigte Gesellschafter einer Personenhandelsgesellschaft

- Nr. 3: gesetzlicher Vertreter eines anderen (Eltern/Pfleger/Insolvenzverwalter etc.)

Unabhängig von der Wirksamkeit des Bestellungs-
akts, III

Zwar bei einem Rechtssubjekt gegeben, dieses hat aber nicht gehandelt

II:

Rechtsgeschäftlich begründete Vertretungsver-
hältnisse selbstständig und eigenverantwortlich handelnder Beauftragter in Betrieben (S. 1)/
Unternehmen (S. 2)/Stellen der öffentlichen Verwaltung (S. 3)

Für den Normadres-
saten hat ein anderer gehandelt, der selbst nicht Normadressat ist. Anknüpfung im objektiven Tatbestand bei der Täterqualität und im subjektiven Tatbe-
stand beim Vorsatz bzw. bei Fahrlässig-
keitsdelikten im Tat-
bestand und in der Schuld

Sonderdeliktseigenschaft muss strafbegründendes besonderes persönliches Merkmal sein

- Statusbezeichnung mit besonderen Pflichten

- Täterbeschreibung, bei der typischerweise Handeln durch andere

- Täterkreis, vor dem das jeweilige Rechtsgut besonders geschützt werden muss

Handlung muss in innerem Zusammenhang mit Vertreteraufgabe stehen

Vorwerfbarkeit

- Bei Vorsatztaten: Vorsatz bzgl. der Umstände, die die Haftungsausdehnung begründen

- Bei Fahrlässigkeitstaten: objektiv und subjektiv Kennenmüssen der Umstände, die die Haftungsausdehnung begründen

G. Allgemeiner Teil	**I. Grundtypen: Vorsatz- und Fahrlässigkeitsdelikte; Deliktsvarianten; Mehrheit von Beteiligten** **3. Täterschaft und Teilnahme** **f) Zurechnung deliktsspezifischer Merkmale, §§ 16, 28**

Tatbezogene Merkmale
= Beschreibung der besonderen Gefährlichkeit/ der Ausführungsart/des sachlichen Unrechts des jeweiligen Delikts

Bei Tatbestandsmerkmalen genügt Kenntnis des jeweiligen Tatbeteiligten gemäß § 16 I 1

Bei Unkenntnis der Verwirklichung keine Vorsatzhaftung (= Exzess)

⚠ *Für tatbezogene Merkmale von Regelbeispielen gilt § 16 analog!*

Täterbezogene persönliche Merkmale
= Motive/ Tendenzen zur Kennzeichnung der Einstellung des Täters zur Tat/Merkmale höchstpersönlicher Pflichtenbindung

Strafbegründender Art

- Bei Divergenzen zwischen Tätern: Täter nur, wer das Merkmal selbst erfüllt
- Wenn beim Haupttäter vorhanden, beim Teilnehmer dagegen nicht (aber diesem das Merkmal in der Person des Haupttäters bekannt, § 16 ⇨ § 28 I: obligatorische Strafmilderung)
- Beim Handelnden nicht vorhanden, beim Mitwirkenden dagegen vorhanden:

  Mitwirkender mittelbarer Täter

  Handelnder „qualifikationslos doloses Werkzeug" und Gehilfe zur mittelbaren Täterschaft

Strafschärfender/strafmildernder/strafausschließender Art

- Bei Divergenzen zwischen Tätern: gemäß § 28 II für jeden Täter unterschiedliche Tatbestandswahl
- Bei Divergenzen zwischen Haupttäter und Teilnehmer: gemäß § 28 II Durchbrechung der Akzessorietät und „Tatbestandsverschiebung"

⚠ *Für personenbezogene Regelbeispiele (insbesondere Gewerbsmäßigkeit) gilt § 28 II analog!*

| G. Allgemeiner Teil | II. Wichtige Einzelstrukturen |
| | 1. Elemente des Tatbestandsvorsatzes |

Vorsatz-zeitpunkt

Gem. § 16 I 1 „bei Begehung der Tat", d.h. gem. § 8 im Zeitpunkt der Täter-handlung, in welchem diese nach Maßgabe von § 22 die Versuchsschwelle überschreitet; Deliktswille vor Versuchsbeginn und nach Tatbeendigung ist unschädlich ⇨ bei Vorsatzbildung nach Vornahme der rechtsgutgefähr-denden Handlung Nichthinderung des Erfolges unter dem Gesichtspunkt **unechter Unterlassungsdelikte** (⇨ S. 220) prüfen

Vorsatz-gegenstand

Gem. § 16 I 1: Umstände, die zum gesetzlichen Tatbestand gehören; das sind:

Geschriebene und ungeschriebene deliktsspezifische Merkmale **und**

Vorsatzbedürftige Umstände, die nach dem Allgemeinen Teil zum jeweiligen Deliktstyp gehören

- -

Konkretisierung in der Täter-vorstellung

Faktenkenntnis; nicht notwendig reflektiert, auch bloßes Mitbewusstsein genügt (= Sachverhaltsebene) **und**

Bedeutungskenntnis des sozialen Sinngehalts bzw. zutreffende Parallel-wertung in der Laiensphäre (= rudimentäre normative Ebene)

⇨ Bei Fehlen: Vorsatzausschluss (sog. Tatumstandsirrtum) gem. § 16 I 1, ggf. **Fahrlässigkeitsdelikt, § 16 I 2**

⇨ Bei irriger Annahme: **(untauglicher) Versuch**

⚠ *Nicht zum Vorsatz gehören:*

- *Identität des Tatopfers oder Tatobjekts* ⇨ *S. 230*
- *Irgendeine, erst recht keine Subsumtion*
- *Unrechtsbewusstsein; bei fehlendem Unrechtsbewusstsein und Unvermeidbarkeit* ⇨ *Schuldausschluss gem. § 17 S. 1*
- *Strafbarkeitsbewusstsein; Fehlen bei potenziellem Unrechtsbewusst-sein unbeachtlich*

Vorsatzgrade

Absicht, dolus directus 1. Grades	Direkter Vorsatz, dolus directus 2. Grades	Eventualvorsatz, dolus eventualis
kognitiv Tatbestandsverwirk-lichung aus Tätersicht sicher oder möglich	Tatbestandsverwirk-lichung aus Tätersicht sicher	Tatbestandsverwirk-lichung aus Tätersicht möglich
voluntativ Zielgerichteter Erfolgswille	Erfolg kann sogar un-erwünscht sein	Erfolg wird billigend in Kauf genommen, d.h. Täter findet sich damit ab (str.)

228

G. Allgemeiner Teil

II. Wichtige Einzelstrukturen
2. Problematische Kausalverläufe

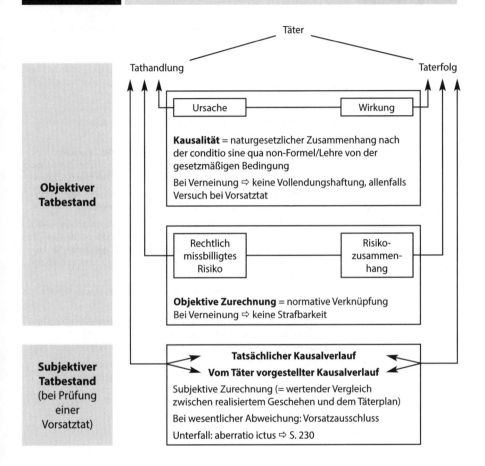

G. Allgemeiner Teil

II. Wichtige Einzelstrukturen
3. Zielverfehlungen (error in persona; aberratio ictus)

Subjektiver Tatbestand

Vorsatz in Bezug auf die **tatbestandlich umschriebenen Umstände?** (⇨ S. 228)

- Bei tatbestandlicher Ungleichwertigkeit: Vorsatzausschluss, § 16 I 1; ggf. Fahrlässigkeitstat, § 16 I 2
- Bei tatbestandlicher Gleichwertigkeit weiterprüfen

Zielverfehlung vorsatzrelevanter Tatumstand?

- Bei **dolus eventualis** bzgl. des getroffenen Tatopfers/-objekts
  ⇨ Zielverfehlung unbeachtlich

- Bei **error in persona vel in obiecto** = Verwechslung des Tatobjekts/-opfers aufgrund fehlerhafter Wahrnehmung oder fehlerhafter Zuordnung von Gegenständen/Umständen zur Identifikation des Tatobjekts/-opfers
  ⇨ **Zielverfehlung für Täter unbeachtlich**; dann auch keine Bestrafung aus untauglichem Versuch am richtigen Tatobjekt/-opfer
  ⇨ Auswirkungen auf Tatbeteiligte: auch für Mittäter unbeachtlich, sofern nicht deren eigene Rechtsgüter betroffen sind; auch für mittelbare Täter unbeachtlich, sofern Tatmittler eigene Auswahlbefugnis hatte; für Anstifter und Gehilfen keine aberratio ictus, sondern nur nach Regeln der Kausalabweichung zu behandeln (h.M., str.)

- Bei **aberratio ictus** = Fehlgehen der Tat aufgrund eines abweichenden Kausalverlaufs
  ⇨ Zielverfehlung führt für Täter nach herrschender Konkretisierungstheorie als wesentliche Kausalabweichung zum Vorsatzausschluss
  Folge danach: Versuch bzgl. des Gewollten und ggf. Fahrlässigkeit bzgl. des Verwirklichten, § 16 I 2
  ⇨ Tatbeteiligte strafbar aus Beteiligung am Versuch; ggf. eigene Fahrlässigkeitshaftung

G. Allgemeiner Teil	**II. Wichtige Einzelstrukturen** **4. Fehlen objektiver bzw. subjektiver Rechtfertigungselemente**

Unkenntnis von der objektiv gegebenen Rechtfertigung

Rechts-widrigkeits-ebene

Prüfung der objektiven Merkmale des infrage kommenden Rechtfertigungs-grundes; nach Bejahung:

Feststellung des fehlenden subjektiven Rechtfertigungselements

Folge: Nach h.Lit. und nun auch Rspr. fehlender Erfolgsunwert und nur Hand-lungsunwert

⇨ bei Fahrlässigkeitsdelikt: Straflosigkeit

⇨ bei Vorsatztat: Bestrafung aus Versuch (sofern strafbar)

Irrige Annahme der Rechtfertigung der eigenen Vorsatztat

Tatbestands-ebene

Objektiver Tatbestand

Feststellung aller deliktsspezifischen Merkmale

Subjektiver Tatbestand

Feststellung, dass der Täter zumindest in Bezug auf die Umstände des ge-setzlichen Tatbestandes vorsätzlich gehandelt hat

Rechts-widrigkeits-ebene

Prüfung der objektiven Merkmale des in Betracht kommenden Rechtferti-gungsgrundes

Nach Verneinung Zwischenergebnis: **objektive Rechtswidrigkeit der Tat**

Eigenständige Prüfung außerhalb des Verbrechens-aufbaus*

Feststellung, dass dem Täter das Unrechtsbewusstsein fehlte, weil er glaubte, gerechtfertigt zu handeln

Darstellung u. Ablehnung der Vorsatztheorie und der strengen Schuldtheorie

Subsumtion, ob nach zugrunde gelegter eingeschränkter Schuldtheorie **Erlaubnistatbestandsirrtum** vorgelegen hat

• Irrtum über den Sachverhalt

• hypothetische Rechtfertigung bei Zugrundelegung der irrigen Täter-vorstellung

⇨ Bei Bejahung: kurze Darstellung der Untermeinungen (Lehre von den negativen Tatbestandsmerkmalen, Unrechtstheorie; rechtsfolgenverwei-sende Schuldtheorie) und **Verneinung der Vorsatztat** ⇨ Fahrlässigkeits-tat weiterprüfen (sofern strafbar)

⇨ Bei Verneinung: Übergang zur Schuldprüfung

Schuld

Vermeidbarkeit/Unvermeidbarkeit des Erlaubnisirrtums, § 17

* In einer Klausur auch Darstellung des Problems in der Schuld möglich, allerdings nur unter Zugrundelegung der strengen/rechtsfolgenverweisenden eingeschränkten Schuldtheorie!

231

G. Allgemeiner Teil

II. Wichtige Einzelstrukturen
5. Unrechts-/Schuldausschlussgründe und ihre Vernetzung

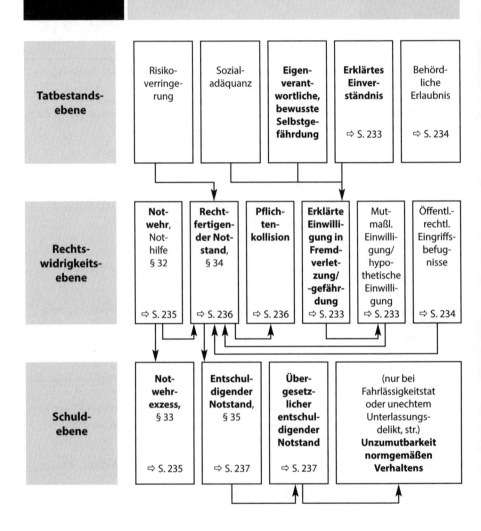

Die Pfeile zwischen den Kästchen geben an, welches verwandte Rechtsinstitut nach Verneinung des vorhergehenden ggf. weiterzuprüfen ist.

G. Allgemeiner Teil

II. Wichtige Einzelstrukturen
5. Unrechts-/Schuldausschlussgründe und ihre Vernetzung
a) Einverständnis (Tatbestandsausschluss); Einwilligung (Rechtfertigungsgrund)

Einverständnis = Tatbestandsausschluss bei solchen Delikten, deren Tatbestandsbeschreibung Handeln gegen den Willen des Rechtsgutträgers voraussetzt; bei erklärtem Verzicht auf rechtliche Position Wirksamkeit nach denselben Voraussetzungen wie bei rechtfertigender Einwilligung; ist der Verzicht ein Realakt (insbesondere bei Gewahrsamswechsel bei § 242), kommt es nur auf den tatsächlich vorhandenen Willen an:
- Natürliche Willensfähigkeit des Einwilligenden genügt **und**
- ausreichend ist bewusste innere Zustimmung (nicht bloße Duldung) **und**
- Irrtümer sind grds. unbeachtlich (außer wenn Tatbestand auch listiges Täterhandeln erfasst, z.B. §§ 234, 235 I Nr. 1) **und**
- Kenntnis vom Einverständnis beim Täter nicht erforderlich (bei Unkenntnis aber ggf. Versuch)

Rechtfertigende erklärte Einwilligung in Fremdverletzung und -gefährdung
- Zulässig nur bei disponiblen Rechtsgütern **und**
- vom Berechtigten vor der Tat erklärt, zwischenzeitlich nicht widerrufen **und**
- Einwilligungsfähigkeit des Berechtigten **und**
- Ernstlichkeit und Freiheit von Willensmängeln **und**
- kein Verstoß der Tat gegen die guten Sitten bei Körperverletzungsdelikten, § 228, **und**
- subjektiv: Kenntnis und Handeln aufgrund der Einwilligung
 Bei Einwilligung in ärztliche Heileingriffe §§ 630 d ff. BGB beachten!

Hypothetische Einwilligung bei Willensmängeln der erklärten Einwilligung
- Rechtsgutinhaber hätte auch bei ordnungsgemäßer Aufklärung in die konkrete Verletzung/Gefährdung eingewilligt **und**
- Zulässigkeit und Wirksamkeit – bis auf Erklärung selbst – wie bei erklärter Einwilligung **und**
- subjektiv: Handeln aufgrund der Einwilligung
⚠ *Bei ärztlichen Heileingriffen nach § 630 h II 2 BGB zu beachten (str.).*

Mutmaßliche Einwilligung (nach h.M. nur als Rechtfertigungsgrund anerkannt)
- Subsidiarität gegenüber erklärtem oder noch rechtzeitig einholbarem Willen (außer bei offensichtlicher Interessenpreisgabe) **und**
- Zulässigkeit und Wirksamkeit – bis auf Erklärung selbst – wie bei erklärter Einwilligung **und**
- Übereinstimmung mit mutmaßlichem Willen des Rechtsgutinhabers **und**
- subjektiv: gewissenhafte Prüfung und Absicht des Täters, dem mutmaßlichen Willen des Rechtsgutinhabers zu entsprechen
⚠ *Für ärztliche Heileingriffe in § 630 d I 4 BGB geregelt!*

G. Allgemeiner Teil	II. **Wichtige Einzelstrukturen**
	5. **Unrechts-/Schuldausschlussgründe und ihre Vernetzung**
	b) **Behördliche Erlaubnis (Tatbestandsausschluss oder Rechtfertigungsgrund); öffentlich-rechtliche Eingriffsbefugnisse (Rechtfertigungsgründe)**

Behördliche Erlaubnis

Wirkt tatbestandsausschließend, wenn schon gesetzliche Unrechtsbeschreibung Handeln „ohne Erlaubnis" als Tatbestandsmerkmal enthält

- Wirksamkeit richtet sich nach formellem Bestand i.s.d. Verwaltungsrechts
- Sonderfall § 330 d I Nr. 5

Wirkt rechtfertigend in allen übrigen Fällen zulässiger Rechtsgutdisposition durch die Behörde

- Wirksamkeit richtet sich nach formellem Bestand i.s.d. Verwaltungsrechts
- Nur die Berufung auf deliktisch erlangte Erlaubnis ist wegen Rechtsmissbrauchs ausgeschlossen

---

Rechtfertigung von Amtsträgern bei Handeln aufgrund öffentlich-rechtlicher Eingriffsbefugnisse (strafrechtlicher Rechtmäßigkeitsmaßstab)

Sachliche und örtliche Zuständigkeit des handelnden Amtsträgers **und**

Einhaltung der wesentlichen Regeln, des Ob und Wie der Maßnahme

- Ermächtigungsgrundlage muss existieren und ihre Voraussetzungen müssen erfüllt sein

- Vollzugsregeln, die zumindest auch dem Schutz des Betroffenen dienen, müssen beachtet worden sein

Nicht vorwerfbarer Irrtum des Amtsträgers ist unschädlich („Irrtumsprivileg des Staates")

Pflichtgemäße Ausübung etwa bestehenden Ermessens **und**

Subjektiv: Wille, zum Zweck der Amtsausübung tätig zu sein

Spezialfall: Handeln des Bürgers aufgrund „Jedermannsparagraph"
Vorläufige Festnahme, § 127 I 1 StPO

Festnahmelage: Frische (rechtswidrige und schuldhafte Straf-)Tat, nach h.M. tatsächlich begangen, nach a.A. zumindest dringender Tatverdacht **und**

Betroffensein des Festgenommenen in räumlichem und zeitlichem Zusammenhang zur Tatbegehung **und**

Fluchtverdacht oder Identität nicht sofort feststellbar

Festnahmehandlung: Eingriff in persönliche Fortbewegungs- und Willensfreiheit; geringfügige Verletzungen (str.) **und**

Verhältnismäßigkeit (insbesondere darf keine ernsthafte Leibes- oder Lebensgefahr durch die Festnahme entstehen) **und**

Subjektiv: Kenntnis der Straftat und Festnahmeabsicht (str.)

G. Allgemeiner Teil	II. Wichtige Einzelstrukturen 5. Unrechts-/Schuldausschlussgründe und ihre Vernetzung c) Notwehr und Nothilfe, § 32 (Rechtfertigungsgründe); Notwehrexzess, § 33 (Entschuldigungsgrund)

Notwehr, § 32

Notwehrlage: Angriff = Bedrohung rechtlich geschützter Interessen durch menschliches Verhalten, durch aktives Tun oder pflichtwidriges Unterlassen, gegenwärtig = Steht unmittelbar bevor/ findet gerade statt/ist noch nicht beendet und rechtswidrig = Wenn vom Opfer nicht zu dulden; a.A.: wenn Widerspruch zur Verhaltensordnung – ⚠ *sonst: Notstandsregeln*

Notwehrhandlung:
„Verteidigung" = nur in Rechtsgüter des Angreifers – ⚠ *sonst: Notstandsregeln*

Notwehrschranken:
Erforderlichkeit der Verteidigungshandlung, um den Angriff sofort und wirksam abzuwehren (nur bei gleich effektiven Handlungsalternativen ist diejenige geringerer Eingriffsintensität zu wählen), bei Einsatz lebensgefährlicher Waffen 3-Stufen-Folge zu beachten **und**
Gebotenheit = Einschränkungen des Notwehrrechts (wichtigste Fallgruppen):

- Bagatellangriff/krasses Missverhältnis zwischen verteidigtem und durch Notwehrhandlung beeinträchtigtem Rechtsgut,
- Vorwerfbar herbeigeführte Notwehrlage; bei Absichtsprovokation sogar Ausschluss des Notwehrrechts,
- Angriff schuldlos Handelnder,
- Enge persönliche Beziehung zwischen Angreifer und Verteidiger (str.),
- Art. 2 II a EMRK (staatlicher) Folter als Nothilfe im Hinblick auf Art. 104 I 2 GG, Art. 1 UN-Anti-Folter-Konvention, Art. 3 EMRK (str.).

Subjektiv: Kenntnis der Notwehrlage und Handeln zur Abwehr des Angriffs (Verteidigungsabsicht, str.)

- -

Nothilfe, § 32

Nothilfelage: Angriff (auf andere Person als den Verteidiger; aber keine Verteidigung von Rechtsgütern der Allgemeinheit), gegenwärtig und rechtswidrig

Nothilfehandlung:
Verteidigung (wie bei Notwehr) **und**

Notwehrschranken:
Erforderlichkeit (wie bei Notwehr) **und**
Gebotenheit (wie bei Notwehr, Einschränkungen in der Person des Angegriffenen gelten auch für den Verteidiger; Nothilfe darf ferner nicht gegen den Willen des Angegriffenen aufgedrängt werden)

Subjektiv: Kenntnis der Notwehrlage und Nothilfewille (str.)

Notwehrexzess, § 33

Notwehr- oder Nothilfelage, d.h. noch gegenwärtiger rechtswidriger Angriff **und**
⚠ *§ 33 (–) bei extensivem (str.) oder Putativnotwehrexzess*
Überschreitung der Erforderlichkeit oder Gebotenheit (str.) der Notwehrhandlung **und**
Asthenischer Affekt: Verwirrung, Furcht, Schrecken, verursacht durch Angriff **und**
⚠ *Nicht gegeben bei vorherigem planmäßigen Eintritt in eine Auseinandersetzung unter Ausschaltung der Polizei*
Innerer Zusammenhang zwischen Affekt und Notwehrüberschreitung; nach h.M. auch bei bewusstem Handeln

G. Allgemeiner Teil	II. Wichtige Einzelstrukturen
	5. Unrechts-/Schuldausschlussgründe und ihre Vernetzung
	d) Rechtfertigender Notstand, § 34; rechtfertigende Pflichtenkollision

---

Notstand und Notstandshilfe, § 34

Notstandslage: Gefahr für ein beliebiges Rechtsgut oder rechtlich geschütztes Interesse des Täters oder eines Dritten (dann: Notstandshilfe); gegenwärtig, auch bei sog. Dauergefahr **und**

Notstandshandlung:

Gefahr nicht anders abwendbar (= Erforderlichkeit bei § 32) **und**

Interessenabwägung: wesentliches Überwiegen zugunsten des Erhaltungsguts, § 34 S. 1; Kriterien:

- Abstraktes Rangverhältnis der betroffenen Güter

- Konkrete Gewichtung nach Intensität und Umfang des drohenden Schadens/Grad der drohenden Gefahr/Höhe der Rettungschance

- Beim defensiven Notstand (also gegen den Gefahrurheber) aus dem Rechtsgedanken des § 228 BGB Maßnahmen erlaubt, die nicht unverhältnismäßig hohen Schaden anrichten

  ⚠ *Daher: Keine Rechtfertigung der Tötung, auch nicht im Defensivnotstand!*

  – M.M.: Tötung bei einseitiger Verteilung von Rettungschancen gerechtfertigt

Angemessenheit (Einschränkungen des Notstandsrechts), § 34 S. 2; Fallgruppen:

- Tat darf nicht gegen oberste Rechtsprinzipien verstoßen, insbesondere keine Rechtfertigung des Nötigungsnotstands (str.)/kein Eingriff in unantastbare Freiheitsrechte

- Keine Duldungspflichten (vgl. § 35 I 2): aus besonderer Rechtsstellung/wenn Duldung vom Gesetzgeber gewollte Folge einer anderen Regelung ist/bei verschuldeter Notstandslage

- Keine Rechtfertigung im sog. Nötigungsnotstand, d.h., wenn der Täter gezwungen wird, in die Rechtsgüter Dritter einzugreifen (str.)

Subjektiv: Kenntnis der Gefahrenlage und Gefahrabwendungswille (str.)

Rechtfertigende Pflichtenkollision
(gewohnheitsrechtliche Rechtfertigung bei Unterlassungstaten)

Zusammentreffen mehrerer rechtlich begründeter Rettungspflichten in der Weise, dass eine nur auf Kosten der anderen erfüllbar ist **und**

Rechtliche Gleichwertigkeit der Handlungspflichten **und**

Täter muss durch Erfüllung einer Handlungspflicht das ihm erlaubte Wahlrecht ausgeübt haben

Subjektiv: Kenntnis des Konflikts und Rettungswille (str.)

G. Allgemeiner Teil	II. Wichtige Einzelstrukturen 5. Unrechts-/Schuldausschlussgründe und ihre Vernetzung e) Entschuldigender Notstand, § 35; übergesetzlicher entschuldigender Notstand

---

Entschuldigender Notstand, § 35 Abs. 1

Notstandslage: Gefahr nur für Leib/Leben/(Fortbewegungs-)Freiheit für den Täter/Angehörige/ nahestehende Personen **und** Gegenwärtigkeit der Gefahr

Notstandshandlung:

Gefahr nicht anders abwendbar (= Erforderlichkeit bei § 32, aber unter Berücksichtigung zumutbarer Handlungsalternativen) **und**

⚠ *Keine Interessenabwägung*

Hinnahme der Gefahr darf dem Täter nicht zumutbar sein, § 35 I 2; Fallgruppen von Zumutbarkeit:

- Besonderes Rechtsverhältnis

- (Pflichtwidrige) Gefahrverursachung

- Sonstige Gefahrtragungspflichten, z.B. aus Garantenstellung oder wegen Unverhältnismäßigkeit des durch den Eingriff drohenden Schadens

Subjektiv: Kenntnis der Gefahrenlage und Gefahrabwendungswille und pflichtgemäße Prüfung etwaiger Abwendungsmöglichkeiten der Gefahrenlage (str.)

Übergesetzlicher entschuldigender Notstand, § 35 analog

Anwendbarkeit nur in Fällen fehlender Rechtfertigung oder Entschuldigung nach sonstigen Regeln, sofern deren Verneinung wegen des abschließenden Charakters nicht schon für sich eine Berufung auf sonstige Rechtfertigungs- oder Entschuldigungsgründe ausschließt; str., ob sich Staatsorgane auf übergesetzlichen Notstand berufen dürfen

Notstandslage: nur Gefahr für Leben; gegenwärtig

Notstandshandlung:

Erforderlichkeit der Eingriffshandlung als letztes Rettungsmittel **und**

Täter muss bei ethischer Gesamtbewertung nach einer Ansicht nur erheblich schwereres Unheil verhindert haben, nach a.A. dürfen nur unrettbar betroffene Rechtsgüter geopfert werden (Hauptfall bei „quantitativem Lebensnotstand") **und**

Hinnahme der Gefahr darf wie bei § 35 nicht zumutbar sein

Subjektiv: gewissenhafte Prüfung der Gefahrenlage und anderweitiger Abwendungsmöglichkeiten sowie Rettungswille

G. Allgemeiner Teil	**II. Wichtige Einzelstrukturen** **5. Unrechts-/Schuldausschlussgründe und ihre Vernetzung** **f) Schuldunfähigkeit; actio libera in causa; § 323 a**

Prüfung aller im Rausch begangenen Delikte getrennt

Anknüpfung der Prüfung an die **erfolgsnächste** Handlung

Vorsatzdelikte, einschl. Erfolgsqualifikation	Fahrlässigkeitsdelikte

Tatbestand   Subsumtion der deliktsspezifischen Merkmale

**Rechts-
widrigkeit**   Entfällt bei Rechtfertigung (trotz Rausches des Täters)

Feststellung der Schuldunfähigkeit im Zeitpunkt der Begehung (i.d.R. ab 3,0 ‰ **und** entsprechenden psychodiagnostischen Symptomen)

Problematisierung der Rechtsfigur der actio libera in causa; nach h.Lit. actio libera in causa generell unzulässig; nach BGH (4. Strafsenat):

> Actio libera in causa jedenfalls bei allen **verhaltensgebundenen vorsätzlichen oder fahrlässigen Verkehrsdelikten** (wohl auch bei sonstigen verhaltensgebundenen Delikten) unzulässig

Schuld

Actio libera in causa nach BGH (4. Strafsenat) allenfalls auf Tatbestandslösung (= Vorverlagerungstheorie) zu stützen und nach BGH (3. Strafsenat) nach wie vor bei verhaltensneutralen Nicht-Verkehrsdelikten anwendbar	Actio libera in causa bei allen **fahrlässigen verhaltensneutralen** Delikten unnötig, weil hierbei Vorverlagerung des Anknüpfungspunktes für die Strafbarkeit ohne Weiteres möglich

238

G. Allgemeiner Teil	II. **Wichtige Einzelstrukturen** 5. **Unrechts-/Schuldausschlussgründe und ihre Vernetzung** f) **Schuldunfähigkeit; actio libera in causa; § 323 a** (Fortsetzung)

	Soweit actio libera in causa nach Vorgenanntem noch anwendbar	Sofern verhaltens- neutrales Delikt

Neue Prüfung ansetzen: Anknüpfung an die Herbeiführung des § 20

	Vorsatzdelikte i.V.m. vorsätzlicher actio libera in causa	Fahrlässigkeits- prüfung ohne actio libera in causa

Tatbestand	Verursachung der deliktsspezifischen Merkmale durch Herbeiführung der Schuldunfähigkeit	
	„Doppelvorsatz" im Zeitpunkt der Herbeiführung des § 20	Objektive „Doppel"- Fahrlässigkeit
	In Bezug auf die später im Zustand des § 20 begangene Tat **und** in Bezug auf die Herbeiführung des § 20	

Rechts- widrigkeit	Der Herbeiführung des § 20

Schuld	Bzgl. der Herbeiführung des § 20

Soweit Voraussetzungen der actio libera in causa nicht gegeben sind bzw. actio libera in causa nicht anwendbar ist:

Vollrausch, § 323 a ⇨ S. 158 (wenn § 20 auf Rausch beruht)
Mit allen im Rausch begangenen, nicht über actio libera in causa erfass- baren Delikten als Rauschtaten

239

| G. Allgemeiner Teil | II. Wichtige Einzelstrukturen |
| | 6. Strafverfolgungsvoraussetzungen und -hindernisse |

Strafantrag, §§ 77–77 d

Antrag erforderlich (nur, wenn gesetzlich vorgeschrieben) **und**

Antrag gestellt und zwischenzeitlich nicht wieder zurückgenommen

- Inhaltlich muss eindeutig der Wille geäußert worden sein, dass eine bestimmte Tat strafrechtlich verfolgt werden soll; persönliche und sachliche Begrenzungen sind möglich
- Rücknahme ist bis zum rechtskräftigen Verfahrensabschluss möglich; § 77 d I 2

Antragsberechtigung muss bestehen und darf nicht erloschen sein

- Berechtigt ist grds. nur der Verletzte, § 77 I; bei Delikten von Amtsträgern, Richtern oder Soldaten bzw. gegen diese der Dienstvorgesetzte i.w.S., § 77 a; bei Geschäftsunfähigen oder beschränkt Geschäftsfähigen der gesetzliche Vertreter/Personensorgeberechtigte, § 77 III
- Übergang des Antragsrechts nach Tod des Verletzten auf bestimmte Hinterbliebene nur, sofern dies gesetzlich ausdrücklich zugelassen (z.B. § 205 II), § 77 II
- Erlöschen des Antragsrechts nach wirksamer Rücknahme, § 77 d I 3, oder nach Maßgabe des § 77 c bei wechselseitig begangenen Straftaten

Antragsform: Schriftlich, bei Gericht oder StA, auch zu Protokoll, § 158 II StPO **und**

Antragsfrist: Drei Monate nach Kenntnis von Tat und Täter, § 77 b; Ruhen der Frist bei Antrag auf Sühneverfahren, § 77 b V; Sonderregel bei wechselseitig begangenen Straftaten, § 77 c

- -

⇨ **Bei fehlendem Strafantrag: Weiterprüfen, ob wegen des besonderen öffentlichen Interesses eine Strafverfolgung von Amts wegen geboten ist, z.B. § 230 I 1**

Verfolgungsverjährung, §§ 78 ff.

Verjährbarkeit (nicht bei Mord, § 78 II) **und**

Verjährungsfrist abgelaufen:

- Ermittlung der Verjährungsfrist nach dem abstrakt angedrohten Höchststrafmaß des jeweiligen Tatbestandes, § 78 III, IV
- Beginn der Verjährung mit tatsächlicher Beendigung der Tat, § 78 a
- Zwischenzeitliches Ruhen der Verjährung mit der Folge, dass Beginn oder Weiterlauf der Frist gehemmt sind, diese aber nach Abschluss des Ruhens weiterläuft, § 78 b
  ⚠ *Vgl. insbesondere I Nr. 1 für Sexualstraftaten!*
- Zwischenzeitliche Unterbrechung mit der Folge, dass die Frist von neuem voll zu laufen beginnt, § 78 c – ⚠ *Insbesondere I Nr. 1 für Beschuldigtenvernehmungen!*
  ⇨ Aber trotz Unterbrechungen Verjährungseintritt mit Ablauf der absoluten Verjährungsfrist = das Doppelte der gesetzlichen Verjährungsfrist seit Beendigung der Tat, mindestens aber drei Jahre, § 78 c III 2

G. Allgemeiner Teil

III. Konkurrenzen, allgemeines Prüfungsschema

Bei mehrfacher Erfüllung derselben Tatbestandsmerkmale für jeden Beteiligten entweder schon im objektiven Tatbestand oder im Anschluss an die Deliktsprüfung gesondert darstellen:

Liegt nur **ein einziges Delikt** vor, weil die mehrfache Verletzung nur eine tatbestandliche Bewertungseinheit bildet? Möglich bei:
- Delikten, deren Tathandlung schon begrifflich mehrere Willensakte des Täters voraussetzt
- Handlungen, die wegen ihres iterativen (= wiederholenden) oder sukzessiven (= ratenweisen) Charakters zu einer Bewertungseinheit verschmelzen
- Verschiedenen Tatbeteiligungshandlungen, die die identische Haupttat eines anderen fördern

Bei Bejahung **mehrfacher Gesetzesverletzungen** am Ende eines Blocks verwandter Delikte oder am Ende eines Handlungskomplexes für jeden Beteiligten gesondert prüfen:

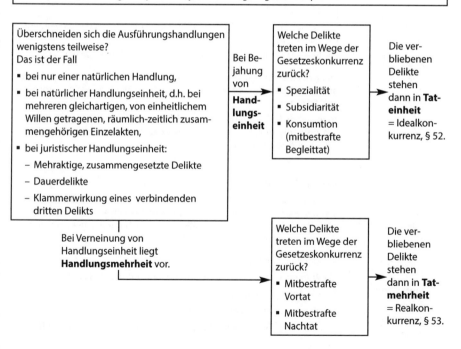

A. Ermittlungs-verfahren	# Strafprozessrecht
	## I. Beginn des Vorverfahrens

Kenntnis-erlangung der StA von der Möglichkeit einer Straftat

Gem. § 160 I*:

- Durch Strafanzeige, § 158, auch anonyme, Selbstanzeigen, in einem Straf-antrag enthaltenes Verfolgungsbegehren
- Auf anderem Wege, insbesondere
  - Übersendung polizeilicher Ermittlungen, § 163 II 1
  - Unnatürlicher Todesfall, § 159
  - Mitteilungen von Gerichten, § 183 GVG
  - Anlässlich sonstiger dienstlicher Tätigkeit der StA
  - Bei außerdienstlicher Kenntnis nur bei Straftaten, die nach Art und Umfang die Belange der Öffentlichkeit besonders berühren (str.)

Zuständigkeit der StA

- Bei Steuerstrafsachen: Vorrangzuständigkeit der Finanzbehörden, §§ 386, 399 AO
- Bei ausschließlichen OWi-Taten: Vorrangzuständigkeit der Verwaltungs-behörde, § 43 OWiG
- Bei Gefahr zukünftiger Straftaten: Präventivzuständigkeit der Polizei

Örtlich: entsprechend der Gerichtszuständigkeit, § 143 I GVG; möglich sind auch Zuständigkeitskonzentrationen, u.a. durch Bildung von Schwerpunkt-StA, § 143 IV GVG

Innerbehördlich: Dezernat grds. nach Anfangsbuchstaben der Beschuldig-ten zuständig; möglich sind auch Spezialdezernate für bestimmte Delikte, z.B. Jugend-StA, § 36 JGG

Vorliegen eines Anfangs-verdachts

Gem. §§ 152 II, 160 I:

„Zureichende tatsächliche Anhaltspunkte" (= **Anfangsverdacht**) gegeben, wenn es nach kriminalistischen Erfahrungen möglich erscheint, dass eine verfolgbare Straftat vorliegt; nur allgemeine Vermutungen genügen nicht.

Einleitung des Ermittlungs-verfahrens

Verfolgungszwang, Legalitätsprinzip, § 160 I

⚠ *Ausnahme, wenn schon Ermittlungsmaßnahme unzulässig, z.B. § 160 a!*

Sachverhaltserforschung

in Bezug auf be- und entlastende Umstände, § 160 II

in Bezug auf Umstände des Schuldspruchs und der Rechtsfolgen, § 160 III

Beweissicherung

Grundsatz der freien Gestaltung des Ermittlungsverfahrens, § 161

---

*Im Folgenden sind §§ ohne Gesetzesangabe solche der StPO.

A. Ermittlungs-verfahren	II. Die wichtigsten Ermittlungsmaßnahmen 1. Befragung von Auskunftspersonen a) Zeugen- und Beschuldigtenrolle in verschiedenen Verdachtssituationen

Verdachts-situation:	Informationsphase bei Äußerung von Auskunftspersonen:	Prozessuale Rolle der Auskunfts-person:
Noch kein personen-bezogener Verdacht	Erste Orientierungsfragen der Ermittlungsbeamten	→ Zeuge, aber keine Vernehmung
	Ungefragte Spontanäußerungen	→ Zeuge, aber keine Vernehmung
Anfangs-verdacht ohne erkennbaren Beschuldigten	Informatorische Befragungen = Vernehmungen i.S.d. StPO	→ Auskunftspersonen sind Zeugen, ggf. mit Zeugnis- oder Auskunfts-verweigerungsrechten
Art der Verdachts-momente und Intensität des Verdachts-grades ver-dichten sich objektiv zum Beteiligungs-verdacht bestimmter Personen / Ermittlungs-behörden ergreifen Straf-verfolgungs-maßnahmen in Bezug auf bestimmte Personen	Befragung wird förmliche Ver-nehmung bzw. vernehmungs-ähnliche Situation	⌐→ Tatverdächtiger wird Beschuldigter └→ sonstige Auskunftspersonen sind Zeugen

243

A. Ermittlungs-verfahren	II. Die wichtigsten Ermittlungsmaßnahmen 1. Befragung von Auskunftspersonen b) Beschuldigtenvernehmung		

Pflichten des Beschuldigten	Bei Vernehmung durch Polizei	Bei Vernehmung durch StA	Bei Vernehmung durch Ermittlungsrichter
Pflicht zum Erscheinen	(–), systematische Auslegung des § 163 a III i.V.m. IV	(+), § 163 a III 1; Erscheinen auch erzwingbar, § 163 a III 2 i.V.m. §§ 133–135	(+), § 133 II
Aussagepflicht (zur Sache)	(–), § 136 I 2 als Ausdruck des Grundsatzes „nemo tenetur se ipsum prodere"		
Wahrheits-pflicht	Str., jedenfalls ist als Ausdruck der Straflosigkeit des Selbstschutzes Lüge sanktionslos, es sei denn, §§ 164, 145 d, 185 ff. StGB sind erfüllt		
Eidespflicht	(–), schon wegen § 161 a I 3, da keine zur Eidesabnahme zuständige Stelle		(–), weil schon keine sanktionsbewehrte Wahrheitspflicht besteht; ferner Arg. aus § 60 Nr. 2
Anwesenheits-rechte:			
des Zeugen-beistandes	(–), gesetzlich nicht vorgesehen		
des Staats-anwalts	(+), da StA Herrin des Vorverfahrens		
des Ver-teidigers	(+), § 163 a IV 3 i.V.m. § 168 c I	(+), § 163 a III 2 i.V.m. § 168 c I	(+), § 168 c I
des Mitbe-schuldigten	(–)	(–)	(–), § 168 c II gilt nach Rspr. nicht analog

244

A. Ermittlungs-verfahren	**II. Die wichtigsten Ermittlungsmaßnahmen** **1. Befragung von Auskunftspersonen** **b) Beschuldigtenvernehmung** (Fortsetzung)

Ablauf:	Bei Vernehmung durch Polizei	Bei Vernehmung durch StA	Bei Vernehmung durch Ermittlungsrichter
Ladung	Formlose Aufforderung	Schriftliche Ladung gem. § 163 a III 2 i.V.m. § 133; s. auch Nr. 44 RiStBV	Schriftliche Ladung gem. § 133
Belehrungen und Hinweise	Gem. § 163 a IV 2 i.V.m. § 136 Eröffnung der zur Last gelegten Tat **und**	Gem. § 163 a III 2 i.V.m. § 136: Eröffnung der zur Last gelegten Tat **und**	Gem. § 136:

Bekanntgabe der in Betracht kommenden Strafvorschriften **und**

Belehrung über Aussageverweigerungsrecht **und**

Belehrung über das Recht, jederzeit einen Verteidiger zu befragen (entfällt, wenn der Beschuldigte für das fragliche Verfahren bereits einen Verteidiger hat) **und**

Tatsächliches Ermöglichen der Kontaktaufnahme mit Verteidiger (insbesondere anwaltlicher Notdienst), wenn der Beschuldigte einen Verteidiger befragen möchte **und**

Hinweis auf das Recht, die Erhebung von Entlastungsbeweisen zu beantragen **und**

Hinweis auf das Recht, unter den Voraussetzungen des § 140 I, II die Bestellung eines Verteidigers nach Maßgabe des § 141 I, III beanspruchen zu können (zu Letzterem Hinweis auf die Kostenfolge des § 465) **und**

Hinweis auf die Möglichkeit, wenn erforderlich, unentgeltlich einen Dolmetscher/Übersetzer hinzuzuziehen, § 163 a V i.V.m. § 187 I 2 GVG

Hinweis auf Recht auf konsularischen Beistand, Art. 36 I b WÜK

In jeweils geeigneten Fällen:

▪ Hinweis auf die Möglichkeit, sich schriftlich zur Sache zu äußern

▪ Hinweis auf die Möglichkeit eines Täter-Opfer-Ausgleichs (TOA)

Vernehmung zur Person	Gem. § 163 a IV 2 i.V.m. § 136 III	Gem. § 163 a III 2 i.V.m. § 136 III	Gem. § 136 III
Vernehmung zur Sache	Gem. § 163 a IV 2 i.V.m. § 136 II:	Gem. § 163 a III 2 i.V.m. § 136 II:	Gem. § 136 II:

Mitteilung der Verdachtsgründe und Gewährung der Möglichkeit, die zugunsten des Beschuldigten sprechenden Tatsachen geltend zu machen

Verbot unzul. Vernehmungsmethoden	Gem. § 163 a IV 2 i.V.m. § 136 a	Gem. § 163 a III 2 i.V.m. § 136 a	Gem. § 136 a
Protokollierung	Gem. § 168 b II, III i.V.m. §§ 168, 168 a	Gem. § 168 b II, III i.V.m. §§ 168, 168 a	Gem. §§ 168, 168 a

Aushändigung einer Protokollabschrift	Auf ausdrückliches Verlangen und Kosten des Beschuldigten nach Entscheidung der StA möglich

245

A. Ermittlungs-verfahren	II. Die wichtigsten Ermittlungsmaßnahmen 1. Befragung von Auskunftspersonen c) Zeugenvernehmung		

Pflichten des Zeugen	Bei Vernehmung durch Polizei	Bei Vernehmung durch StA	Bei Vernehmung durch Ermittlungsrichter
Pflicht zum Erscheinen	Nur bei Ladung durch Ermittlungspersonen der StA nach Auftrag der StA, § 163 III 1	(+), § 161 a I, Erscheinen auch erzwingbar, § 161 a II i.V.m. § 51	(+), § 48 I, Erscheinen auch erzwingbar, § 51
Grds. Aussagepflicht	Nur bei Ladung durch Ermittlungspersonen der StA nach Auftrag der StA, § 163 III 1	(+), § 161 a I, bei Verstoß Ordnungsmittel, Aussage durch Haftanordnung des Richters erzwingbar, § 161 a II i.V.m. § 70	(+), § 48 I, bei Verstoß Ordnungsmittel, Aussage durch Haft erzwingbar, § 70

- Umfassend bei Zeugnisverweigerungsrechten:
  - Gem. § 52 I als Angehörige des Beschuldigten/eines (auch früheren) Mitbeschuldigten, sofern dieser inzwischen nicht rechtskräftig verurteilt/freigesprochen/verstorben ist
  - Gem. § 53 als Berufsgeheimnisträger, sofern sie nicht von der Schweigepflicht entbunden sind
  - Gem. § 53 a als Person, die an der Tätigkeit der Berufsgeheimnisträger mitwirkt, sofern der Berufsgeheimnisträger dies angewiesen hat und keine Entbindung von der Schweigepflicht vorliegt
  - Gem. § 54 als Beamter, Richter, Angestellter des öffentlichen Dienstes, soweit die Pflicht zur Amtsverschwiegenheit reicht und keine Aussagegenehmigung vorliegt
- Partiell bei Auskunftsverweigerungsrecht gem. § 55, wenn die objektiv begründete Gefahr besteht, dass der Zeuge oder sein Angehöriger durch die Aussage zum Beschuldigten in einem Straf- oder Bußgeldverfahren wird

Ausnahmsweise Schweigerecht			
Wahrheitspflicht	(+), Verstoß aber kein Aussagedelikt (möglicherweise sonstiges Rechtspflegedelikt)	(+), Verstoß aber kein Aussagedelikt (möglicherweise sonstiges Rechtspflegedelikt)	(+), Verstoß bei Vorsatz nach § 153 StGB strafbar, ggf. § 154 StGB und sonstige Rechtspflegedelikte
Eidespflicht	(–), Arg. aus § 163 III 3	(–), Arg. aus § 161 a I 3	Grds. (+), Arg. aus § 62 aber (–), wenn Recht zur Eidesverweigerung besteht, §§ 61, 52, oder Eidesverbot besteht, § 60

A. Ermittlungs-verfahren	II. Die wichtigsten Ermittlungsmaßnahmen 1. Befragung von Auskunftspersonen c) Zeugenvernehmung (Fortsetzung)		

Anwesenheits-rechte:	Bei Vernehmung durch Polizei	Bei Vernehmung durch StA	Bei Vernehmung durch Ermittlungsrichter
eines Zeugen-beistands	(+), § 163 III 2 i.V.m. § 68 b, bei Verletzten §§ 406 f, g	(+), § 161 a I 2 i.V.m. § 68 b	(+), § 68 b
des Staats-anwalts	(+), da StA Herrin des Vor-verfahrens	————	(+), § 168 c II
des /der Beschuldigten	(–)	(–), Arg. aus fehlendem Verweis auf § 168 c	(+), § 168 c II
des /der Verteidiger(s)	(–)	(–), Arg. aus fehlendem Verweis auf § 168 c	(+), § 168 c II

Ablauf: Ladung	Wenn Auftrag der StA zu-grunde liegt, Ladung gem. §§ 136 III 1 und 2, 48; form-lose Aufforderung	Schriftliche/telefonische/ mündliche o.ä. Ladung gem. §§ 161 a I 2, 48 und Nr. 64 RiStBV	Schriftliche/telefonische/ mündliche o.ä. Ladung gem. § 48
Belehrungen und Hinweise	Über Wahrheitspflicht **und** Über Zeugnis- und Aus-kunftsverweigerungsrecht, § 163 III 2 i.V.m. § 52 III, 55 II, 57 S. 1	Über Wahrheitspflicht **und** Über Zeugnis- und Auskunftsverweigerungs-rechte, § 161 a I 2 i.V.m. §§ 52 III, 55 II, 57; Nr. 65 RiStBV **und** Hinweis auf Möglich-keit schriftlicher Äußerung, Nr. 67 RiStBV	Über Wahrheitspflicht **und** Über Zeugnis- u. Aus-kunftsverweigerungsrech-te gem. §§ 52 III, 55 II, 57
Vernehmung zur Person	Gem. § 163 III 2 i.V.m. § 68	Gem. § 161 a I 2 i.V.m. § 68	Gem. § 68
Vernehmung zur Sache	Gem. § 163 III 2 i.V.m. § 69	Gem. § 161 a I 2 i.V.m. § 69	Gem. § 69
Verbot unzul. Vernehmungs-methoden	Gem. § 163 III 2 i.V.m. § 69 III i.V.m. § 136 a	Gem. § 161 a I 2 i.V.m. § 69 III i.V.m. § 136 a	Gem. § 69 III i.V.m. § 136 a
Vereidigung	Unzulässig, § 163 III 3	Unzulässig, § 161 a I 3	Nach Maßgabe der §§ 59 ff.
Protokollierung	Gem. § 168 b i.V.m. §§ 168, 168 a	Gem. § 168 b i.V.m. §§ 168, 168 a	Gem. §§ 168, 168 a
Aushändigung einer Proto-kollabschrift	I.d.R. nicht	I.d.R. nicht	I.d.R. nicht

A. Ermittlungs-verfahren	II. Die wichtigsten Ermittlungsmaßnahmen 2. Freiheitsentziehende Maßnahmen a) Verhaftung/vorläufige Festnahme

Untersuchungshaft

Anordnungs-zuständigkeit	Gem. § 125 I : • Örtlich zuständiger Ermittlungsrichter am Amtsgericht • Auf Antrag der StA/von Amts wegen bei Nichterreichbarkeit der StA und Gefahr im Verzug
Anordnungs-voraussetzungen:	Gem. §§ 112 ff.:
Verdachtslage	**Dringender Tatverdacht** = hohe Wahrscheinlichkeit dafür, dass der Beschuldigte die Tat begangen hat/an ihr beteiligt war und dass alle Voraussetzungen der Strafbarkeit und Verfolgbarkeit – außer Antrag bei Antragsdelikten, § 130 – vorliegen

Spezielle Anordnungs-voraus-setzungen	**Haftgründe:**
	▪ Flucht, § 112 II Nr. 1
	▪ Fluchtgefahr, § 112 II Nr. 2
	▪ Verdunkelungsgefahr, § 112 II Nr. 3
	▪ Verdacht eines Kapitaldelikts aus dem Katalog des § 112 III
	⚠ *Verfassungskonforme Auslegung: Zumindest nicht ausschließbare Möglichkeit der Flucht-/Verdunkelungsgefahr erforderlich!*
	▪ Wiederholungs-/Fortsetzungsgefahr, § 112 a I
	  – Subsidiär gegenüber sonstigen Haftgründen, § 112 a II
	  – Dringender Tatverdacht muss sich beziehen auf
	    • bestimmte Sexaldelikte, § 112 a I Nr. 1/qual. Nachstellung gem. § 238 II, III StGB
	    • schwerwiegende Delikte i.S.d. § 112 I Nr. 2 und Verurteilungsprognose von mehr als einem Jahr Freiheitsstrafe

Verhältnis-mäßigkeit	▪ Allgemein: Proportionalität von Festnahmeanlass und -wirkung, § 112 I 2 ▪ Speziell: – Bei leichteren Delikten § 113 – Bei Verhaftung nach § 112 a Erforderlichkeit
Form und Inhalt der Anordnung	Schriftlich mit vorgeschriebenem Inhalt gem. § 114 II
Weiteres Verfahren	Verhaftung durch Ergreifung des Beschuldigten und Bekanntgabe des Haftbefehls, ggf. mit Übersetzung, § 114 a; zuständig i.d.R. Polizei als Hilfsorgan der StA, §§ 36 II 1, 161 Unverzügliche schriftliche Belehrung über Beschuldigtenrechte, § 114 b, **und** Möglichkeit, Angehörigen/Vertrauensperson zu benachrichtigen, wenn Zweck der Untersuchungshaft dadurch nicht erheblich gefährdet wird, § 114 c I Vorführung, unverzüglich/spätestens am Tag nach der Ergreifung, dem nach § 126 I/§§ 115, 115 a zuständigen Haftrichter Maßnahmen des Haftrichters: Unverzügliche Vernehmung des Beschuldigten, § 115 II ⇨ S. 179 f. **und** Entscheidung über Haft: ▪ Aufhebung des Haftbefehls, § 120 ▪ Aussetzung des Vollzugs gegen Anweisungen/Sicherheitsleistung, § 116 ▪ Aufrechterhaltung der Haft mit Rechtsbehelfsbelehrung, § 115 IV Benachrichtigung eines Angehörigen/einer Vertrauensperson über den Verbleib in Haft, § 114 c II Vollzug der U-Haft, § 119

A. Ermittlungs- verfahren	II. Die wichtigsten Ermittlungsmaßnahmen 2. Freiheitsentziehende Maßnahmen a) Verhaftung/vorläufige Festnahme (Fortsetzung)

„Jedermann"-Festnahme, § 127 I 1 ⇨ S. 234

Vorläufige Festnahme bei Gefahr im Verzug, § 127 II

Anordnungs- zuständigkeit	▪ Staatsanwälte ▪ Alle Polizeibeamten (nicht notwendig Ermittlungspersonen der StA)
Anordnungs- voraussetzungen:	Gem. § 127 II i.V.m. §§ 112/112 a/126 a:
Verdachtslage	Dringender Tatverdacht ⇨ S. 248
Spezielle Anordnungs- voraus- setzungen	Haftgrund i.S.d. §§ 112/112 a ⇨ S. 248 i.S.d. § 126 a Gefahr im Verzug = Gefährdung der Festnahme bei vorherigem Erwirken eines Haft- oder Unterbringungsbefehls
Verhältnis- mäßigkeit	Proportionalität von Festnahmeanlass und Festnahmewirkung, § 112 I 2
Form und Inhalt der Anordnung	Betroffenem muss nur Tatsache der Festnahme und Anlass dazu erkennbar gemacht werden ⎯
Weiteres Verfahren	Vorführung, unverzüglich/spätestens am Tag nach der Festnahme, § 128 I, dem Haftrichter am AG des Ergreifungsorts Maßnahmen des Haftrichters: Vernehmung des Festgenommenen, §§ 128 I 2, 115 III ⇨ S. 244 f. **und** Entscheidung über Haft ⇨ S. 248

249

A. Ermittlungs-verfahren	II. Die wichtigsten Ermittlungsmaßnahmen
	2. Freiheitsentziehende Maßnahmen
	b) Hauptverhandlungshaft/vorläufige Festnahme

Hauptverhandlungshaft, § 127 b II

Anordnungs-zuständigkeit	§ 127 b III: der für die Durchführung des beschleunigten Verfahrens, §§ 417 ff. (⇨ S. 251, 268), zuständige Richter

Anordnungs-voraussetzungen:

Verdachtslage	Dringender Tatverdacht ⇨ S. 248
Spezielle Anordnungs-voraus-setzungen	▪ § 127 b II 1 i.V.m. I Nr. 2: Aufgrund konkreter Tatsachen bei Würdigung des Einzelfalls begründete Gefahr, dass der Beschuldigte der Hauptverhand-lung fernbleiben wird (bloße Möglichkeit der Nichtteilnahme genügt) ▪ § 127 b II 1 a.E.: Durchführung der Hauptverhandlung (im beschleunigten Verfahren) muss binnen einer Woche nach der Festnahme zu erwarten sein
Verhältnis-mäßigkeit	▪ Allgemeine Proportionalität von Festnahmeanlass und -wirkung, § 112 I 2 ▪ Spezielle Möglichkeit der Vorführung gemäß § 418 II 1 im beschleunigten Verfahren (Lit.)
Form und Inhalt der Anordnung	Schriftlich mit vorgeschriebenem Inhalt, § 114 II **und** § 127 b II 2: Befristung auf eine Woche ab dem Datum der Festnahme
Weiteres Verfahren	Wie beim „normalen" U-Haftbefehl ⇨ S. 248

250

A. Ermittlungs- **verfahren**	**II. Die wichtigsten Ermittlungsmaßnahmen** **2. Freiheitsentziehende Maßnahmen** **b) Hauptverhandlungshaft/vorläufige Festnahme** (Fortsetzung)

Vorläufige Festnahme, § 127 b I

Anordnungs- **zuständigkeit**	▪ Staatsanwälte ▪ Alle Polizeibeamten (nicht notwendig Ermittlungspersonen der StA)

Anordnungs-
voraussetzungen:

Verdachtslage	Täter auf frischer Tat betroffen/verfolgt (wie bei § 127 I 1 ⇨ S. 234)
Spezielle **Anordnungs-** **voraus-** **setzungen**	▪ Nr. 1: Unverzügliche (= Arg. aus § 127 b II: binnen einer Woche) Entschei- dung im beschleunigten Verfahren (§§ 417 ff.) möglich und wahrschein- lich (nicht bei Jugendlichen wegen § 79 JGG) ▪ Nr. 2: Aufgrund konkreter Tatsachen bei Würdigung des Einzelfalls begründete Gefahr, dass der Beschuldigte der Hauptverhandlung fern- bleiben wird (bloße Möglichkeit der Nichtteilnahme genügt)
Verhältnis- **mäßigkeit**	Proportionalität zwischen Festnahmeanlass und Festnahmewirkung, § 112 I 2
Form und **Inhalt der** **Anordnung**	Betroffenem muss die Tatsache der Festnahme und Anlass dazu erkennbar gemacht werden
Weiteres **Verfahren**	Vorführung, unverzüglich/spätestens am Tag nach der Festnahme, § 128 I i.V.m. § 127 b III, dem Richter, der für die Hauptverhandlung zuständig ist Maßnahmen des Richters: Vernehmung des Festgenommenen, §§ 128 I 2, 115 III ⇨ S. 248 **und** Entscheidung über Haft ⇨ S. 248

A. Ermittlungs- verfahren	II. Die wichtigsten Ermittlungsmaßnahmen 2. Freiheitsentziehende Maßnahmen c) Identitätsfeststellung

Identitätsfeststellung beim Verdächtigen und Unverdächtigen, §§ 163 b, c

	Identitätsfeststellung beim Verdächtigen, § 163 b I:	Identitätsfestellung beim Unverdächtigen, § 163 b II:
Anordnungs- zuständigkeit	• Staatsanwälte • Alle Polizeibeamte (nicht notwendig Ermittlungspersonen der StA)	
Anordnungs- voraussetzungen:		
Verdachtslage	**Einfacher Tatverdacht** = Anhaltspunkte, die die Täterschaft oder Teilnahme des Betroffenen an einer Straftat objektiv als zumin- dest möglich erscheinen lassen	Kein Verdacht auf Beteiligung an einer Straftat
Spezielle Anordnungs- voraus- setzungen	Zweck: Identitätsfeststellung zur Strafverfolgung	Zweck: Identitätsfeststellung zur Aufklärung einer Straftat
Verhältnis- mäßigkeit	Erforderlichkeit	Gebotenheit
Form und Inhalt der Anordnung	Eröffnung, wegen welcher Straftat Verdacht besteht, § 163 b I 1 i.V.m. § 163 a IV 1	Eröffnung, welche Straftat durch Identifizierung aufgeklärt werden soll, § 163 b II 1 i.V.m. § 69 I 2
Weiteres Verfahren	Ergreifen der erforderlichen Maßnahmen, Generalklausel, § 163 b I 1, speziell: • Festhalten, wenn Identität sonst nicht/nur unter erheblichen Schwierigkeiten feststellbar, § 163 b I 2; zeitliche Grenzen des Festhaltens, § 163 c • Durchsuchung der Person und mitgeführter Sachen, wenn Identität sonst nicht/nur unter erheblichen Schwierigkeiten fest- stellbar, § 163 b I 3	• Festhalten unter den Vorausset- zungen des § 163 b I 2 und zu- sätzlich keine Disproportionalität zwischen Sachbedeutung und Maßnahme, § 163 b II 2 Hs. 1; zeitliche Grenzen des Festhaltens, § 163 c • Durchsuchung der Person und mitgeführter Sachen nur mit Willen des Betroffenen, § 163 b II 2 Hs. 2

A. Ermittlungsverfahren
II. Die wichtigsten Ermittlungsmaßnahmen
3. Rechtsschutz im Haftrecht

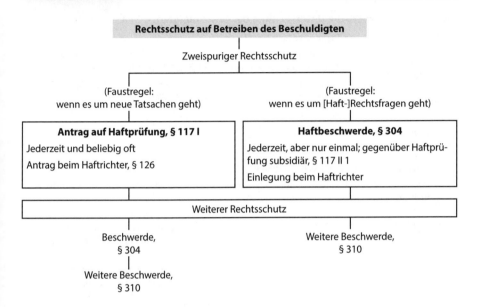

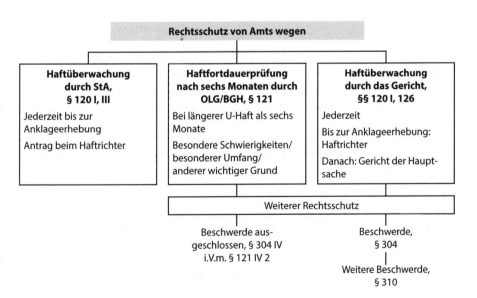

A. Ermittlungs-verfahren	II. Die wichtigsten Ermittlungsmaßnahmen
	4. Eingriffe in die körperliche Unversehrtheit
	a) Untersuchung, körperliche Eingriffe bei Beschuldigten

Zwangsweise körperliche Untersuchung des Beschuldigten, § 81 a

Anordnungs-zuständigkeit	▪ Richter, § 81 a II 1 Hs. 1
	▪ Bei Gefährdung des Untersuchungserfolges durch Verzögerung auch StA/Ermittlungspersonen der StA (§ 152 GVG), § 81 a II 1 Hs. 2
	▪ Bei Verdacht der §§ 315 a I Nr. 1, II, III, 315 c I Nr. 1 a, II, 316 StGB auch StA/Ermittlungspersonen der StA (§ 152 GVG), § 81 a II 2

Anordnungs-voraussetzungen:

| Verdachtslage | Anfangsverdacht genügt |
| Spezielle Anordnungs-voraus-setzungen | Zweck: Feststellung verfahrenserheblicher Tatsachen, für die bereits Anhalts-punkte vorliegen, durch: |

Einfache körperliche Untersuchun-gen, § 81 a I 1	Körperliche Eingriffe (insbesondere Blutentnahmen oder Entnahmen sonstiger Körperbestandteile), § 81 a I 2, wenn
	gesundheitliche Nachteile mit an Sicherheit grenzender Wahr-scheinlichkeit auszuschließen **und**
	Vornahme durch Arzt gewähr-leistet **und**
	Einhaltung der Regeln der ärzt-lichen Kunst gewährleistet

Verhältnis-mäßigkeit	Einfache Untersuchungen, wenn möglich, vor Eingriffen i.S.v. § 81 a I 2
	Je schwerer der Eingriff, umso höher muss der Tatverdacht sein
	Eingriff muss in angemessenem Verhältnis zur Schwere der Tat stehen

| Form und Inhalt der Anordnung | Durch richterlichen Beschluss; bei StA/Polizei mündlich |
| | Bezeichnung des Eingriffs, Benennung der durch ihn festzustellenden Tat-sachen |

Weiteres Verfahren	Bei ggf. schamverletzenden Untersuchungen: § 81 d
	Zwangsweise Durchsetzung der Anordnung als Annexkompetenz aus § 81 a nach Maßgabe des Verhältnismäßigkeitsgrundsatzes erlaubt, insbesondere
	▪ Zwangsweise Zuführung des Beschuldigten
	▪ Festhalten (nach vorheriger Androhung)

A. Ermittlungs-verfahren	II. Die wichtigsten Ermittlungsmaßnahmen
	4. Eingriffe in die körperliche Unversehrtheit
	a) Untersuchung, körperliche Eingriffe bei Beschuldigten (Fortsetzung)

Sonstige Zwangsmaßnahmen gegen den Beschuldigten mit Körperlichkeitsbezug, § 81 b

	Erkennungsdienstliche Maßnahmen für repressive Zwecke, Alt. 1:	Erkennungsdienstliche Maßnahmen für präventiv-polizeiliche Zwecke, Alt. 2:
Anordnungs-zuständigkeit	• StA • Alle Polizeibeamten (nicht notwendig Ermittlungspersonen der StA)	Ausschließlich Kriminalpolizei
Anordnungs-voraussetzungen:		
Verdachtslage	Betroffener muss (noch) Beschuldigter sein	Betroffener muss zumindest Beschuldigter gewesen sein
Spezielle Anordnungs-voraus-setzungen	Zum Zweck der Strafverfolgung Identifizierungsmaßnahmen notwendig durch:	Zum Zweck des Erkennungsdienstes = zur vorsorglichen Bereitstellung sachlicher Hilfsmittel für Erforschung und Aufklärung von Straftaten Maßnahmen notwendig durch:
	• Anfertigung von Lichtbildern	
	• Abnahme von Fingerabdrücken	
	• Vornahme von Messungen	
	• Ähnliche Maßnahmen, z.B. Videoaufnahmen oder Veränderung des Erscheinungsbildes zur Vorbereitung einer solchen Maßnahme	
Verhältnis-mäßigkeit	Proportionalität der Maßnahmen zur Schwere der Tat, daher § 81 b bei Bagatelldelikten unzulässig	
		Anfertigung und Aufbewahrung der Unterlagen abhängig vom Grad der Gefahr erneuter Straffälligkeit
Form und Inhalt der Anordnung	Formlose Anordnung, die die Art der Maßnahme erkennbar macht	
Weiteres Verfahren	Zwangsweise Durchsetzung der Anordnung als Annexkompetenz aus § 81 b nach Maßgabe des Verhältnismäßigkeitsgrundsatzes erlaubt, insbesondere • Zwangsweise Verbringung zur Polizeibehörde, gewaltsame Durchsetzung • Festhalten bis zur Erledigung der Maßnahme	

A. Ermittlungs-verfahren	**II. Die wichtigsten Ermittlungsmaßnahmen**
	4. Eingriffe in die körperliche Unversehrtheit
	b) Untersuchung von Nichtbeschuldigten

Zwangsweise Untersuchung, § 81 c

Anordnungs-zuständigkeit	▪ Richter, § 81 c V 1 Alt. 1
	▪ Bei Gefährdung des Untersuchungserfolgs durch Verzögerung auch StA/Ermittlungspersonen der StA (§ 152 GVG), § 81 c V 1 Alt. 2

Anordnungs-voraussetzungen:	Untersuchung auf Spuren/Tatfolgen, § 81 c I	Blutprobeentnahmen/Abstam-mungsuntersuchung, § 81 c II
Verdachtslage	Tatunverdächtige Person, auch Tatopfer	
Spezielle Anordnungs-voraus-setzungen	Zweck der Untersuchung: Feststellung von Spuren/Tatfolgen am Körper Genügender Anlass Notwendigkeit	Zweck: Feststellung der Abstam-mung/der Blutgruppe Kein Gesundheitsnachteil zu befürchten Durchführung von einem Arzt gewährleistet Unerlässlichkeit zur Wahrheits-findung
	Keine berechtigte Untersuchungsverweigerung, § 81 c III	
Verhältnis-mäßigkeit	Zumutbarkeit, § 81 c IV = Abwägung des Aufklärungsinteresses mit Interes-sen des Betroffenen	

Form und Inhalt der Anordnung	Bei richterlicher Anordnung Beschluss, sonst formlos
	Belehrungspflicht über Untersuchungsverweigerungsrecht, § 81 c III

Weiteres Verfahren	Zwang unter den Voraussetzungen des § 81 c VI i.V.m. § 70:
	▪ Ordnungsgeld/Ordnungshaft darf nur der Richter festsetzen
	▪ Anstelle von Beugehaft darf unmittelbarer Zwang – nur auf richterliche Anordnung – angewendet werden, wenn
	Festsetzung von Ordnungsgeld erfolglos **oder**
	Gefahr im Verzug

256

A. Ermittlungs-verfahren	**II. Die wichtigsten Ermittlungsmaßnahmen**
	5. Eingriffe in das Telekommunikationsgeheimnis

Überwachung der Telekommunikation, § 100 a

Anordnungs-zuständigkeit

- Richter, § 100 e I 1
- StA bei Gefahr im Verzug, § 100 e I 2; dann Bestätigung durch Richter binnen drei Tagen, § 100 e I 3

Anordnungs-voraussetzungen:

- - - - - - - - - - - - - - -

Verdachtslage

Bestimmte Verdachtstatsachen (= konkretisierter Verdacht, aber nicht dringender/hinreichender Tatverdacht) **und**

Begehung/Versuch (sofern strafbar)/Vorbereiten durch eine Straftat (§ 100 a I Nr. 1) **und**

in Bezug auf schwere Straftaten i.S.d. § 100 a II Nr. 1–11

Einzelfallbezug

Katalogtat muss auch im Einzelfall schwer wiegen (§ 100 a I Nr. 2; Anhaltspunkte: z.B. Folgen der Tat, Schutzwürdigkeit des verletzten Rechtsguts)

Adressaten

- Beschuldigter
- Personen, bei denen bestimmte Verdachtstatsachen hindeuten auf Entgegennehmen/Weiterleiten von Mitteilungen für den/von dem Beschuldigten/Benutzung des Anschlusses /des informationstechnischen Systems durch den Beschuldigten, § 100 a III

Subsidiaritäts-grundsatz

Erforschung des Sachverhalts/des Aufenthaltsorts des Beschuldigten auf andere Weise wesentlich erschwert/aussichtslos, § 100 a I Nr. 3

Form und Inhalt der Anordnung

Schriftliche Anordnung, § 100 e III 1

Inhaltsanforderungen nach § 100 e III 2 Nr. 1–5, IV

⚠ *Befristung auf höchstens drei Monate, § 100 e I 4!*

Anordnungs-gegenstand

Überwachung und Aufzeichnung jedweder Telekommunikation i.S.d. § 3 Nr. 22, 23 TKG, auch ohne Wissen des Betroffenen; auch durch Eingriff in informationstechnische Systeme, wenn notwendig (Quellen-TKÜ, § 100 a I 2, 3)

- Telefongespräche
- Telefaxe
- SMS
- E-Mails während des Sende- und Empfangsvorgangs
  ⚠ *Nicht während der Speicherung in der Datenbank des E-Mail-Providers, dann Beschlagnahme unter den Voraussetzungen der §§ 94 ff., 99!*
- Standortdaten bei Mobiltelefonen

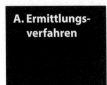

A. Ermittlungsverfahren

II. Die wichtigsten Ermittlungsmaßnahmen
5. Eingriffe in das Telekommunikationsgeheimnis
(Fortsetzung)

Überwachung der Telekommunikation, § 100 a (Fortsetzung)

Kernbereichsschutz
- Maßnahme generell unzulässig, wenn anzunehmen, dass durch Überwachung ausschließlich Erkenntnisse aus dem Kernbereich privater Lebensgestaltung erlangt werden, § 100 d I
- Sind durch Überwachung Erkenntnisse über den Kernbereich privater Lebensgestaltung erlangt worden:
  Verwertungsverbot, § 100 d II 1 **und**
  Aufzeichnungen löschen, § 100 d II 2 **und**
  Vorfall aktenkundig machen, § 100 d II 3

Schutz von Berufsgeheimnisträgern
- § 160 a I: Geistliche, Verteidiger, Rechtsanwälte, Abgeordnete
  – Überwachung des Anschlusses unzulässig, I 1
  – Erkenntnisse unverwertbar, I 2, 5
- § 160 a II: Angehörige bestimmter Heil- und Beratungsberufe, Medienmitarbeiter
  – Verhältnismäßigkeitsprüfung bei Anordnung der Überwachung, II 1
  – Verwertungsverbot nur bei Unverhältnismäßigkeit, II 3
- § 160 a IV: Kein Schutz bei Verdacht der Beteiligung/einer Anschlusstat

Weiteres Verfahren
- Durchführung obliegt StA, § 36 II, die durch Polizei Abhörstelle einrichten lässt; bei Quellen-TKÜ gem. § 100 a V technische Vorgaben
- Mitwirkungs- und Auskunftspflichten der geschäftsmäßigen Telekommunikationsdiensteanbieter, § 100 a IV 1; entsprechende Vorkehrungen sind gem. § 100 a IV 2 i.V.m. § 110 TKG i.V.m. TKÜV zu treffen
- Protokollierungspflichten, § 100 a VI
- Unterrichtung des anordnenden Gerichts über Ergebnisse, § 100 e V 2
- Mehrmalige Verlängerung der Maßnahme um jeweils höchstens drei Monate möglich, sofern Anordnungsvoraussetzungen fortbestehen, § 100 e I 5
- Unverzügliche Einstellung der Überwachung, sobald Anordnungsvoraussetzungen nicht mehr vorliegen, § 100 e V 1
- Benachrichtigung der an der überwachten Telekommunikation beteiligten Personen nach § 101

A. Ermittlungs-verfahren	II. Die wichtigsten Ermittlungsmaßnahmen
	6. Eingriffe in den persönlichen Lebensbereich
	a) Online-Durchsuchung

Online-Durchsuchung, § 100 b

Anordnungs-zuständigkeit	Nicht mit Hauptverfahren befasste Strafkammer beim Landgericht, § 100 e II 1 i.V.m. § 74 a IV GVG
	Vorsitzender der Strafkammer bei Gefahr im Verzug, § 100 e II 2; dann Bestätigung durch Strafkammer binnen drei Tagen, § 100 e II 3

Anordnungs-voraussetzungen:

Verdachtslage	Bestimmte Verdachtstatsachen (= konkretisierter Verdacht, aber nicht dringender/hinreichender Tatverdacht) **und**
	Begehung/Versuch, sofern strafbar (§ 100 b I Nr. 1) und
	in Bezug auf besonders schwere Straftaten i.S.d. § 100 b II Nr. 1–7

Einzelfallbezug	Katalogtat muss auch im Einzelfall besonders schwer wiegen (§ 100 b I Nr. 2; Anhaltspunkte: z.B. Folgen der Tat, Schutzwürdigkeit des verletzten Rechtsguts)

Adressaten	Beschuldigter, § 100 b III 1
	Andere Personen, § 100 b III 2, wenn anzunehmen ist, dass
	▪ Nr. 1: Beschuldigter deren informationstechnische Systeme benutzt
	▪ Nr. 2: Der Eingriff in informationstechnische Systeme des Beschuldigten allein nicht zur Ermittlung des Sachverhalts/des Aufenthaltsortes eines Mitbeschuldigten ausreicht

Subsidiaritäts-grundsatz	Erforschung des Sachverhalts/des Aufenthaltsorts des Beschuldigten auf andere Weise wesentlich erschwert/aussichtslos, § 100 b I Nr. 3

Form und Inhalt der Anordnung	Schriftliche Anordnung, § 100 e III 1
	Inhaltsanforderungen nach § 100 e III 2 Nr. 1–4, 6, IV
	Befristung auf höchstens einen Monat, § 100 e II 4

Anordnungs-gegenstand	Eingriff in und Datenerhebung aus einem informationstechnischen System mit technischen Mitteln, § 100 b I

259

A. Ermittlungs-verfahren	II. Die wichtigsten Ermittlungsmaßnahmen 6. Eingriffe in den persönlichen Lebensbereich a) Online-Durchsuchung (Fortsetzung)

Online-Durchsuchung, § 100 b (Fortsetzung)

- Maßnahme generell unzulässig, wenn anzunehmen, dass durch Überwachung ausschließlich Erkenntnisse aus dem Kernbereich privater Lebensgestaltung erlangt werden, § 100 d I

- Sind Erkenntnisse über den Kernbereich privater Lebensgestaltung erlangt worden:

  Verwertungsverbot, § 100 d II 1 **und**

Kernbereichs-schutz

  Aufzeichnungen löschen, § 100 d II 2 **und**

  Vorfall aktenkundig machen, § 100 d II 3

- Bei Zweifeln kann die Staatsanwaltschaft beim anordnenden Gericht eine Entscheidung über die Verwertbarkeit und Löschung der Daten beantragen; die Entscheidung über die Verwertbarkeit ist für das weitere Verfahren bindend, § 100 d II 2, 3.

- Soweit möglich technische Sicherstellung, dass keine Daten aus dem Kernbereich privater Lebensgestaltung erhoben werden, § 100 d III

Schutz von Berufsgeheimnis-trägern

- Unzulässigkeit der Maßnahme § 100 d V 1
- Bei Erlangung von Erkenntnissen Verwertungsverbot, Aufzeichnungen löschen und Vorfall aktenkundig machen, § 100 d II, V 2

Weiteres Verfahren

- Durchführung obliegt StA, die das Erforderliche veranlasst, § 36 II; technische Vorgaben gem. §§ 100 b IV, 100 a V (außer § 100 a V 1 Nr. 1)
- Protokollierungspflichten, §§ 100 b IV, 100 a VI
- Unterrichtung des anordnenden Gerichts über Verlauf und Ergebnisse, § 100 e V 2, 3
- Mehrmalige Verlängerung der Maßnahme um jeweils höchsten 1 Monat, sofern Anordnungsvoraussetzungen fortbestehen, § 100 e II 5
- Unverzügliche Einstellung der Durchsuchung, sobald Anordnungsvoraussetzungen nicht mehr vorliegen, § 100 e V 1
- Benachrichtigung der Zielperson und der erheblich mitbetroffenen Personen nach § 101

A. Ermittlungs- verfahren	II. Die wichtigsten Ermittlungsmaßnahmen 6. Eingriffe in den persönlichen Lebensbereich b) Akustische Wohnraumüberwachung

Akustische Wohnraumüberwachung, § 100 c

Anordnungs- zuständigkeit	Nicht mit Hauptverfahren befasste Strafkammer beim Landgericht, § 100 e II 1 i.V.m. § 74 a IV GVG Vorsitzender der Strafkammer bei Gefahr im Verzug, § 100 e II 2; dann Bestätigung durch Strafkammer binnen drei Tagen, § 100 e II 3
Anordnungs- voraussetzungen:	
Verdachtslage	Bestimmte Verdachtstatsachen (=konkretisierter Verdacht, aber nicht dringender/hinreichender Tatverdacht) **und** Begehung/Versuch, sofern strafbar (§ 100 c I Nr. 1) **und** in Bezug auf schwere Straftaten i.S.d. § 100 b II Nr. 1–7
Einzelfallbezug	Katalogtat muss auch im Einzelfall besonders schwer wiegen (§ 100 c I Nr. 2; Anhaltspunkte: z.B. Folgen der Tat, Schutzwürdigkeit des verletzten Rechtsguts)
Beweisbezug	Annahme, dass Äußerungen des Beschuldigten erfasst werden, die für die Erforschung des Sachverhaltes/die Ermittlung des Aufenthaltsortes eines Mitbeschuldigten von Bedeutung sind, § 100 c I Nr. 3
Adressaten	Beschuldigter, § 100 c II 1 Andere Personen gem. § 100 c II 2, wenn anzunehmen ist, dass • Nr. 1: Beschuldigter sich in deren Wohnung aufhält • Nr. 2: Die Maßnahme in Wohnungen des Beschuldigten allein nicht zur Ermittlung des Sachverhaltes/des Aufenthaltsortes eines Mitbeschuldigten ausreicht
Subsidiaritäts- grundsatz	Erforschung des Sachverhalts/des Aufenthaltsorts eines Mitbeschuldigten auf andere Weise unverhältnismäßig erschwert/aussichtslos, § 100 c I Nr. 4
Kernbereichs- schutz	Tatsächlich begründete Annahme, dass Äußerungen, die dem Kernbereich privater Lebensgestaltung zuzurechnen sind, nicht erfasst werden, § 100 d IV 1
Form und Inhalt der Anordnung	Schriftliche Anordnung, § 100 e III 1 Inhaltsanforderungen nach § 100 e III 2 Nr. 1–4, 7, IV Befristung auf höchstens einen Monat, § 100 e II 4
Anordnungs- gegenstand	Abhörung und Aufzeichnung des in einer Wohnung nichtöffentlich gesprochenen Wortes mit technischen Mitteln, § 100 c I

A. Ermittlungs-verfahren	II. Die wichtigsten Ermittlungsmaßnahmen
	6. Eingriffe in den persönlichen Lebensbereich
	b) Akustische Wohnraumüberwachung (Fortsetzung)

Akustische Wohnraumüberwachung, § 100 c (Fortsetzung)

Kernbereichs-schutz

- Maßnahme generell unzulässig, wenn anzunehmen, dass durch Überwachung ausschließlich Erkenntnisse aus dem Kernbereich privater Lebensgestaltung erlangt werden, § 100 d I

- Sind Erkenntnisse über den Kernbereich privater Lebensgestaltung erlangt worden:
  - Verwertungsverbot, § 100 d II 1 **und**
  - Aufzeichnungen löschen, § 100 d II 2 **und**
  - Vorfall aktenkundig machen, § 100 d II 3

- Bei Zweifeln kann die Staatsanwaltschaft beim anordnenden Gericht eine Entscheidung über die Verwertbarkeit und Löschung der Daten beantragen; die Entscheidung über die Verwertbarkeit ist für das weitere Verfahren bindend, § 100 d II 2, 3

- Abbruch der Maßnahme bei Anhaltspunkten, dass Äußerungen, die dem Kernbereich privater Lebensgestaltung zuzurechnen sind, erfasst werden, § 100 d IV 2

Schutz von Berufsgeheim-nissen

- Unzulässigkeit der Maßnahme § 100 d V 1

- Bei Erlangung von Erkenntnissen Verwertungsverbot, Aufzeichnungen löschen und Vorfall aktenkundig machen, § 100 d II, V 2

Weiteres Verfahren

- Durchführung obliegt StA, die das Erforderliche veranlasst, § 36 II

- Unterrichtung des anordnenden Gerichts über Verlauf und Ergebnisse, § 100 e V 2, 3

- Mehrmalige Verlängerung der Maßnahme um jeweils höchsten einen Monat, sofern Anordnungsvoraussetzungen fortbestehen, § 100 e II 5

- Unverzügliche Einstellung der Überwachung, sobald Anordnungsvoraussetzungen nicht mehr vorliegen, § 100 e V 1

- Benachrichtigung des Beschuldigten, gegen den sich Maßnahme richtete und sonstige Inhaber/Bewohner der Wohnung nach § 101

262

A. Ermittlungs- verfahren	II. Die wichtigsten Ermittlungsmaßnahmen 6. Eingriffe in den persönlichen Lebensbereich c) Durchsuchung

Durchsuchung beim Verdächtigen und bei anderen Personen, §§ 102 ff.

	Durchsuchung beim Verdächtigen, § 102	Durchsuchung beim Unverdächtigen Wohnungs-, Gebäudedurchsuchung,	
		§ 103 I 1	§ 103 I 2
Anordnungs- zuständigkeit	▪ Richter, § 105 I 1 Hs. 1 ▪ Nur ausnahmsweise bei Gefahr im Verzug auch StA/ Ermittlungspersonen d. StA (§ 152 GVG), § 105 I 1 Hs. 2	▪ Richter, § 105 I 2 Hs. 1 ▪ Nur ausnahmsweise bei Gefahr im Verzug StA, § 105 I 2 Hs. 2	
Anordnungs- voraussetzungen:			
Verdachtslage	Einfacher Tatverdacht irgendeiner Straftat	Betroffener unverdächtig	
Spezielle Anordnungs- voraus- setzungen	Zwecke: ▪ Ergreifung des Verdäch- tigen ▪ Auffindung von be- schlagnahmefähigen Beweismitteln	Zwecke: ▪ Ergreifung des Beschul- digten ▪ Verfolgung von Spuren einer Straftat ▪ Beschlagnahme be- stimmter beschlag- nahmefähiger Gegen- stände	Dringender Tatverdacht bzgl. ▪ Straftat nach§ 89 a/ § 89 c I–IV StGB ▪ Straftat gem. § 129 a StGB (auch i.V.m. § 129 b StGB) ▪ Katalogtat des § 129 a StGB (auch i.V.m. § 129 b StGB)
	Durch Durchsuchung ▪ der Wohnung ▪ anderer Räume ▪ der Person ▪ ihm gehörender Sachen Auffindungsvermutung genügt	Durch Durchsuchung ▪ der Wohnung ▪ anderer Räume ▪ der Person ▪ ihm gehörender Sachen Aufgrund best. Tatsachen konkr. Auffindungsvermu- tung	Zweck: Ergreifung d. Beschuldigten Durch Durchsuchung eines Gebäudes Aufgrund festgestellter Tat- sachen Annahme des Auf- enthalts des Beschuldigten in dem Gebäude
Verhältnis- mäßigkeit	Proportionalität von Schwere des Eingriffs und Bedeutung der Sache sowie Stärke des Tatverdachts ⚠ BVerfG: Vollzug des richterlichen Durchsuchungsbeschlusses ab sechs Monaten nach Erlass unzulässig!		
Form und Inhalt der Anordnung	Bei richterlicher Anordnung Beschluss, sonst formlos, auch stillschweigend		
Weiteres Verfahren	Durchführung obliegt StA, § 36 II Nächtliche Durchsuchung unter Voraussetzungen des § 104 Nach BVerfG Nachzeit stets von 21.00 bis 6.00 Uhr Zuziehung von Durchsuchungszeugen gem. § 105 II, § 106 Schriftliche Mitteilung, § 107 Durchsicht aufgefundener Papiere grds. nur durch StA/Ermittlungspersonen auf Anordnung der StA, § 110 I Durchsicht elektronischer Speichermedien, § 110 III		

263

A. Ermittlungs-verfahren	II. Die wichtigsten Ermittlungsmaßnahmen
	7. Sachentziehung

Beschlagnahme, §§ 94 ff.

Anordnungs-zuständigkeit	• Richter, § 98 I 1 (ausschließlich bei Beschlagnahmen in Presseräumen, § 98 I 2)
	• Bei Gefahr im Verzug auch StA/Ermittlungspersonen der StA

Anordnungs-voraussetzungen:

Verdachtslage	Anfangsverdacht der Begehung einer Straftat

spezielle Anordnungs-voraus-setzungen	Sicherstellungsfähiger Gegenstand:	
	Gegenstand mit potenzieller Beweisbedeutung, § 94 I	Führerschein, § 94 III
	Keine Herausgabebereitschaft des Gewahrsamsinhabers, § 94 II	Der Einziehung unterliegend, § 69 III 2 StGB
	Keine Beschlagnahmefreiheit gem. § 97	Dringende Gründe für die Entziehung der Fahrerlaubnis, § 111 a I i.V.m. § 69 StGB: vorläufige Entziehung mit Beschlagnahmewirkung, § 111 a III 1

Verhältnis-mäßigkeit	• Je geringer die Beweisbedeutung, umso stärker muss das Gebot ersetzender und verkürzender Maßnahmen sein

Form und Inhalt der Anordnung	Bei richterlicher Anordnung Beschluss, sonst formlos
	Bekanntgabe an den Betroffenen
	Bei nichtrichterlicher Anordnung Belehrung über Rechte nach § 98 II 2, 5

Weiteres Verfahren	Sicherstellung durch Ingewahrsamnahme/auf andere Weise
	Herausgabe, wenn die Sache für das Strafverfahren nicht mehr benötigt wird, §§ 94 IV, 111 n, 111 o

A. Ermittlungsverfahren	II. Die wichtigsten Ermittlungsmaßnahmen
	8. Rechtsschutz gegen Durchsuchung, Beschlagnahme und andere Zwangsmittel mit richterlicher Anordnungszuständigkeit

Bezug des Rechtsschutzbegehrens	Verfahrenslage	Rechtsschutzziel	Rechtsbehelf
Nichtrichterliche Anordnung	Anordnung noch nicht vollzogen	Aufhebung der Anordnung als solcher/ bevorstehender Vollzugsmodalitäten	• Richterliche Zustimmung/Bestätigung vorgeschrieben (§§ 98 II 1, 100 e I 3, 110 b II, 111 a IV, • Anrufung des Richters vorgesehen (§§ 98 II 2, 101 VII 2 [str.] 161 a III 1, 163 a III 3) • Sonst gilt: § 98 II 2 analog
	Anordnung bereits vollzogen	Nachträgliche Feststellung der Rechtswidrigkeit der Anordnung selbst/ der Art und Weise des Vollzugs	Anrufung des Richters nach §§ 98 II 2, 101 VII 2 etc./analog § 98 II 2, wenn Festellungsinteresse besteht wegen • Konkreter Wiederholungsgefahr oder • Fortwirkender tatsächlicher Beeinträchtigung oder • Schwere des Eingriffs
Richterliche Anordnung	Anordnung noch nicht vollzogen	Aufhebung der Anordnung als solcher/ richterlich angeordneter Vollzugsmodalitäten	• Spezielle Rechtsbehelfe, insbes. § 117 I, II • Sonst: Beschwerde, § 304 I
	Anordnung bereits vollzogen	Nachträgliche Feststellung der Rechtswidrigkeit der Maßnahme/ Art und Weise des Vollzugs, soweit diese evidenter Bestandteil der richterlichen Anordnung sind	• Spezielle Rechtsbehelfe, z.B. § 101 VII 2 • Sonst: Beschwerde, § 304 I bei Feststellungsinteresse (s.o.)
	Gleichgültig, ob vollzogen oder nicht	Art und Weise des Vollzugs nicht vom Richter angeordnet	Wie bei nichtrichterlicher Anordnung

A. Ermittlungs-verfahren	III. Abschluss des Ermittlungsverfahrens 1. Verfahrenseinstellung

Aktenlage:	Abschlussentscheidung der StA:	Weiteres Verfahren:
Kein genügender Anlass zur Anklage i.S.v. § 170 II 1 = negative Verurteilungs-prognose (auch bei Tod des Beschuldigten)	• **Einstellung mit Einstellungsbescheid** an Antragsteller i.S.v. § 158 I • Rechtsbehelfsbelehrung an Antragsteller, sofern Klageerzwingungsverfahren zulässig, § 171 S. 2 • Mitteilung an Beschuldigten, u.a., wenn Beschul-digtenvernehmung stattgefunden hat, § 170 II 2	• Ggf. Vorschaltbe-schwerde gegen Ein-stellungsbescheid, wenn Antragsteller zugl. Verletzter, binnen zwei Wochen, § 172 I • Gegen ablehnenden Bescheid der GenStA Antrag auf Klageer-zwingung an das OLG binnen eines Monats, § 172 II–IV
Tatverdacht ausschließlich für Privatklagedelikte und kein öffentliches Interesse an Strafverfolgung, §§ 170 II, 376	**Einstellung mit Verweisung auf Privatklageweg** (keine weitere Rechtsbehelfsbelehrung)	• In den Fällen des § 380 vorheriger Sühne-versuch • Anklageerhebung durch Privatkläger • Eröffnungs-/Hauptver-fahren gem. §§ 382 ff.

Hinreichender Tatverdacht für Offizialdelikte, aber Möglichkeit der Verfahrenseinstellung aus Opportunitäts-gründen, §§ 153 ff.; § 45 JGG	**Einstellung nach § 153 I:**
	Voraussetzungen:
	Hinreichender Tatverdacht nur in Bezug auf Verge-hen i.S.v. § 12 II StGB **und**
	Wahrscheinlichkeit für geringe Schuld des Täters **und**
	kein öffentliches Verfolgungsinteresse **und**
	Zustimmung des Gerichts, außer
	   bei Tat mit nicht erhöhtem Mindeststrafmaß **und**
	   geringen Folgen der Tat
		• Bei neuen Tatsachen oder Beweismitteln Wiederaufnahme der Ermittlungen jederzeit möglich
		• Kein Klageerzwin-gungsverfahren vor-gesehen, § 172 II 3
		⚠ BVerfG: Klageerzwin-gungsverfahren aus-nahmsw. statthaft bei Anspruch auf effektive Strafverfolgung

	Vorläufige Einstellung nach § 153 a I: Voraussetzungen: Hinreichender Tatverdacht nur in Bezug auf Ver-gehen i.S.v. § 12 II StGB **und** öffentliches Interesse an der Strafverfolgung erfüllbar durch Auflagen/Weisungen gem. § 153 a I 2 Nr. 1–7 **und** keine entgegenstehende Schwere der Schuld **und** Zustimmung des Beschuldigten **und** Zustimmung des Gerichts; entbehrlich unter den Voraussetzungen des § 153 a I 7 i.V.m. § 153 I 2	• Nach Erfüllung der Auf-lagen/Weisungen end-gültige Einstellung mit beschränkter Rechts-kraftwirkung, § 153 a I 5 • Klageerzwingungs-verfahren unzulässig, § 172 II 3; Ausn. bei Unanwendbarkeit des § 153 a, z.B. wg. Zusam-mentreffen mit Verbre-chenstatbestand

A. Ermittlungs-verfahren	**III. Abschluss des Ermittlungsverfahrens** **1. Verfahrenseinstellung** (Fortsetzung)

Aktenlage:	Abschlussentscheidung der StA:	Weiteres Verfahren:

Einstellung nach § 154 I:

Voraussetzungen:

Tatverdacht in Bezug auf mehrere prozessuale Taten (Vergehen/Verbrechen)

und zusätzlich

- Zu erwartende Bestrafung für einzustellende Tat fällt neben erfolgter/zu erwartender Strafe für andere Tat nicht beträchtlich ins Gewicht, § 154 I Nr. 1

- Urteil nicht binnen angemessener Frist zu erwarten und anderweitig erfolgte/zu erwartende Bestrafung zur Einwirkung auf den Täter und zur Verteidigung der Rechtsordnung ausreichend, § 154 I Nr. 2

Einstellung nach § 154 a I:

Voraussetzungen:

Tatverdacht in Bezug auf eine prozessuale Tat **und**

Abtrennbare Teile einer Tat/einzelne von mehreren Gesetzesverletzungen **und**

fallen nicht beträchtlich ins Gewicht

- Bei der zu erwartenden Bestrafung, § 154 a I 1 Nr. 1

- Neben einer erfolgten/zu erwartenden Bestrafung für eine andere Tat, § 154 a I 1 Nr. 2

- Auch, wenn Urteil nicht binnen angemessener Frist zu erwarten und anderweitig erfolgte/zu erwartende Bestrafung zur Einwirkung auf den Täter und zur Verteidigung der Rechtsordnung ausreicht, § 154 a I 2 i.V.m. § 154 I Nr. 2

Hinreichender Tatverdacht für Offizialdelikte, aber Verfahrens-erledigung im Beschleunigungs-interesse, §§ 154, 154 a

Weiteres Verfahren:

- Wiederaufnahme bei nachträglichem Wegfall der Bezugssanktion, § 154 III

- Wiederaufnahme bei Aburteilung der Bezugstat nach Einstellungsbeschluss binnen drei Monaten nach Rechtskraft der Verurteilung, § 154 IV

- Kein Klageerzwingungsverfahren vorgesehen, § 172 II 3

- Wiedereinbeziehung durch das Gericht möglich, § 154 a III

Tatverdacht besteht, Strafverfahren undurchführbar, weil Täter nicht greifbar	⇨ Täter nicht zu ermitteln: Einstellung nach § 170 II 1 ⇨ Beschuldigter verhandlungsunfähig/Aufenthalt nicht zu ermitteln: Einstellung analog § 205/ggf. Verfahren nach §§ 276 ff.	Fortsetzung des Verfahrens jederzeit möglich

267

A. Ermittlungs- verfahren	III. Abschluss des Ermittlungsverfahrens 2. Vereinfachte Verfahren, Anklage

Aktenlage:	Abschlussentscheidung der StA:	Weiteres Verfahren:
Genügender Anlass zur Anklage besteht (§ 170 I) = **hinreichender Tatverdacht** = positive Verurteilungsprognose • Sache aber für vereinfachtes Verfahren geeignet – Ohne mündliche Verhandlung	**Antrag auf Erlass eines Strafbefehls,** § 407; besondere Voraussetzungen: Verfahrensgegenstand: Vergehen gem. § 12 II StGB **und** Zuständigkeit des AG **und** Beschuldigter darf kein Jugendlicher (§ 79 I JGG)/Heranwachsender, gegen den Jugendrecht angewendet wird (§ 109 II 1 JGG), sein **und** Hauptverhandlung nicht erforderlich **und** schriftlicher, anklageersetzender Antrag (§ 409): mit Anklagesatz, § 407 I 4 i.V.m. § 200 **und** bestimmter Rechtsfolge, § 407 I 3 i.V.m. II	• Erlass des Strafbefehls, wenn zuständiger Richter keine Bedenken hat, § 408 III 1 • Dagegen Einspruch des Angeklagten binnen zwei Wochen gem. § 410 statthaft • Bei rechtzeitigem Einspruch Entscheidung darüber in Hauptverhandlung ohne Verbot der reformatio in peius, § 411
– Mit mündlicher Verhandlung	**Antrag auf Entscheidung im beschleunigten Verfahren,** § 417; besondere Voraussetzungen: Zuständigkeit des AG **und** Beschuldigter darf kein Jugendlicher sein (§ 79 II JGG) **und** Eignung des Verfahrens: einfacher Sachverhalt/klare Beweislage **und** Möglichkeit sofortiger Verhandlung, § 418 I 1, **und** mehr als ein Jahr Freiheitsstrafe/Maßregel der Sicherung/Besserung (außer § 69 StGB) nicht zu erwarten (§ 419 I 2, 3)	Entscheidung über den Antrag durch Gericht, § 419 Durchführung der Hauptverhandlung innerhalb von sechs Wochen (§ 418 I 2): Ohne Anklageschrift, § 418 III 1 Ohne Eröffnungsbeschluss, § 418 I 1 Nur ausnahmsweise mit Ladung Mit erleichtertem Beweisverfahren, § 420
• Sonst	**Anklageerhebung** gem. § 170 I durch Einreichung einer den Erfordernissen des § 200 genügenden Anklageschrift	Zwischenverfahren mit Prüfung des hinreichenden Tatverdachts durch zuständiges Gericht, §§ 199 ff., und Eröffnungsbeschluss Durchführung des Hauptverfahrens, §§ 212 ff., Ablauf der Hauptverhandlung, § 243

B. Zwischen- und Hauptverfahren

I. Gerichtliche Zuständigkeit/Spruchkörperbesetzung/Instanzenzug

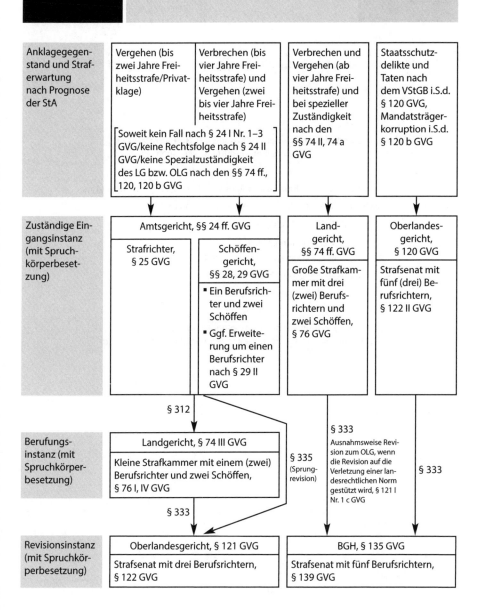

B. Zwischen- und Haupt- verfahren	II. Eröffnungsentscheidung

Abschluss des Ermittlungsverfahrens durch Anklage
⇨ S. 266

Entscheidung über die Eröffnung des Hauptverfahrens
(sog. Zwischen-/Eröffnungsverfahren)

- Für die Hauptverhandlung zuständiges Gericht ⇨ S. 265, Eingangsinstanz
- Entscheidet über die Eröffnung des Hauptverfahrens, § 199 I:

⚠ *§ 30 II, § 76 I 2 GVG: Schöffen wirken nicht mit*

  – Ablehnung der Eröffnung, § 204

  Rechtsbehelf der Staatsanwaltschaft: § 210 II

  – Eröffnung des Hauptverfahrens nach § 203

  bei hinreichendem Tatverdacht ⇨ S. 268

Mit Eröffnungsbeschluss beginnt Hauptverfahren und
endet erst mit letztinstanzlicher/rechtskräftiger Entscheidung

C. Die Haupt-verhandlung	**I. Beweiserhebung** **1. Grundsätze, Ziel der Beweisaufnahme** **2. Amtsaufklärung und Beweisantrag**

Beweisbedürftigkeit der Tatsache = Tatsache muss für die entsprechende Frage entscheidungserheblich sein

- als Haupttatsache

Ziel der Beweisaufnahme: Verfahrensrechtlich zulässige Ermittlung der Wahrheit über alle Tatsachen, die für die Schuld-, Rechtsfolgen- und Verfahrensfragen von Bedeutung sind

- als Hilfstatsache = Indiztatsache, die Schluss auf eine Haupttatsache zulässt

Rechtmäßigkeit der Beweiserhebung

Nichteingreifen von Beweiserhebungsverboten (⇨ S. 277 ff.) **und**

Auswahl des richtigen Beweismittels

- für Schuld- und Rechtsfolgenfragen: Strengbeweismittel, §§ 244 ff.
  - Einlassung und Geständnis des Angeklagten
  - Zeugen, §§ 48-71
  - Sachverständige, §§ 72-85
  - Augenschein, §§ 86-93
  - Urkunden, §§ 249-256
  - ⚠ *Dabei Grundsatz der Mündlichkeit und der Öffentlichkeit zu beachten!*
- für Verfahrensfragen: Freibeweismittel = Gericht kann sich auf beliebige Weise (z.B. durch telefonische Rückfrage) Gewissheit verschaffen

Grundsatz der Beweiserhebung

Amtsaufklärungspflicht, § 244 II

Pflicht zur Sachaufklärung von Amts wegen reicht so weit, wie die dem Gericht (oder wenigstens dem Vorsitzenden) bekannt gewordenen Tatsachen zum Gebrauch von Beweismitteln drängen/ihn nahelegen

Beweisantrag, § 244 III 1

⚠ *Beweisantragsrecht ist selbstständiges und weitergehendes Recht der Verfahrensbeteiligten ggü. Amtsaufklärungspflicht (h.M., sog. Heterogenitätslehre)!*

Stellung eines wirksamen Beweisantrags

Beweiserhebung auf Verlangen der Verfahrensbeteiligten

Inhalt: Angabe einer bestimmten Beweistatsache und eines bestimmten Beweismittels und Konnexität zwischen Beweistatsache und Beweismittel

Form: mündlich in der Hauptverhandlung i.S.e. ernsthaften Verlangens gestellt

Zeitpunkt: bis zum Beginn der Urteilsverkündigung, vgl. § 246

Dokumentation: Protokollierung, § 273 I

Entscheidung durch das Gericht

- Gericht kommt dem Beweisantrag durch Beweiserhebung nach
- Gericht lehnt die Beweiserhebung ab

  Grund: Vorliegen eines **Ablehnungsgrundes**, §§ 244, 245 ⇨ S. 273

  Form: Grds. Gerichtsbeschluss, § 244 VI

| **C. Die Haupt-** | **I. Beweiserhebung** |
| **verhandlung** | **2. Amtsaufklärung und Beweisantrag** (Fortsetzung) |

Beweisermittlungsantrag

Inhalt: „Unterhalb" des Beweisantrags

– Fehlende Angabe einer Beweistatsache

– Fehlende Angabe eines bestimmten Beweismittels

Ziel: Unmittelbare/mittelbare Aufklärung durch Tätigwerden des Gerichts/ Vorbereitung eines Beweisantrags

Form: Mündlich in der Hauptverhandlung gestellt

Zeitpunkt: Bis zum Beginn der Urteilsverkündigung, vgl. § 246

Entscheidung durch das Gericht

- Gericht wird tätig

- Gericht lehnt Tätigwerden ab

  Grund: weitere Sachaufklärung i.S.d. § 244 II nach Ermessen des Gerichts nicht geboten

  ⚠ *Gericht ist nicht an die Ablehnungsgründe in §§ 244 f. gebunden, kann diese aber heranziehen!*

  Form: formlos möglich, Nichtbeachtung ist allenfalls Verletzung der allgemeinen Aufklärungspflicht (Revision: Aufklärungsrüge möglich)

Beweiserhebung
auf Verlangen
der Verfahrens-
beteiligten

  ⚠ *Entscheidung muss es dem Antragsteller ermöglichen, sein weiteres Prozessverhalten darauf einzurichten, deshalb Begründung erforderlich!*

Beweisanregung

= Anträge, die aus Rechtsgründen nicht als Beweisantrag gestellt werden können, weil sie nicht den Umfang, sondern nur die Art und Weise der Beweisaufnahme betreffen

Scheinbeweisantrag

= „Ins Blaue hinein" aufgestellte, in das Gewand eines Beweisantrags gekleidete Beweisbehauptung

⚠ *Begründet keinen Anlass zur Beweiserhebung!*

Beweiserbieten

= Hinweis auf die Möglichkeit einer Beweiserhebung, die der Verfahrensbeteiligte dem Gericht für den Fall anheimstellt, dass die Aufklärungspflicht zu ihr zwingt

⚠ *Auslegung der Erklärung ergibt i.d.R., dass es sich um einen Beweisantrag handelt!*

C. Die Haupt-verhandlung	**I. Beweiserhebung** **2. Amtsaufklärung und Beweisantrag** (Fortsetzung)

Ablehnung von Beweisanträgen; Behandlung bei Verschleppungsabsicht

Ausgangspunkt	Beweisantrag durch einen Verfahrensbeteiligten Wirksamkeit des Beweisantrags ⇨ S. 271

Vorliegen eines Ablehnungsgrundes

Entscheidung durch Gerichts-beschluss, § 244 VI	▪ Für **präsente Beweismittel:** § 245 II
	  – Unzulässigkeit der Beweiserhebung, § 245 II 2
	  – Ablehnungsgründe nach § 245 II 3
	    • Überflüssigkeit der Beweiserhebung
	      -- Offenkundigkeit der Tatsache
	      -- Tatsache schon erwiesen
	    • Fehlender Zusammenhang zwischen der Tatsache und dem Gegenstand der Urteilsfindung
	    • Zwecklosigkeit der Beweiserhebung bei völlig ungeeignetem Beweismittel
	▪ Für **nicht präsente Beweismittel:** § 244 III
	  – Unzulässigkeit der Beweiserhebung, § 244 III 1
	  – Ablehnungsgründe nach § 244 III 2
	    • Überflüssigkeit der Beweiserhebung
	      -- Offenkundigkeit der Tatsache
	      -- Bedeutungslosigkeit für die Entscheidung
	      -- Tatsache schon erwiesen
	    • Zwecklosigkeit der Beweiserhebung
	      -- völlig ungeeignetes Beweismittel
	      -- Unerreichbarkeit des Beweismittels
	      -- Unterstellung einer zugunsten des Angeklagten zu beweisenden Tatsache als wahr
	  – Speziell für Sachverständigenbeweis: Ablehnungsgründe nach § 244 IV
	    • Eigene Sachkunde des Gerichts (S. 1)
	    • Erwiesenheit des Gegenteils der Beweistatsache durch Vorgutachter (S. 2)
	  – Speziell für Augenscheinsbeweis/Zeugenladung im Ausland: Ablehnungsgrund nach § 244 V: Beweiserhebung nach pflichtgemäßem Ermessen des Gerichts zur Erforschung der Wahrheit nicht erforderlich

Entscheidung des Vorsitzenden	Bei Beweisersuchen mit Ziel der **Personenverschleppungsabsicht** kein formeller Ablehnungsbeschluss erforderlich, § 244 VI 2: ▪ Beweiserhebung kann nichts Sachdienliches zugunsten des Antragstellers erbringen ▪ Anstragsteller ist sich dessen bewusst und bezweckt die Verfahrensverschleppung ⚠ *Vorsitzender kann angemessene Frist zur Stellung von Beweisanträgen setzen und verspätete Anträge können dann im Urteil beschieden werden*

C. Die Hauptverhandlung
I. Beweiserhebung
3. Spannungslage zwischen Amtsermittlung und Strengbeweis bei Personal- und Urkundsbeweis

Grundsatz der Unmittelbarkeit, § 250	Beruht der Beweis einer Tatsache auf Wahrnehmung einer Person, ist diese zu vernehmen, § 250 S. 1 Vernehmungsersatz durch Verlesung von Urkunden/Abspielen von Bild-Ton-Aufzeichnungen ist ausgeschlossen, § 250 S. 2, es sei denn, • die Verlesung dient nur zur Ergänzung oder als Vorhalt (dann schon kein Vernehmungsersatz), • es greift eine der Ausnahmen der §§ 247 a, 251 ff. ein.
	Frühere (mündliche) Erklärungen des Angeklagten, § 254 Verlesbar nur, wenn in einem richterlichen Protokoll enthalten, gleichviel in welchem Verfahren, ob als Zeuge oder Beschuldigter **und** ordnungsgemäßes Zustandekommen des Protokolls nach den für das jeweilige Verfahren geltenden Vorschriften **und** besonderer Verlesungsgrund: Beweisaufnahme über Vorliegen eines Geständnisses, § 254 I/Aufklärung von Widersprüchen, § 254 II
Verlesbarkeit von Urkunden als Vernehmungsersatz	**Frühere Erklärungen von Zeugen/Mitbeschuldigten/Sachverständigen, § 251** Äußerung in richterlicher oder nichtrichterlicher Vernehmungsniederschrift oder Urkunde, die eine schriftliche Erklärung der Aussageperson enthält, **und** kein zur Unverwertbarkeit führender Verstoß beim Zustandekommen, insbesondere Belehrungsverstöße gem. §§ 52 III 1, 161 a I 2, 163 III **und** besonderer Verlesungsgrund: • Nr. 1: Einverständnis von StA, Verteidiger und Angeklagtem genügt, sofern Angeklagter einen Verteidiger hat • Nr. 2: Verlesung dient der Bestätigung eines Geständnisses; nicht verteidigter Angeklagter und StA stimmen zu • Nr. 3: Tod der Aussageperson/sonstige Unmöglichkeit der Vernehmung aus tatsächlichen Gründen (nicht rechtlichen), insbesondere nicht Ausübung des Zeugnisverweigerungsrechts gem. § 52/Aussageverweigerungsrechts gem. § 55 • Nr. 4: Aussagegegenstand ist das Vorliegen oder die Höhe eines Vermögensschadens
	 Äußerung in einem richterlichen Protokoll enthalten, gleichviel in welchem Verfahren, ob als Zeuge/(Mit-)Beschuldigter/Sachverständiger **und** ordnungsgemäßes Zustandekommen des Protokolls nach den für das jeweilige Verfahren geltenden Vorschriften, insbesondere kein zur Unverwertbarkeit führender Belehrungsverstoß gem. § 52 III 1 bei noch lebenden Zeugen **und** besonderer Verlesungsgrund: • Nr. 1: Krankheit/Gebrechlichkeit/andere nicht zu beseitigende Hindernisse für das Erscheinen der Aussageperson • Nr. 2: Unzumutbarkeit des Erscheinens • Nr. 3: Allseitiges Einverständnis

| C. Die Haupt-
verhandlung | **I.** | **Beweiserhebung** |
| | **3.** | **Spannungslage zwischen Amtsermittlung und Strengbeweis bei Personal- und Urkundsbeweis** (Fortsetzung) |

Verlesbarkeit von Urkunden als Vernehmungs-ersatz

| Frühere Erklärungen von Zeugen/Sachverständigen zur Gedächtnisunterstützung, § 253 |

Vorherige vollständige Vernehmung unter Einschluss etwaiger Vorhalte

Äußerung muss in richterlicher/nichtrichterlicher Vernehmungsniederschrift enthalten sein, gleichviel in welchem Verfahren, ob als Zeuge/Beschuldigter

Ordnungsgemäßes Zustandekommen des Protokolls nach den für das jeweilige Verfahren geltenden Vorschriften

Besonderer Verlesungsgrund: Erklärung des Zeugen, sich nicht erinnern zu können, I/Aufklärung von Widersprüchen, II

| Behördliche Zeugnisse/Gutachten, § 256 |

- I Nr. 1: Zeugnisse/Gutachten enthaltende Erklärungen öffentlicher Behörden, allgemein vereidigter Sachverständiger sowie von Ärzten eines gerichtsärztlichen Dienstes
- I Nr. 2: Ärztliche Atteste über Körperverletzungen unabhängig vom Tatvorwurf
- I Nr. 3: Ärztliche Berichte zur Entnahme von Blutproben
- I Nr. 4: Gutachten über Auswertung von Fahrtenschreibern, Blutgruppen- und Blutalkoholgehaltbestimmung
- I Nr. 5: Protokolle/in einer Urkunde enthaltene Erklärungen der Strafverfolgungsbehörden über Ermittlungshandlungen, soweit diese nicht eine Vernehmung zum Gegenstand haben
- I Nr. 6: Übertragungsnachweise und Vermerke nach § 32 e III

Vernehmung von Personen als Zeugen vom Hören-Sagen, insbesondere Verhörspersonen

Grundsätzlich zulässig im Rahmen der Aufklärungspflicht, § 244 II,

- als Ersatzweg bei unzulässiger Protokollverlesung, vorausgesetzt, die frühere Aussage ist nicht wegen eines schweren Verfahrensfehlers, insbesondere Belehrungsverstoßes gem. §§ 52 III, 136 I 2 generell unverwertbar
- als Ergänzung zur Absicherung des Beweisergebnisses

275

C. Die Haupt-verhandlung	**I. Beweiserhebung** **4. Grenzen der Amtsermittlung bei nachträglicher Zeugnis-verweigerung**

Zeugen-vernehmung	Zeuge macht in der Hauptverhandlung von dem ihm zustehenden Zeugnisverweigerungsrecht Gebrauch, und zwar ▪ nach § 52 ▪ nach §§ 53, 53 a, sofern schon bei der früheren Vernehmung das Schweigerecht bestanden hat ▪ nach § 54 (str.) ⇨ Rechtsfolge: § 252 ⚠ § 252 ist dagegen nach h.M. nicht bei Auskunfsverweigerung gem. § 55 anwendbar! Kein Vorhalt mehr zulässig
Verlesbarkeit früherer, in Vernehmungs-protokollen enthaltener Äußerungen	Unzulässig
Vorführung der Bild-Ton-Aufzeichnung einer früheren Vernehmung	Grds. unzulässig nach § 255 a I wegen Gleichstellung mit Vernehmungs-niederschrift

Vernehmung von Verhörs-personen	Polizei oder StA als Verhörspersonen unzulässig, sofern es um Äußerungen während einer Vernehmung geht **und** der Zeuge nach qualifizierter Beleh-rung nicht auf das Verwertungsverbot verzichtet
	
	Richter kann als Verhörsperson nach Rspr. unter folgenden Voraussetzungen vernommen werden:
	
	  Frühere Vernehmung war Zeugenvernehmung **und**
	
	  Zeugnisverweigerungsrecht hat zur Zeit der früheren Vernehmung be-standen **und**
	
	  Zeuge ist seinerzeit wirksam gem. § 52 III belehrt worden **und**
	
	  Zeuge hat seinerzeit wirksam auf Zeugnisverweigerungsrecht verzichtet **und**
	
	  es liegen keine anderen, zur Unverwertbarkeit führenden Verfahrens-verstöße vor
	
	⚠ Nach der Rspr. ist keine qualifizierte Belehrung über die Möglichkeit, in der Hauptverhandlung die richterliche Verhörsperson zu befragen, erforderlich.

276

C. Die Haupt-verhandlung	**I. Beweiserhebung** **5. Verbote der Beweiserhebung und -verwertung** **a) Systematik**

Beweiserhebungsverbote

Verbot bestimmter

- Beweisthemen
- Beweismittel ⇨ S. 273
- Beweismethoden

Gesetzliche Beweisverbote

Beweisverwertungsverbote

= Erhobenes Beweismittel darf im Prozess nicht herangezogen werden

- Uneingeschränkte Beweisverwertungsverbote = Beweismittel darf überhaupt nicht verwendet werden ⇨ S. 278
- Eingeschränkte Beweisverwertungsverbote = Beweismittel ist nur in Bezug auf bestimmte Verfahren/zu bestimmten Zwecken/unter bestimmten Voraussetzungen unverwertbar ⇨ S. 279

Selbstständige ungeschriebene Beweisverwertungsverbote

= Greifen auch bei rechtmäßiger Beweisgewinnung ein ⇨ S. 280

Unselbstständige ungeschriebene Beweisverwertungsverbote

= Beweisverwertungsverbot als Folge einer rechtswidrigen Beweisgewinnung ⇨ S. 280

Ausgangslage: rechtswidrige Beweisgewinnung = Verfahrensfehler bei der Erhebung des Beweises unterlaufen

- Ermächtigungsgrundlage nicht vorhanden
- Ermächtigungsgrundlage vorhanden, aber Voraussetzungen nicht erfüllt
- Bei Vernehmung: fehlende Belehrung i.S.v. § 136 I 2, 163 a nur bei Vernehmung, d.h. wenn ein Polizist/StA in amtlicher Eigenschaft gegenübertritt (str.)

Rechtsfolge: Interessenabwägung, ob Beweisverwertungsverbot besteht

Ungeschriebene Beweis-verwertungs-verbote

- Bzgl. unmittelbar gewonnener Beweise: Wertung im Einzelfall, sog. Abwägungslehre
  - Schwere des Verstoßes (insbes. objektive Willkür), bewusster Verstoß
  - Rang der verletzten Norm
  - Zweck der verletzten Norm (Ist der „Rechtskreis" des Beschuldigten geschützt?)
  - Gewicht des Strafverfolgungsinteresses
  - Bei unbewussten Verstößen Möglichkeit hypothetisch rechtmäßiger Beweisgewinnung
- Bzgl. mittelbar gewonnener weiterer Beweise
  H.M.: grds. kein Verwertungsverbot, Ausnahme: Fortwirkung von Belehrungsfehlern, z.B. Einlassung des Beschuldigten unverwertbar, wenn erste Aussage mit Belehrungsfehlern behaftet und bei weiteren Aussagen zwar grds. ordnungsgemäß, aber nicht qualifiziert belehrt

277

C. Die Haupt-	**I.**	**Beweiserhebung**
verhandlung	**5.**	**Verbote der Beweiserhebung und -verwertung**
	b)	**Verfassungsrechtliche und gesetzliche Beweiserhebungs-**
		und -verwertungsverbote

Beweiserhebungsverbote

- Generell Erkenntnisse aus dem Kernbereich privater Lebensgestaltung, Art. 1, 2 I GG, speziell bei Abhörmaßnahmen, § 100 d I

  ⚠ *Abhören/Aufzeichnen ist unverzüglich zu unterbrechen und dennoch angefertigte Aufzeichnungen sind unverzüglich zu löschen!*

- Verletzung des Rechts auf Selbstbelastungsfreiheit

- Anwendung unzulässiger Vernehmungsmethoden, § 136 a I, II

  ⚠ *Zustimmung des Vernommenen ist unbeachtlich, § 136 a III 1!*

- Ermittlungsmaßnahmen gegen Berufsgeheimnisträger = eine in § 53 I Nr. 1, 2, 4 StPO genannte Person/Rechtsanwalt/einen Kammerrechtsbeistand, über die der Betroffene das Zeugnis verweigern dürfte, § 160 a I 1

  ⚠ *Aufzeichnungen sind unverzüglich zu löschen!*

- Vorhalt von vorherigen getilgten/tilgungsreifen Verurteilungen, § 51 BZRG

Uneingeschränkte Beweisverwertungsverbote

Verfassungs-
rechtliche und
gesetzliche
Beweisverbote

- Erkenntnisse aus dem Kernbereich privater Lebensgestaltung durch Telekommunikationsüberwachung/Online-Durchsuchung/akustische Wohnraumüberwachung, § 100 d II 1

  ⚠ *Aufzeichnungen sind unverzüglich zu löschen!*

- Aussagen nach unzulässigen Vernehmungsmethoden, § 136 a III 2
  ⇨ S. 245–247

  ⚠ *Zustimmung des Vernommenen unbeachtlich, § 136 a III 1!*

  – Grds. nur Inhalt der Aussage unverwertbar

  – Rechtsgedanke wirkt sich über den Grundsatz des fairen Verfahrens (Art. 6 EMRK) auch auf andere Beweismittel aus

- Erkenntnisse aus Ermittlungsmaßnahmen gegen Berufsgeheimnisträger = eine in § 53 I Nr. 1, 2, 4 StPO genannte Person/Rechtsanwalt/einen Kammerrechtsbeistand gewonnen, über die der Betroffene das Zeugnis verweigern dürfte, § 160 a I 2

  ⚠ *Aufzeichnungen sind unverzüglich zu löschen!*

- Geständnis aus einer Verständigung bei Änderung von tatsächlichen/rechtlichen Umständen, die zu einem anderen Strafrahmen führen/abweichendem Prozessverhalten des Angeklagten, § 257 c IV 3

  ⚠ *Mitteilungspflicht des Gerichts bzgl. der Abweichung, § 257 c IV 4!*

- Verwendung von vorherigen getilgten/tilgungsreifen Verurteilungen zum Nachteil, § 51 BZRG

C. Die Haupt- **verhandlung**	**I. Beweiserhebung** **5. Verbote der Beweiserhebung und -verwertung** **b) Verfassungsrechtliche und gesetzliche Beweiserhebungs-** **und -verwertungsverbote** (Fortsetzung)

Eingeschränkte Beweisverwertungsverbote

- Blutproben/sonstige Körperzellen in einem anderen als der Entnahme zugrunde liegenden Verfahren, § 81 a III Hs. 1

  ⚠ *Blutproben/sonstige Körperzellen sind unverzüglich zu vernichten, wenn sie für das Strafverfahren nicht mehr erforderlich sind!*

- Untersuchungsergebnisse bei Minderjährigen ohne Einwilligung des gesetzlichen Vertreters, § 81 c III 5

  ⚠ *Gilt nur für ohne Einwilligung des gesetzlichen Vertreters im Eilfall durchgeführte Untersuchungen nach § 81 c III 3!*

- Personenbezogene Daten aus einer akustischen Wohnraumüberwachung/Online-Durchsuchung für andere Zwecke ohne die Voraussetzungen des § 100 e VI Nr. 1–3

- Zufallsfunde in einer Arztpraxis im Verfahren wegen Schwangerschaftsabbruchs gegen eine Patientin, § 108 II

- Zufallsfunde bei Medienmitarbeitern in Ermittlungsverfahren, die Delikte mit einem Mindestmaß unter fünf Jahren Freiheitsstrafe/§ 353 b StGB betreffen, § 108 III

- Erkenntnisse aus einem Verfahren gegen eine in § 53 I Nr. 3–3 b, 5 genannte Person, über die der Betroffene das Zeugnis verweigern dürfte, § 160 a II 3

Gesetzliche
Beweisverbote

- Zufallsfunde bei besonderen Zwangsmaßnahmen (z.B. Telekommunikationsüberwachung) in einem anderen als dem der Maßnahme zugrunde liegenden Verfahren, § 479 II 1

  ⚠ *Erkenntnisse nur mit Zustimmung des Betroffenen/bei Katalogtaten für andere Strafverfahren verwertbar, für sonstige Verfahren personenbezogene Daten nach S. 3 nutzbar! Besondere Vorschriften in § 479 III 1 für heimliche Ermittlungsmaßnahmen nach §§ 100 b, 100 c, 100 g II.*

- Zufallsfunde bei Maßnahmen nach anderen Gesetzen (z.B. Gefahrenabwehrrecht), § 161 III 1

C. Die Haupt-	**I.**	**Beweiserhebung**
verhandlung	**5.**	**Verbote der Beweiserhebung und -verwertung**
	c)	**Ungeschriebene Beweiserhebungs- und -verwertungs-**
		verbote

Selbstständige Beweisverwertungsverbote

- Heimliche Tonband-/Bildaufnahmen/tagebuchartige Aufzeichnungen/ nicht öffentlich geführte Selbstgespräche bei akustischer Überwachung/ sonstige Erkenntnisse aus dem Kernbereich privater Lebensgestaltung, Art. 2 I i.V.m. Art. 1 I GG (Allgemeines Persönlichkeitsrecht)

  ⚠ *Abwägung nach der 3-Sphären-Theorie des BVerfG; auch als „verfassungs- unmittelbares Beweisverwertungsverbot" bezeichnet!*

- Mehrere isoliert zulässige Observierungsmaßnahmen gegen denselben Beschuldigten, sog. Totalüberwachung

- Gezielte Suche nach „Zufallsfunden", § 108

  ⚠ *Nach h.M. Unverwertbarkeit durch Abwägung zwischen prozessualem Verstoß und staatlichem Strafverfolgungsinteresse festzustellen!*

- Beschuldigtenvernehmung: Schweigen des Beschuldigten

  ⚠ *Bei Schweigen nach Beantwortung einzelner Fragen zu derselben Tat (sog. Teilschweigen) negative Indizwirkung möglich!*

- Zeuge beruft sich erst in der Hauptverhandlung auf sein Zeugnisverweige- rungsrecht, § 252

  ⚠ *Nur Vernehmung einer richterlichen Verhörsperson möglich!*

Ungeschriebene Beweis- verwertungs- verbote

Unselbstständige Beweisverwertungsverbote

- Widerspruchslösung: Beweisverwertungsverbot entsteht durch rechtswid- rige Beweisgewinnung und Widerspruch des Verteidigers/des entspre- chend belehrten Angeklagten bis zu dem in § 257 I bestimmten Zeitpunkt

  – Telefonat einer Privatperson mit einem Verdächtigen unter Verschleie- rung der Ermittlungsabsicht (sog. Hörfalle), Art. 8 I EMRK

    ⚠ *Beweisverwertungsverbot nach EMRK, nach nationaler Rspr. bleibt Auf- nahme/Aussage des Anrufers nach Maßgabe einer Abwägung verwertbar!*

  – Vernehmung eines Zeugen ohne Belehrung über das Auskunftsverwei- gerungsrecht, § 55 II

    ⚠ *Beweisverwertungsverbot nur im späteren Verfahren gg. den Zeugen (str.)!*

  – Körperliche Untersuchung unter Zwang, obwohl veranlassender Beam- ter weiß, dass Entnahme von einem Nichtarzt durchgeführt wird, § 81 a I

    ⚠ *Gilt nicht, wenn körperliche Untersuchung ohne Zwangsandrohung von einem Nichtarzt durchgeführt wird!*

  – Beschlagnahme von beschlagnahmefreien Gegenständen, § 97

    ⚠ *Kein Beweisverwertungsverbot für Gegenstände bei zeugnisverweige- rungsberechtigten Personen, die selbst Beschuldigte sind!*

    ⚠ *Kein Beweisverwertungsverbot für Deliktsgegenstände (instrumenta sceleris)/Gegenstände, die aus einer Straftat herrühren (producta scele- ris), § 97 II 2!*

280

C. Die Haupt- verhandlung	I. Beweiserhebung 5. Verbote der Beweiserhebung und -verwertung c) Ungeschriebene Beweiserhebungs- und -verwertungs- verbote (Fortsetzung)

Unselbstständige Beweisverwertungsverbote (Fortsetzung)

- Telekommunikationsüberwachung ohne auf Tatsachen gestützten Verdacht einer Katalogtat, § 100 a

  ⚠ *Gilt auch für Erkenntnisse, die unter sonstiger Umgehung der Voraussetzungen des § 100 a gewonnen worden sind!*

- Bewusstes Ignorieren/willkürliches Umgehen des Richtervorbehalts/ sonstige schwere Verfahrensfehler bei Durchsuchungen, § 105

  ⚠ *Herleitung des Beweisverwertungsverbots über Art. 19 IV i.V.m. Art. 13 GG; noch unklar, ob Geltung nur für Durchsuchung von Räumen des Beschuldigten!*

- Belehrungsfehler bei der Beschuldigtenvernehmung

  • Unterlassene Eröffnung des Tatvorwurfs, § 136 I 1

  • Unterlassene Belehrung über das Schweigerecht, § 136 I 2

  • Unterlassene Belehrung über das Recht zur Verteidigerkonsultation, § 136 I 2

  ⚠ *Unterlassene Belehrung über das Beweisantragsrecht/die Möglichkeit des Täter-Opfer-Ausgleichs (§ 136 I 5, 6)/Fehler bei der Niederschrift lösen kein „absolutes" Beweisverwertungsverbot aus, sondern dieses ergibt sich allenfalls nach einer einzelfallbezogenen Abwägung!*

Ungeschriebene Beweis-verwertungs-verbote

- Telekommunikationsüberwachung von Gesprächen zwischen Beschuldigtem und Verteidiger, § 160 a I, § 148

- Richterliche Beschuldigtenvernehmung ohne Benachrichtigung/Anwesenheit des Verteidigers, § 168 c

  ⚠ *Nur Verlesung der Niederschrift nach § 251 II ausgeschlossen; Verlesung nach § 251 I bleibt nach Rspr. möglich!*

- Beweisverwertungsverbote ohne Widerspruchserfordernis:

  - Vernehmung von Zeugen ohne Belehrung über das Zeugnisverweigerungsrecht, § 52 III

    ⚠ *Kein Verwertungsverbot, wenn die zu belehrende Person Kenntnis von ihrem Zeugnisverweigerungsrecht hatte und davon auch bei ordnungsgemäßer Belehrung keinen Gebrauch gemacht hätte!*

  - Vernehmung eines schweigepflichtigen Zeugen bei späterem Widerruf der Entbindung von der Schweigepflicht, §§ 53, 53 a, 54

    ⚠ *Aussage unter Verletzung von Berufsgeheimnissen/Erfüllung des § 203 StGB hindert Verwertbarkeit nicht!*

  - Tatsachen und Beweismittel, die dem Beschuldigten infolge während der Ermittlungen versagter Akteneinsicht unbekannt geblieben sind (§ 147 II), dürfen zur Haftentscheidung nicht herangezogen werden

C. Die Haupt-verhandlung	**II. Verständigung über den Fortgang und das Ergebnis des Verfahrens**

Voraussetzungen	Geeigneter Fall (eher nicht im Jugendstrafrecht, aber nicht ausgeschlossen) **und** Zustimmung von Angeklagtem und StA zum Vorschlag des Gerichts über den Inhalt der Verständigung, § 257 c III 4 **und** ⚠ *Schlüssige Verständigung genügt! Widerspruch des Nebenklägers hindert nicht!* Belehrung des Angeklagten, § 257 c V **und** i.d.R. Geständnis des Angeklagten, § 257 c II 2 ⚠ *Bloßes Formalgeständnis nicht ausreichend!*
Verfahren	Gericht (= Gesamtheit der Richter einschließlich Schöffen) gibt möglichen Inhalt der Verständigung bekannt, § 257 c III 1; dabei Angabe von Ober- und Untergrenze der späteren Strafe möglich, § 257 c III 2 ⚠ *Vereinbarung einer „Punktstrafe" unzulässig!* Gelegenheit zur Stellungnahme durch die Verfahrensbeteiligten, § 257 c III 3; wenn vorherige Verhandlungen über die Verständigung/spätere Änderung der Verständigung: Mitteilungspflicht des Vorsitzenden in der HV, § 243 IV Aufnahme von Nichtvorliegen/Vorliegen mit Inhalt, Ablauf und Ergebnis der Verständigung in das Protokoll, § 273 I a

Gegenstand	Nach § 257 c II 1 **zulässige** Inhalte:
	• Rechtsfolgen, die Inhalt von Urteil/Beschluss (Bewährung!) sein können
	• Verfahrensbezogene Maßnahmen des Gerichts (z.B. Beweiserhebungen)
	• Prozessverhalten
	  – des Angeklagten (z.B. Geständnis)
	  – der StA (z.B. Verzicht auf weitere Anträge im Prozessverlauf)
	  – der Nebenklage (praktisch irrelevant)
	Nach § 257 c II 3 **unzulässige** Inhalte:
	• Schuldspruch
	• Maßregeln der Besserung und Sicherung
	• Ankündigung, auf Rechtsmittel zu verzichten/Rechtsmittel nicht einzulegen (Arg. aus §§ 35 a S. 3, 302 I 2)

Folgen	Pflicht des Gerichts zur Aufklärung des Sachverhalts (§ 244 II) bleibt unberührt, § 257 c I 2 Beweisantragsrecht der Beteiligten bleibt unberührt Bindung des Gerichts an den Inhalt der Verständigung, außer wenn • tatsächlich/rechtlich bedeutsame Umstände übersehen/neu ergeben **und** Gericht der Überzeugung, dass Strafe nicht mehr tat- und schuldangemessen, § 257 c IV 1 • weiteres Prozessverhalten des Angeklagten nicht der Prognose entspricht, die Gericht der Verständigung zugrunde gelegt hat, § 257 c IV 2 Dann: Verwertungsverbot für das abgegebene Geständnis, § 257 c IV 3, und Mitteilungspflicht, § 257 c IV 4; darüber Belehrungspflicht, § 257 c V Angabe der Verständigung in den Urteilsgründen, § 267 III 5

C. Die Haupt-verhandlung	**III. Abschluss der Hauptverhandlung –** **Prüfungsschema zur Vorbereitung des Strafurteils** **1. Instanz**

Verurteilung **Schuldspruch**	Sachliche Begrenzung des Urteils: • Gehört das jeweilige Delikt zu der in der Anklage bezeichneten Tat im prozessualen Sinn, § 264? • Zu berücksichtigen sind rechtliche (§ 265)/tatsächliche (§ 266) Umgestaltungen der Strafklage
Einstellungs-urteil, **§ 260 III**	Prozessvoraussetzungen/Verfahrenshindernisse: Strafantrag/Verfolgungsverjährung/anderweitige Rechtshängigkeit/entgegenstehende Rechtskraft/deutsche Gerichtsbarkeit/örtliche Zuständigkeit nach Maßgabe des § 16/Anklage/Eröffnungsbeschluss
	Überzeugung des Gerichts von der Strafbarkeit des Angeklagten, § 261: Tatbestand/Rechtswidrigkeit/Schuld Beweiswürdigung unter Berücksichtigung der zur Bewältigung von Tatsachenungewissheiten geltenden Grundsätze Materiell-rechtliches Konkurrenzverhältnis – der zur Verurteilung gelangenden Delikte zur Bereinigung und Klarstellung des Schuldspruchs und zur Bildung der Hauptstrafe – der nicht zur Verurteilung gelangenden Delikte: bei hypothetischer Tateinheit kein Freispruch, keine Einstellung im Tenor, sondern Erwähnung nur in den Gründen
Teileinstel-lung/Teil-freispruch	Bei hypothetischer oder angeklagter Tatmehrheit Teileinstellung/ Teilfreispruch im Tenor

Rechtsfolgen-ausspruch	• Festlegung der Hauptstrafe:
	  – Geldstrafe, § 40 StGB: Zahl und Höhe der Tagessätze, § 260 IV 3
	  – Freiheitsstrafe, § 39 StGB, ggf. mit Strafaussetzung zur Bewährung, §§ 56 ff. StGB
	  – Evtl. Gesamtstrafe, §§ 53 ff. StGB
	  – Anrechnung der U-Haft, § 51 StGB
	• Nebenstrafe, § 44 StGB/Nebenfolge, § 45 StGB/Bekanntmachungsbefugnis, §§ 165, 200 StGB
	• Einziehung, §§ 73 ff. StGB
	• Maßregeln der Sicherung und Besserung, §§ 61 ff. StGB, insbesondere § 69 StGB
	• Absehen von Strafe/Straffreierklärung, z.B. § 60 StGB
	• Verwarnung mit Strafvorbehalt, § 59 StGB

Neben-entscheidungen	• Kosten des Verfahrens und notwendige Auslagen, § 464 • Entschädigung für erlittene Verfolgungsmaßnahmen, § 8 StrEG • Beschluss über Fortdauer der U-Haft, § 268 b/Bewährungsmodalitäten, § 268 a

283

D. Das Rechts- mittel- verfahren	I. Rechtsmittel der StPO		

Zulässigkeits- voraussetzungen	Berufung	Revision	Beschwerde
Statthaftigkeit	• Urteile des AG, § 312 • Annahmeberufung, §§ 313, 322 a bei Kleinkriminalität	• Urteile des AG bei Sprungrevision, § 335 • Urteile des LG, erstin- stanzliche Urteile des OLG, § 333	Richterliche Verfügungen und Beschlüsse, §§ 304, 305 (Beschwerdeaus- schlüsse)
Rechtsmittel- berechtigung	**Berechtigt sind:** Beschuldigter (§ 296), Verteidiger (§ 297), StA (§ 296), gesetzlicher Vertreter (§ 298), Privat-, Nebenkläger (§§ 390, 401); bei Beschwerde: auch Dritt-betroffene (§ 305 S. 2 a.E.) Hinzukommen muss **Beschwer** des Rechtsmittelführers **Keine Rücknahme/Verzicht** auf das Rechtsmittel (§ 302)		
Ordnungsgemäße Einlegung	**Adressat und Form**	**Adressat und Form**	**Adressat und Form**
	Beim judex a quo, § 314 I Schriftlich/zu Protokoll der Geschäftsstelle, § 314 I	Beim judex a quo, § 341 I dto., § 341 I	Beim judex a quo, § 306 I dto., § 306 I
	Frist	**Frist**	**Frist**
	Binnen einer Woche ab Ur- teilsverkündung, § 314 I (für Abwesende ab Zustel- lung, § 314 II)	Binnen einer Woche ab Ur- teilsverkündung, § 341 I (für Abwesende ab Zustel- lung, § 341 II)	Keine (Ausnahme: sofortige Be- schwerde, § 311)
Ordnungsgemäße Begründung	**Adressat und Form**	**Adressat und Form**	**Adressat und Form**
	Nicht notwendig, aber möglich, § 317	Beim judex a quo, § 345 I Form: • Angekl.: von RA oder Verteidiger unterzeich- nete Schrift oder zu Pro- tokoll, § 345 II • StA: Schriftform (§ 345 II gilt nicht!)	Nicht notwendig, aber möglich
		Frist	
		• Grds. binnen eines Mo- nats nach Ablauf der Einlegungsfrist, § 345 I 1 • Falls Urteil später zuge- stellt, binnen eines Mo- nats nach Zustellung, § 345 I 2	
Begründetheit (Überprüfungs- maßstab)	Neue Prüfung in tatsäch- licher und rechtlicher Hinsicht	Überprüfung in rechtlicher Hinsicht	Neue Prüfung in tatsäch- licher und/oder rechtlicher Hinsicht

D. Das Rechts-mittel-verfahren	II. Aufbauschema zur Vorbereitung des Revisionsurteils

Auslegung des Rechtsbehelfs

- Anfechtungserklärung, die auf Überprüfung des vorinstanzlichen Urteils wegen Verletzung des formellen/materiellen Rechts gerichtet ist; bei Unklarheiten Auslegung; ggf. Umdeutung, § 300
- **Übergang** von Revision zur Berufung und umgekehrt ist innerhalb der Revisionsbegründungsfrist (§ 345 I) möglich

Zulässigkeit

Statthaft

- gegen Urteile des AG Sprungrevision, § 335 I, II
- gegen Urteile des LG/OLG im ersten Rechtszug, § 333

Berechtigung zur Revisionseinlegung und kein Verlust der Rechtsmittel-befugnis durch wirksamen Verzicht oder Rücknahme

Ordnungsgemäße Einlegung der Revision, § 341

Adressat und **Form:** Beim judex a quo schriftlich oder zu Protokoll der Geschäftsstelle

Frist: Binnen einer Woche; Fristbeginn für Anwesende in der Hauptverhandlung mit Urteilsverkündung, für Abwesende mit Urteilszustellung

Ordnungsgemäße Begründung der Revision, §§ 344, 345

Adressat: judex a quo

Form:

- **Angeklagter:** Nur er – nicht auch der Verteidiger/RA – zu Protokoll der Geschäftsstelle; der Verteidiger/RA nur in einer von ihm unterzeichneten Schrift, nach h.M. auch durch eine mit Unterschrift reproduzierte Telekopie
- **StA:** Es genügt einfache Schriftform; § 345 II gilt nicht!

Frist: Binnen eines Monats nach Ablauf der Einlegungsfrist oder, falls Urteil erst nach Ablauf der Einlegungsfrist zugestellt, einen Monat nach Zustellung

Anträge: Auslegung aus dem Gesamtinhalt möglich; bei ausdrücklicher Beschränkung Angabe des Anfechtungsumfangs

Begründung der Anträge: Für die Zulässigkeit der Revision als solche genügt schon irgendeine (ausreichende) Begründung. Begründungsmängel bei nur einzelnen Rügen machen nicht das Rechtsmittel selbst unzulässig, sondern die einzelne Rüge unbeachtlich

- Sachrüge: in allgemeiner Form möglich
- Verfahrensrügen: nur mit bestimmter Bezeichnung und Nennung der Begründungstatsachen, § 344 II 2

Beschwer des Revisionsführers durch die angefochtene Entscheidung

D. Das Rechts-mittel-verfahren	**II. Aufbauschema zur Vorbereitung des Revisionsurteils** (Fortsetzung)

Rechtsmittel-beschränkung

§ 344

Prüfung der **Prozessvoraussetzungen und Verfahrenshindernisse von Amts wegen**

und § 337: Prüfung, ob Gesetzesverletzung vorliegt und Urteil darauf beruht (= mögliche Kausalität)

- Prüfung der **gerügten Verfahrensfehler, § 352**

Ordnungsgemäße **Begründung** der jeweiligen Verfahrensrügen

Vorliegen der Gesetzesverletzung; bei Verfahrensfehlern Möglichkeit der **Heilung oder Verwirkung** durch Rügepräklusion oder Verzicht

Beweisbarkeit des gerügten Verfahrensmangels durch Hauptverhandlungsprotokoll/schriftliches Urteil

Beschwer des Revisionsführers durch die jeweilige Verfahrensverletzung

„**Beruhen**" des Urteils auf der Gesetzesverletzung

– Wird bei **a b s o l u t e n Revisionsgründen** unwiderlegbar vermutet, § 338

⚠ *Ausnahmsweise hat Revision keinen Erfolg, wenn das Beruhen denkgesetzlich ausgeschlossen ist!*

- Nr. 1: Vorschriftswidrige Besetzung des Gerichts

Begründetheit

Besetzungsvorgaben der §§ 24 ff., 74 ff., 122, 139 etc. GVG nicht eingehalten

⚠ *Rügepräklusion bei allen erstinstanzlichen LG- oder OLG-Sachen (nur dort Mitteilungspflicht gemäß § 222 a) außer in den Fällen des § 338 Nr. 1 Hs. 2!*

- Nr. 2: Mitwirkung eines ausgeschlossenen Richters/Schöffen

Richter gem. §§ 22, 23, 31 I, 148 a II 1 von der Mitwirkung ausgeschlossen **und**

Mitwirkung an dem Urteil (Verfügungen zur Vorbereitung der Hauptverhandlung nicht ausreichend!)

- Nr. 3: Mitwirkung eines abgelehnten Richters/Schöffen

Ablehnung wegen Besorgnis der Befangenheit, § 24 **und**

Ablehnungsgesuch für begründet erklärt/zu Unrecht verworfen **und**

Mitwirkung an dem Urteil

- Nr. 4: Unzuständigkeit des Gerichts

-- Örtliche Zuständigkeit, §§ 7 ff.

-- Zuständigkeit der besonderen Strafkammern, § 74 e GVG

⚠ *Nicht erfasst ist die sachliche Zuständigkeit, da von Amts wegen zu prüfende Verfahrensvoraussetzung!*

D. Das Rechts-mittel-verfahren	**II. Aufbauschema zur Vorbereitung des Revisionsurteils** (Fortsetzung)

- Nr. 5: Vorschriftswidrige Abwesenheit

Person, deren Anwesenheit das Gesetz vorschreibt =

-- StA, § 226 I

-- Urkundsbeamter der Geschäftsstelle, § 226 I

⚠ *Strafrichter kann von der Hinzuziehung eines Urkundsbeamten der Geschäftsstelle absehen, § 226 II 1!*

-- Angeklagter außer bei rechtmäßigem Ausschluss von der Hauptverhandlung, §§ 230 ff., 247

-- Verteidiger bei notwendiger Verteidigung i.S.d. § 140

⚠ *§ 338 Nr. 5 gilt auch für den Fall, dass gegen die Pflicht zur Bestellung eines Verteidigers nach § 140 II, 145 I 1 verstoßen wird!*

-- Dolmetscher, § 185 GVG

und Abwesenheit bei einem wesentlichen Teil der Hauptverhandlung

- Nr. 6: Unzulässige Beschränkung der Öffentlichkeit

Ausschluss/Beschränkung der Öffentlichkeit entgegen § 169 S. 1 GVG

und

Verschulden des Gerichts

-- Fehlerhafte Annahme eines Ausschlussgrundes, §§ 171 a–173, 175, 177 GVG

-- Nichtbeachtung des Verfahrens für die Ausschließung, § 174 GVG

Begründetheit

-- Gröbliche Verletzung der Aufsichtspflicht über untergeordnete Beamte

- Nr. 7: Fehlende oder verspätete Urteilsbegründung

-- Fehlende Urteilsgründe relevant (sonst Sachrüge ⇨ S. 288) nur bei Prozessurteilen nach §§ 329 I, 412

⚠ *Unvollständige oder sonst mangelhafte Urteilsgründe fallen nicht darunter!*

-- Überschreitung der Frist zur Urteilsabsetzung, § 275 I 2

⚠ *Fristüberschreitung bei Vorliegen der Voraussetzungen des § 275 I 4 ausnahmsweise zulässig!*

- Nr. 8: Unzulässige Beschränkung der Verteidigung

-- Verletzung einer besonderen Verfahrensvorschrift

-- Verstoß gegen den Grundsatz des fairen Verfahrens

-- Verstoß gegen die gerichtliche Fürsorgepflicht

und Beschränkung in einem in der Hauptverhandlung ergangenen Gerichtsbeschluss enthalten, z.B. § 244 VI 1

– Bei **r e l a t i v e n** Revisionsgründen (= alle Gesetzesverletzungen, die nicht vom Katalog des § 338 erfasst werden) genügt nicht ausschließbare Möglichkeit, dass das Urteil ohne Gesetzesverletzung anders ausgefallen wäre, § 337 Abs. 1

⚠ *Besonders wichtig: Verstoß gegen Beweisverwertungsverbote ⇨ S. 268 ff.*

D. Das Rechts-mittel-verfahren	**II. Aufbauschema zur Vorbereitung des Revisionsurteils** (Fortsetzung)

Begründetheit

- Soweit angefochten, Prüfung der **sachlich-rechtlichen Würdigung, § 352** (sog. Sachrüge)

  ⚠ *Grundlage der Überprüfung sind ausschließlich die Urteilsurkunde sowie die Abbildungen, auf die nach § 267 I 3 verwiesen worden ist!*

  – Vollständig fehlende Urteilsbegründung

  – Darstellungsprüfung

  • Fehlende/fehlerhafte/unvollständige Darstellung der persönlichen Verhältnisse des Angeklagten

  • Sachverhaltsschilderung: geschlossener, vollständiger, eindeutiger und in sich widerspruchsfreier Sachverhalt sowohl zum objektiven als auch zum subjektiven Tatbestand erforderlich

  • Lückenhafte/widersprüchliche/unklare/gegen Denkgesetze und Erfahrungssätze verstoßende Beweiswürdigung

  – Gesetzesanwendung zum Schuldspruch: auf den festgestellten Sachverhalt anzuwendende Rechtsnorm nicht/nicht richtig angewendet

  – Gesetzesanwendung zum Rechtsfolgenausspruch

  ⚠ *Tatrichter muss seine Zumessungserwägungen in einem die Nachprüfung ermöglichenden Umfang darlegen!*

  • Strafzumessungen nach den §§ 46 ff. StGB in sich rechtsfehlerhaft

  • Verletzung der dem Tatrichter nach § 46 StGB obliegenden Pflicht zur Abwägung der für und gegen den Angeklagten sprechenden Umstände

  • Grober Fehlgriff, sodass verhängte Strafe nicht mehr in einem Rahmen liegt, der schon/noch als gerecht anerkannt werden kann

Revisions-erstreckung

Auf Mitverurteilte, die keine Revision eingelegt haben, § 357

Haupt-entscheidung

Bei **begründeter Revision:**

Aufhebung des angefochtenen Urteils, § 353 I **und**

- **Grundsätzlich Zurückverweisung, § 354 II, III**
- **Ausnahmsweise eigene Entscheidung, § 354 I, I a, I b**

Neben-entscheidungen

- Kosten und Auslagen, §§ 464 ff., insbesondere § 473
- Entschädigung, § 8 StrEG